MIT DEM SCHWERT ODER FESTEM GLAUBEN

Luther und die Hexen

Kataloge des Mittelalterlichen Kriminalmuseums in Rothenburg ob der Tauber.

BAND 1

MIT DEM SCHWERT ODER FESTEM GLAUBEN

Luther und die Hexen

Herausgegeben von
Markus Hirte

THEISS

MITTELALTERLICHES KRIMINALMUSEUM

Diese Publikation erscheint anlässlich der Sonderausstellung „Mit dem Schwert oder festem Glauben – Luther und die Hexen“ im Mittelalterlichen Kriminalmuseum in Rothenburg ob der Tauber.

Ausstellung

Gesamtleitung, Konzeption, Texte und Gestaltung
Dr. Markus Hirte, LL.M., Rothenburg o.d.T.

Wissenschaftliche Beratung
Prof. Dr. Dr. Dr. h.c. Günter Jerouschek, Friedrich-Schiller-Universität Jena
Prof. Dr. Barna Mezey, Eötvös-Loránd-Universität, Budapest, Ungarn
Prof. Alison Rowlands (B.A., Oxon; Ph.D., Cantab.; FSA; FHEA), University of Essex, Großbritannien
Prof. Dr. Horst F. Rupp, Julius-Maximilians-Universität Würzburg
Prof. Dr. Wolfgang Schild, Universität Bielefeld
PD Dr. Wolfgang Beutin, Universität Bremen
Dr. Karl-Heinz Schneider, Rothenburg o.d.T.
Dekan Hans-Gerhard Gross, Rothenburg o.d.T.

Weitere Unterstützung
Museum Schloss Wilhelmsburg, Schmalkalden, Direktor Dr. Kai Lehmann
Knauf-Museum Iphofen, Direktor Markus Mergenthaler
Stadtarchiv Rothenburg ob der Tauber, Angelika Tarokic
Baumann GmbH, Rothenburg o.d.T.
Michael Triegel, Leipzig
Oberbürgermeister Walter Hartl, Rothenburg o.d.T.
Dr. Richard Schmitt, Rothenburg o.d.T.
Günther Schuster, Rothenburg o.d.T.
Dipl.-Ing. Erich Landgraf, Rothenburg o.d.T.
Touristen- und Pilgerpfarrer Dr. Oliver Gußmann, Rothenburg o.d.T.

Restauratorische Betreuung
Diplom-Restauratorin (FH) Henriette Reißmüller, Colmberg
Restaurator Jürgen Holstein, M.A., Rothenburg o.d.T.

Presse und Kommunikation
ichunddu Werbeagentur, Bad Tölz, Marco Tunger
Rothenburger Tourismus Service (RTS), Rothenburg o.d.T., Dr. Jörg Christöphler, MA

Grafisches Erscheinungsbild, Layout und Medien(-technik)
ichunddu Werbeagentur, Bad Tölz, Marco Tunger
Forest-Media GbR, Karlstadt-Laudenbach, Benedikt Feser
FOREST-WERBUNG GmbH, Karlstadt-Laudenbach
Sandra Sauter, Neusitz

Bau, Technik und Sicherheit
Hansi Meißner, Rothenburg o.d.T.

Englische Übersetzungen
be.punkt - Internationale Kommunikation, Bad Waldsee
Dr. Markus Hirte, LL.M., Rothenburg o.d.T.

Abbildungen in der Ausstellung
AKG Images
Archivio Fotografico del Polo Museale della Campania, Neapel, Italien
Bildagentur bpk
Centraal Museum, Utrecht, Niederlande
Cranach Digital Archive
Deutsche Historische Museum, Berlin
FOREST-WERBUNG GmbH, Karlstadt-Laudenbach
Germanisches Nationalmuseum, Nürnberg
Herzog Anton Ulrich-Museum – Kunstmuseum des Landes Niedersachsen, Braunschweig
Volker R. Hedwig, Eisenach
Prof. Dr. Gunnar Heydenreich, Universität Köln
Ulrich Kneise, Eisenach
Kunstsammlungen der Veste Coburg
Ministero dei Beni e delle attività culturali e del turismo, Neapel, Italien
mr-Kartographie, Gotha, Manfred Müller
Museo di Capodimonte, Neapel, Italien
Peter Palm, Berlin
Reichsstadtmuseum Rothenburg o.d.T.
Wartburg-Stiftung Eisenach

Wir danken allen vorgenannten Personen und Institutionen, dem Stiftungsvorstand der Stiftung Mittelalterliches Kriminalmuseum unter dem Vorsitz von Frau Heide Terlep, Florida, USA und der Stadt Rothenburg o.d.T. für die freundliche Unterstützung.

Katalog

Herausgeber
Dr. Markus Hirte, LL.M.

Beiträge
PD Dr. Wolfgang Beutin, Universität Bremen
Dr. Verena J. Dorn-Haag, Universität Augsburg
Dr. Markus Hirte, LL.M., Rothenburg o.d.T.
Prof. Dr. Dr. Dr. h.c. Günter Jerouschek, Friedrich-Schiller-Universität Jena
Prof. Dr. Arnd Koch, Universität Augsburg
Prof. Alison Rowlands (B.A., Oxon; Ph.D., Cantab.; FSA; FHEA), University of Essex, Großbritannien
Prof. Dr. Wolfgang Schild, Universität Bielefeld
Prof. Dr. Dr. h.c. mult. Heinz Schilling, Berlin

Abbildungen und Exponate
Mittelalterliches Kriminalmuseum Rothenburg o.d.T., soweit nicht anderes am jeweiligen Bild vermerkt.

Lektorat
Sandra Sauter
Charlotte Kätzel
Hanna Endres

Einbandgestaltung: Harald Braun, Berlin

Gestaltung und Satz
Melanie Jungels, scancomp GmbH, Wiesbaden

Wir danken allen Autoren und Bildrechteinhabern sowie Dr. Karl-Heinz Schneider für die freundliche Unterstützung.

Die Deutsche Nationalbibliothek verzeichnet diese Publikation in der Deutschen Nationalbibliografie; detaillierte bibliografische Daten sind im Internet über http://dnb.d-nb.de abrufbar.

Der Konrad Theiss Verlag ist ein Imprint der WBG.
Die Herausgabe des Werkes wurde durch die Vereinsmitglieder der WBG ermöglicht.

Gedruckt auf säurefreiem und alterungsbeständigem Papier

Printed in Germany

Besuchen Sie uns im Internet:
www.wbg-wissenverbindet.de und
www.kriminalmuseum.eu

ISBN 978-3-8062-3451-0

INHALT

DR. MARKUS HIRTE, LL.M., ROTHENBURG O.D.T.

„MIT DEM SCHWERT ODER FESTEM GLAUBEN“ – LUTHER UND DIE HEXEN

– Ein Rundgang durch die Ausstellung –

Martin Luther, der große Reformator, lebte in einer Zeit wachsender Hexenangst. Als eine der prominentesten Personen seiner Epoche äußerte er sich auch zu Hexen. Sollte man dem Hexenwerk keine Beachtung schenken, ihm mit Gottvertrauen begegnen oder gar mit aller Schärfe der Justiz? Kurz: wie hielten es Luther und seine Zeitgenossen mit den Hexen, und weitergehend: was stellte man sich seinerzeit unter Hexen vor?

Eine allgemeingültige Hexenvorstellung gab es nie. Vielmehr assoziierten die Menschen über die Jahrhunderte ganz Unterschiedliches mit Hexen und Hexerei. Nähert man sich der Hexe begrifflich, stößt man auf diesen Terminus erstmals um das Jahr 1300 und hier als sprachliche Weiterbildung des ab dem 10. Jahrhundert verwendeten süddeutsch-alemannischen Begriffes „hagazussa“ für einen auf Hecken und Einfriedungen spukenden Geist. Ab dem 14./15. Jahrhundert umschrieb Hexerei ein Verbrechen. Dieses verband Elemente der Ketzerei und des Schadenszaubers. Als Grundlage der frühneuzeitlichen Hexenverfolgungen umfasste das elaborierte Hexereidelikt die folgenden fünf Vorwürfe:

- das Verüben von Schadenszauberei,
- das Eingehen eines Paktes mit dem Teufel,
- den sexuellen Verkehr mit dem Teufel,
- den Flug durch die Luft und
- die Teilnahme am Hexensabbat.

Oft genügte es für die Einleitung von Hexenprozessen, wenn einer oder mehrere dieser Bestandteile einschlägig waren. Insoweit handelt es sich beim elaborierten Hexereidelikt um eine „idealtypische“ Umschreibung.

Das Sammeldelikt und „Superverbrechen“ der Hexerei formierte sich im 14./15. Jahrhundert. Es ist als solches also verhältnismäßig jung. Die Geschichte der einzelnen Teiltatbestände hingegen reicht teilweise bis weit in die Antike zurück.

⊲ F. de Goya, Linda Maestra, Radierung, 1797–99.

Von den frühen Zaubereivorstellungen zur Formierung des Hexereidelikts

I. Schadenszauberei

Unter den fünf Teilvorwürfen des elaborierten Hexereidelikts dürfte der (Schadens-)Zauber die bekannteste und zugleich auch älteste Vorstellung sein (Abb. 1). Mit Zauberei umschrieb man eine übernatürliche Handlung, die abhängig von Intention und Ergebnis gut (weiß) oder schlecht (schwarz) sein konnte. Zur weißen Magie zählten Heil- und Schutzzauber, zur schwarzen Magie Schadens- und Unwetterzauber.

Zauberei- und Magievorstellungen finden sich schon in den mesopotamischen Hochkulturen (etwa *Codex Hammurabi*, ca. 18. Jahrhundert v. Chr.), im Alten Testament und bei den Ägyptern und Griechen. Die Römer sanktionierten bereits in den frühen Jahren der Republik die Schadenszauberei mit der Todesstrafe (Tafel VIII des *Zwölftafelgesetzes*, ca. 450 v. Chr.). Diese Tradition zieht sich durch bis in die späten Jahre des oströmischen Kaiserreichs und findet sich schriftlich fixiert auch im *Codex Justinianus* (534 n. Chr.; Abb. 2).

Auch die germanischen Stammesrechte des Frühmittelalters ahndeten den (Scha-

Abb. 1 Zaubereibestimmungen von den frühen Hochkulturen bis ins Hochmittelalter, Kartengrundlage: mr-kartographie, Gotha; Piktogramme: Werbeagentur ichunddu, Bad Tölz.

Abb. 2 Codex Justinianus, Lyon, 1557.

Die als *Codex Justinianus* bezeichnete Kodifikation des oströmischen Kaisers Justinian I. (ca. 482–565 n. Chr.) markierte den letzten Höhepunkt der antiken römischen Gesetzgebung und wurde Teil des *Corpus Juris Civilis*. Der *Corpus Iuris Civilis* ebnete nach seiner Wiederentdeckung im 11. Jahrhundert den Weg für die Entstehung einer modernen Jurisprudenz und war über Jahrhunderte in Europa eine maßgebliche Rechtsquelle. Im 9. Buch führt der *Codex Justinianus* unter Titel 18 (Von Zauberern, Zeichendeutern und Anderen dergleichen) in Konstitution 4 aus: „Die Wissenschaft derer, die mit Zauberkünsten entweder wider die Wohlfahrt der Menschen etwas unternehmen oder ein keusches Gemüt zur Wollust verleiten, ist strafbar und mit den strengsten Gesetzen zu ahnden."

dens-)Zauber ebenso wie mehrere Kapitularien Kaiser Karls des Großen (747/8–814 n. Chr.). Neben diese weltlichen Rechtsquellen traten im Zuge der Missionierung die kirchlichen Bußbücher des Frühmittelalters. Sie dienten der Ausforschung der Sündenschuld und enthielten festgelegte Bußleistungen für die jeweiligen Verfehlungen. Auch die Bußbücher ahndeten Schadenszauber. Im Hochmittelalter schließlich widmete sich einer der bedeutendsten noch erhaltenen Rechtstexte, der *Sachsenspiegel* des Eike von Repgow (ca. 1225 n. Chr.), dem Zaubereiverbrechen in Wort und Bild (Abb. 3).

Der Glaube an die Möglichkeit von Schadenszauberei schloss auch die Vorstellung ein, sich vor schwarzer Magie schützen zu können vermittels magischer Gegenstände oder Rituale. Im Alltagsglauben entstanden über die Jahrhunderte unterschiedlichste Ausformungen von Schutz- und Abwehrzaubern in Gestalt bestimmter Sprüche, Gebärden und

Abb. 3 Abbildung der Verbrennung einer Zauberin und eines Ketzers, in: Wolfenbütteler Handschrift des Sachsenspiegels, 14. Jh., Faksimile.

Das zweite Buch des Landrechts des Sachsenspiegels führt unter XIII § 7 zu Zauberei, Giftmischerei und Ketzerei sinngemäß aus: „Ist ein Christ ungläubig oder beschäftigt er sich mit Zauberei oder mit Giftmischerei und wird er dessen überführt, den soll man auf dem Scheiterhaufen verbrennen." Die Wolfenbütteler Handschrift zeigt neben den Textzeilen obige Abbildung eines Ketzers im Büßerhemd und einer Zauberin mit gefesselten Händen auf einem brennenden Scheiterhaufen, dessen Feuer von einem Henkersknecht geschürt wird. Daneben steht eine Frau mit einer Phiole in der Hand, welche sie als Giftmischerin ausweist. Zauberei und Giftmischerei scheinen also eher mit Frauen in Verbindung gebracht zu werden, wohingegen Ketzerei durch einen Mann verkörpert wird.

Abb. 4
Zauberrolle gegen Neid, Hass, Vergiftung u. a., 1. Hälfte 18. Jh.

Zauberbücher und -rollen enthielten Anleitungen für magische Rituale, Gebete und Zaubersprüche. Als wohl bekannteste Zauberformel des Abendlandes imponiert das *SATOR-Quadrat*. Als Satzpalindrom ergibt es in jede Richtung gelesen den lateinischen Satz: *SATOR AREPO TENET OPERA ROTAS*, der vor Schadenszaubern schützen sollte (denkbare Übersetzung: Der Sämann Arepo hält mit Mühe die Räder.).

Abb. 5 Vogelamulette wurden zum Schutz an Scheunentore genagelt. Vogelbalg Amsel, um 1900.

Abb. 6 Krämpfe wurden früher oft Dämonen und Hexen zugeschrieben, die in die Körper der Gepeinigten schlüpften. Als Gegenmittel dienten Fraisketten. Fraiskette, 18./19. Jh.

Gesten, nicht selten in Zauberbüchern und -rollen niedergeschrieben (Abb. 4).

Am Körper getragenen Amuletten wurden magische Kräfte nachgesagt. Während die Wirkung der Amulette auf Kräften beruhte, die dem Material, der Gestalt oder einem Zeichen zugeschrieben wurden, dienten Talismane als das Glück anziehende „Glücksbringer". Der Volksglauben offerierte ein äußerst reichhaltiges Sortiment von Amuletten und Talismanen. An Scheunentore genagelte Vögel sollten Gehöft und Bewohner vor Dämonen oder Blitz und Hagel bewahren. Natternwirbelketten dienten dem Träger als Schutz vor Vergiftungen, Pest, Epilepsie oder anderem Bösen. Nicht selten wurden mehrere Amulette an einem Bändchen befestigt und als sogenannte Fraisketten getragen, um sich unter anderem vor krampfartigen Zuständen, genannt „Frais" zu schützen (Abb. 5. 6).

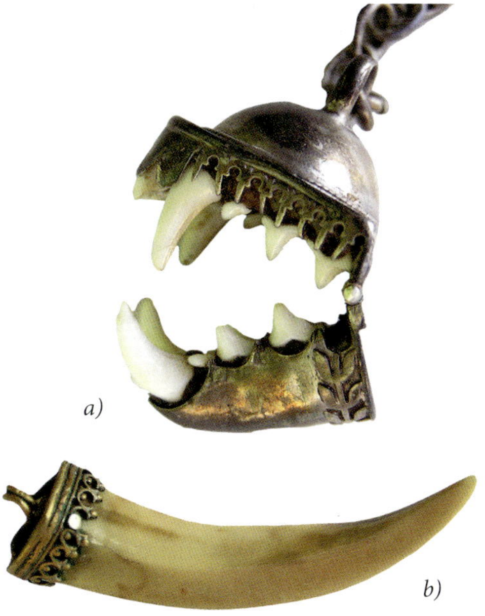

a)

b)

Abb. 7 a) Mardergebiss und b) Eberzahn, sollten positive Eigenschaften des Tieres auf den Menschen übertragen, 17., 18./19. Jh.

Abb. 8 Lochstein zur Abwehr des Bösen, Alter und Herkunft unbekannt.

Abb. 9 Maulwurfspfote, als Liebesamulett verwendbar, 19. Jh.

Abb. 10 Korallen sollten beim Blutstillen helfen. Korallenhörnchen, 18. Jh.

Abb. 11 Neidfeige zum Schutz gegen Unfruchtbarkeitszauber, Sizilien, 20. Jh.

Abb. 12 Magische Alraune, Herkunft und Alter unbekannt.

Dem Volksglauben folgend wuchs die Alraune – in Gestalt eines kleinen Männleins – auf dem Galgenhügel aus dem Urin und Sperma zuvor erhängter Personen. Zum Ernten sollte man sich eines schwarzen Hundes bedienen, an dessen Schwanz das obere Ende der Alraune zu binden war. Ein eigenhändiges Ausreißen schien zu gefährlich, da das Wehgeschrei der Alraune beim Herausziehen jeden Menschen zu töten imstande war.

Abb. 13 Heilendes Walburga-Öl, Miniaturkästchen, Eichstätt, 18. Jh.

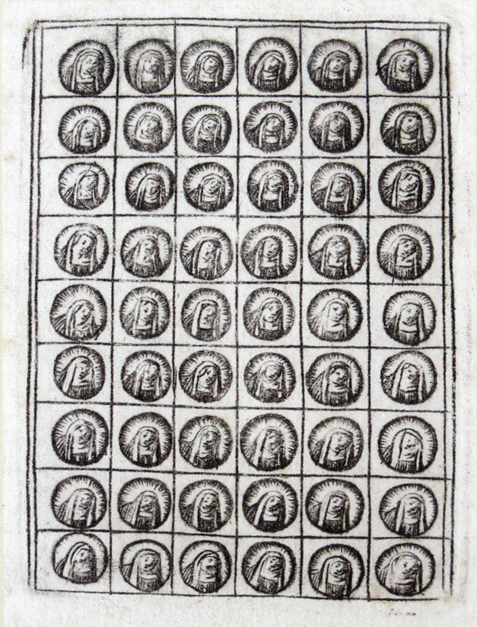

Abb. 14 Von innen heilende Schluckbildchen, Süddeutschland, 18./19. Jh.

Abb. 15 Breverl (kleiner Schutzbrief), Süddeutschland, 18. Jh.

Abb. 16 Teufelsabwehrende Benediktuspfennige, 17.–19. Jh.

Abb. 17 Schützende Caravacakreuze, Süddeutschland, 17. und 19. Jh.

An einer Kette um den Hals gehängte Gebissteile, etwa ein Mardergebiss oder ein Eberszahn, sollten positive Eigenschaften des Tieres auf den Menschen übertragen und Böses fernhalten. Lochsteine dienten der Abwehr des Bösen und – wenn man durch das Loch schaute – auch der Linderung von Augenleiden. Korallen sagte der Volksglauben blutungsstillende Wirkung zu sowie heilende Kräfte bei Krankheit, Augenleiden und Impotenz. Maulwurfspfoten galten als Liebesamulette, Mittel gegen den Bösen Blick, Zahn- und Halsweh. Sogenannte Neidfeigen symbolisierten den Sexualakt und sollten Unfruchtbarkeitszauber abwehren (Abb. 7–11).

Zum wohl bedeutendsten Zaubermittel avancierte die Alraune mit ihrer menschlichen Gestalt und stark berauschenden Wirkung. Sie sollte vor Hexen schützen, vor Gericht helfen, sexuelle Wünsche erfüllen und Geburten erleichtern. Zugleich diente sie oft als eine Paraphenalie bei Teufelsbeschwörungen (Abb. 12).

Jenseits des volksmagischen Glaubens beschäftigten sich bereits sehr früh auch bedeutende christliche Gelehrte mit der Frage der Zauberei vor allem in der Ausformung von Wetter- und Schadenszaubern. In Abgrenzung zu den spätantiken Religionen ordneten der gallische Erzbischof Caesarius von Arles (470–542) sowie der spanische Erzbischof Isidor von Sevilla (560–636) Magie dem Aberglauben zu. Beide erkannten in der Zauberei einen Verstoß gegen das erste Gebot des Dekalogs und trennten sie strikt von göttlichen oder mit Gottes Hilfe gelingenden Wundern. Zulässig waren nach den christlichen Theoretikern hingegen kirchliche „Zauber" wie Segenssprüche, sakramentale Handlungen und Sakramentalien, etwa Öle, Kreuze, Rosenkränze und Medaillen. So bot die Kirche letztlich zur Abwehr und zum Schutz vor dem Bösen selbst überirdische Hilfe an, von Wallfahrten über Reliquien bis hin zu Gottesdiensten und Segnungen (Abb. 13–17).

II. Der Teufelspakt

Der zweite Vorwurf gegen Hexen innerhalb des elaborierten Hexereidelikts umfasste den Teufelspakt. Die Vorstellung eines Paktschlusses zwischen dem Teufel und einem Menschen geht zurück bis in die Antike. In einem solchen mündlich oder schriftlich geschlossenen Vertrag unterwarf sich der Mensch dem Teufel. Im Gegenzug gewährte der Teufel dem Menschen eine Gegenleistung, etwa Zauberkräfte. In der Spätantike widmete sich mit dem Kirchenvater Augustinus von Hippo (354–430) eine der bedeutendsten theologischen Autoritäten ausführlich dem Teufelspakt als Voraussetzung jeder Form magischen Handelns (Abb. 18). Auch andere führende Geistliche des frühen Mittelalters, wie Isidor von Sevilla und der Mainzer Erzbischof und Abt des Klosters Fulda, Hrabanus Maurus (780–856), teilten und verbreiteten diese Sicht in ihren Werken. Mit dem Vater der Kanonistik, dem Mönch Gratian (1. Hälfte 12. Jahrhundert), und dem Kirchenlehrer Albertus Magnus (ca. 1200–1280) befassten sich auch große Theologen des Hochmittelalters mit dem Teufelspakt bis hin zu Thomas von Aquin (ca. 1225–1274), der eine systematische Theorie zu einem ausdrücklich oder konkludent zu schließenden Teufelspakt entwarf.

Die Vorstellung eines Paktes mit dem Bösen beschäftigte nicht nur die Theologen und Scholastiker. Auch beim einfachen Volk war das Motiv des Teufelspaktes sehr populär und wurde deshalb bereits im Mittelalter dichterisch und schauspielerisch bearbeitet, etwa in der Legende des Teufelsbünders Theophilus.

Abb. 18 A. Augustinus, De Civitate Dei (Vom Gottesstaat), Basel, 1489.

Der Kirchenlehrer Augustinus von Hippo entwickelte in seinem Werk *De Civitate Dei* in der ersten Hälfte des 5. Jahrhunderts auf Grundlage der neuplatonischen Dämonologie eine Lehre über die Wirksamkeit heidnisch-abergläubischer Manipulation durch Mitwirkung von Dämonen. Er setzte die Dämonen den antiken Gottheiten gleich und stellte diesen die Engel gegenüber. Zauberei war für Augustinus kein Wunder, sondern eine Technik der Dämonen. Vermittels ihrer überragenden Intelligenz und ihres enormen Alters könnten Dämonen Dinge vollbringen, die dem Menschen wie „Wunder" erscheinen müssen. Diese Technik der Dämonen könne sich der Mensch zu eigen machen. So heißt es in *De Civitate Dei*, Buch 21, Kapitel 6: „die Dämonen werden angelockt […] als Geister durch Sinnbilder […] durch allerlei Arten von Steinen zum Beispiel, durch Kräuter, Bäume, Tiere, Gesänge und Gebräuche." Um sich mit den Dämonen zu verständigen, war nach Augustinus ein vorheriger Vertrag mit ihnen erforderlich über die Bedeutung der Zeichen. In diesem Paktschluss manifestierte sich der Abfall von Gott.

a)

Abb. 19 a) Einzelblatt aus einer Perlbibel, 13. Jh. sowie b) Amulett-Kette (Fraiskette), Alpenländisch, 18./19. Jh.

Intensiv erörterte Thomas von Aquin die Frage, ob ein tatsächlicher Verkehr mit einem Dämon möglich sei und ob daraus Kinder hervorgehen könnten (sog. Wechselbalge). Dagegen sprach, dass sich nach seinerzeitigem Verständnis die eigentlich luftförmigen Engel und Dämonen zwar einen realen Körper erschaffen können. Dieser Körper sei jedoch weder zur Verdauung noch Spermienproduktion fähig.

Die sich durchsetzende *incubus-succubus*-Lehre ging davon aus, dass ein Dämon zunächst dem Mann als *succubus* (Darunterliegender) beiwohnt und den Samen aufnimmt. Anschließend gibt der Dämon den Samen als *incubus* (Darüberliegender) an eine Frau weiter und zeugt auf diese Weise einen Wechselbalg. Als Schutzmittel vor *incubi* und *succubi* galten im Volksglauben Gebiss-Amulette oder Tierzähne (Abb. 19 b). Ein ins Kindbett gelegtes Gebetsbuch oder Bibelblatt sollte verhindern, dass der Teufel ein noch ungetauftes Neugeborenes mit einem Wechselbalg vertauscht (Abb. 19 a).

III. Die Teufelsbuhlschaft

Ein dritter Vorwurf gegen die Hexen umfasste deren geschlechtliche Vereinigung mit dem Teufel (Dämonen). Auch diese Vorstellung blickt auf eine lange und wechselhafte Geschichte zurück. Sexuelle Verhältnisse zwischen Göttern und Menschen finden sich bereits in den antiken Mythologien und im Alten Testament (Gn 6, 2). In der Spätantike mehrten sich Zweifel, ob Menschen tatsächlich und realiter einen Beischlaf mit Dämonen vollziehen könnten, sei doch der Körper der Dämonen luftförmig.

Bischof Burchard von Worms (ca. 965–1025) – ein führender Kirchenrechtler seiner Zeit – wandte sich gegen die Vorstellung einer realen Buhlschaft mit Dämonen und stufte sie als Wahn ein. Im Hochmittelalter setzte sich dann die Gegenauffassung durch, wonach eine Teufelsbuhlschaft real möglich sei. Deren wortgewaltigster Protagonist war Thomas von Aquin. In seiner *Summa Theologiae* (ca. 1270) entwarf Aquin eine umfassende Lehre zu Wesen und Hierarchie von Engeln und Dämonen und institutionalisierte die Lehre von der Teufelsbuhlschaft.

b)

IV. Der Hexenflug

Auch die Vorstellung eines tatsächlichen oder geträumten Fluges von Menschen durch die Luft auf Gegenständen, Tieren oder Dämonen geht weit in das erste vorchristliche Jahrtausend zurück. Griechische Überlieferungen berichten von kinderraubenden vampirartigen Gespensterwesen (Lamien). Für die römische Zeit finden sich Quellen über in Eulen verwandelte, nachtfahrende und blutsaugende Zauberinnen (*strigae*). Die Germanen kannten ebenfalls auf Zäunen oder Tieren durch die Luft reitende Frauen.

Die Kirche bekämpfte bereits früh solche Flugvorstellungen. In einem frühmittelalterlichen Sendhandbuch gegen Zauberei und Aberglauben sprach der Abt Regino von Prüm (ca. 840–915) solchen Nachtfahrten jegliche Realität ab und erachtete sie als vom Teufel hervorgerufene Halluzinationen. Diese als *Canon Episcopi* bekannten Passagen wurden Bestandteil des Kirchenrechts. Gleichwohl hielten bedeutende Kanonisten des Hochmittelalters einen realen Flug für möglich, indem sie den – dies bezweifelnden – *Canon Episcopi* eng auslegten (Abb. 20).

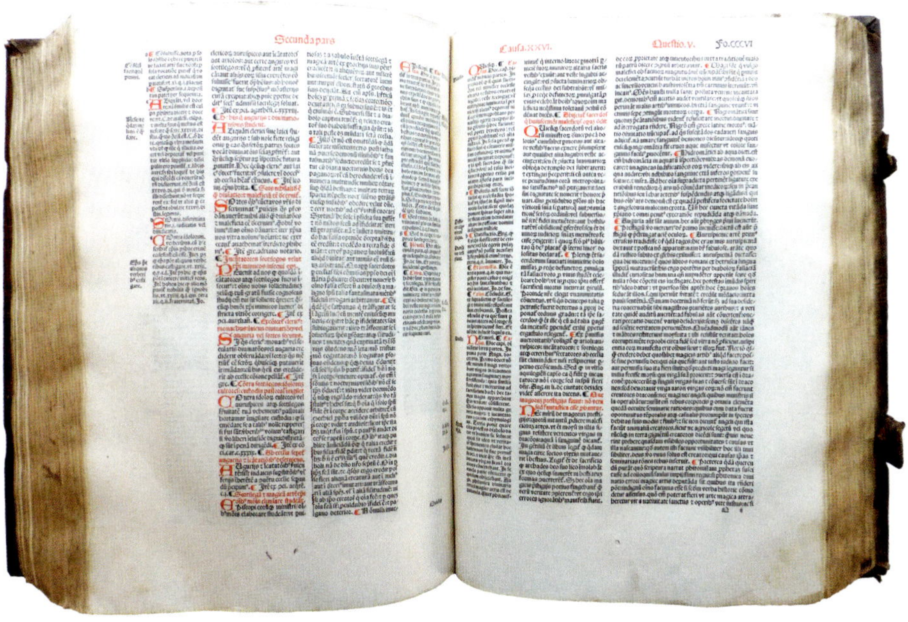

Abb. 20 Canon Episcopi im Decretum Gratiani (C.26 q.5 c.12), Lyon, 1509.

Der *Canon Episcopi* des Regino von Prüm erschien um das Jahr 906. Über das *Decretum Gratiani* (1140) hielt der Canon Einzug in das Kirchenrecht (*Corpus Iuris Canonici*) und befeuerte in der Folgezeit als ein Hauptstreitpunkt die Hexendebatte, führte er doch wörtlich aus: „[…] dass gewisse verbrecherische Frauen [… sich …] durch Täuschungen und Trugbilder der Dämonen verleiten ließen, glauben und beteuern, sie ritten zu nächtlicher Stunde mit der heidnischen Göttin Diana […] und einer unzähligen Menge von Weibern auf gewissen Tieren […]. […] eine ungezählte Menge meint – durch diese falsche Meinung getäuscht –, dies sei wahr, und weicht, indem sie dies glaubt, vom Weg des wahren Glaubens ab […]. Deswegen müssen die Priester […] dem Volk mit allem Nachdruck predigen […] dass dies in jeglicher Hinsicht falsch sei."

V. Der Sabbat

Die Vorstellung von geheimen Treffen zur kollektiven Teufelsverehrung bildete sich im 11. und 12. Jahrhundert heraus im Umfeld der aufkommenden Ketzerbewegungen. Die Lehren dieser neuen Glaubensgemeinschaften (etwa die Katharer oder die Waldenser) wichen erheblich von jenen der katholischen Kirche ab. Die neuen Bewegungen erhielten einen solchen Zulauf, dass sie die Kirche und ihren religiösen Alleinvertretungsanspruch ernsthaft bedrohten. Als Reaktion darauf entwarf Rom das Bild einer antimenschlichen und teuflischen Ketzergesellschaft. Zu Beginn des 13. Jahrhunderts verbreitete sich die Vorstellung eines nächtlichen, geheimen Ketzersabbats, auf dem der Teufel angebetet, Unzucht getrieben, Kinder getötet und Schadenszauber betrieben wurden. Neben dem sich im Ketzersabbat manifestierenden Vorwurf der Bildung einer Gegenkirche umfasste die Häresie den Vorwurf des Abfalls von Gott. So wundert es nicht, dass die Darstellung der Ketzersabbate sich anreicherte mit Beschreibungen von Teufelspakten. Ab dem 15. Jahrhundert wurde der Ketzersabbat dann verstärkt mit Hexenvorstellungen verknüpft und so zu einem Hexensabbat (Abb. 21).

Abb. 21 P. Breughel d. Ä., Der Hl. Jakobus und der Zauberer Hermogenes, Kupferstich, 1565.

Einzige Arbeit von Pieter Breughel d. Ä. (1525–1569), in der Breughel Hexen abbildet.
Die Hexen werden hier im Flug gezeigt (obere Bildhälfte sowie rechte Seite).

VI. Ketzer und Inquisition

Die Kirche reagierte auf die sich rasch verbreitenden Ketzerbewegungen mit einem ganzen Maßnahmenbündel. Kirchenintern trieben Päpste wie Innozenz III. (ca. 1160–1216) Reformen und Klerusdisziplinierung voran. Innerkirchliche Missstände wie Ämterkauf oder Völlerei, die den Ketzerbewegungen erheblichen Zulauf bescherten, sollten so beseitigt werden (Abb. 22). Parallel dazu bekämpfte die Kirche im 13. Jahrhundert die Häresie militärisch mit Kreuzzügen. Juristisch wurde der Häresie begegnet durch deren Einordnung als Majestätsverbrechen, deren Verfolgung im neuen Inquisitionsprozess sowie durch Schaffung einer kirchlichen Ketzerverfolgungsbehörde (Inquisition). Mit der Bulle *Ad extirpanda* erlaubte Papst Innozenz IV. (1195–1254) im Jahr 1252 die Folter im Inquisitionsverfahren gegen Ketzer. Er berief sich dabei auf oberitalienische Städte, die sie zuvor gegen Räuberbanden angewendet hatten. Auch die weltliche Macht verfolgte die Ketzerei. Die Ketzergesetze von Kaiser Friedrich II. (1194–1250) sahen als weltliche Strafe für Häresie den Feuertod vor. Neben der Amtshilfe für die kirchlichen Gerichte, denen Todesurteile untersagt waren (*ecclesia non sitit sanguinem*), verfolgte die weltliche Obrigkeit damit eigene Interessen, bedrohte doch die Weigerung der Ketzer, Eide abzulegen, den gesamten, auf Eidesleistungen beruhenden Feudalstaat (Abb. 23).

VII. Eine bedrohte Ordnung

Verheerende Kriege, die Pest (der „Schwarze Tod"), Missernten und große Hungersnöte rafften in Europa allein im 14. Jahrhundert gut die Hälfte der Bevölkerung dahin und erschütterten das Weltbild der Menschen bis in seine Grundfesten. Der allgegenwärtige Tod verursachte große Unsicherheit und ein Gefühl der Hoffnungslosigkeit. Viele Familienbande zerbrachen. Nicht selten kam das gesellschaftliche und wirtschaftliche Leben zum Erliegen.

Verstärkt wurde diese Endzeitstimmung durch die große abendländische Kirchenspaltung, das große abendländische Schisma. Zwischen 1378 und 1417 konkurrierten zeitweilig bis zu drei Päpste um den Kirchenthron. Diese Krise ließ viele Gläubige an der römischen Kirche zweifeln und bestärkte den Wunsch nach direkter Gotteserfahrung. Häretische Glaubensbewegungen wie die Waldenser oder Hussiten bekamen einen starken Zulauf.

Die Erfahrung, plötzlich sterben zu müssen, war den Menschen jener Zeit wohlbekannt. In ihrer Not und Angst suchten sie Hilfe und Schutz bei Gott, Jesus und den Heiligen. Als sichtbare Zeichen der Bitte oder Ausdruck des Dankes wurde die Stiftung von Votiven in Form von Bildern oder Figuren populär (Abb. 24). Im Alltagsleben sollten Amulette und Talismane schützen oder Glück bringen.

Auch die Kunst griff diese Endzeitstimmung auf. Die im Spätmittelalter immer beliebter werdende Totentanzikonographie ermahnte mit Abbildungen von Skeletten in Kirchen und auf Friedhöfen den Betrachter: „Bedenke, dass Du sterben musst!" (*memento mori*). Die Gottesmutter wurde verstärkt als apokalyptisches Weib auf einer Mondsichel dargestellt (Mondsichelmadonna). Schließlich setzte sich auch die spätmittelalterliche Literatur mahnend mit ihrer Zeit auseinander, etwa Dantes *Göttliche Komödie* oder Brants Moralsatire *Das Narrenschiff* (Abb. 25–29).

Der Juristenpapst Innozenz III. reformierte die Strafverfahren gegen Geistliche. In der bedeutenden Dekretale *Licet Heli* beschäftigte sich der Papst Ende 1199 mit dem Fall des Abtes Anselm von Pomposa, dem Verschleuderung von Klostergut vorgeworfen wurde. Dabei erläuterte Innozenz III. drei Verfahrensarten, in denen gegen Kleriker prozessiert werden könne, nämlich: „mittels Anklage, Denunziation und Inquisition". Der Inquisitionsprozess entstand im 12./13. Jahrhundert aus dem kirchlichen Disziplinarrecht. Er wurde von Amts wegen betrieben und zielte auf die materielle Wahrheit. Verglichen mit dem bis dahin vorherrschenden parteigetragenen Anklageprozess mit Beweismitteln wie Reinigungseid und Gottesurteil war der Inquisitionsprozess ein Fortschritt.

Abb. 22
Dekretale Licet Heli, in: Gregorius IX, Decretales, Basel, 1486.

Abb. 23
J. Luyken, Theatre des Martyrs, Kupferstich, um 1700.

Unter Papst Innozenz III. wurden die Waldenser auf dem IV. Laterankonzil (1215) erneut verurteilt und exkommuniziert. Nicht wenige traf in der Folgezeit die weltliche Strafe des Verbrennens.

Abb. 24 (rechts)
Votivtafel, Öl auf Holz, 1635.

Votive als sichtbare Zeichen der Bitte um göttliche Hilfe oder Ausdruck des Dankes für empfangene Gnade geben Aufschluss über die Art der Notlage und die zuteilgewordene Gnade. Die abgebildete Votivtafel dankt für die Errettung aus dem Gefängnis. Der Votivtext „Lügen han kurze been“ könnte Auskunft über das Delikt geben, welches der Frau zur Last gelegt wurde. Möglicherweise weist der letzte Satz jedoch auch hin auf ein falsches Zeugnis, das aufgedeckt wurde.

Abb. 25 (unten)
G. Pencz, Triumph des Todes, Kupferstich, Anfang 16. Jh.

Dieser Kupferstich des Dürer-Schülers Georg Pencz (1500–1550) zeigt den Tod in Gestalt eines Skeletts mit Sense, das auf einem Wagen stehend die Sterblichen überfährt. Der Künstler mahnt den Betrachter, sich der Endlichkeit des Lebens bewusst zu sein.

a)

b)

Abb. 26 a.b H. Holbein d. J., Totentanz, 2 Holzschnitte, um 1530.

Zwei Holzschnitte von Hans Holbein d. J. (1497–1543) aus dessen Totentanz-Holzschnittblattsammlung. Holbein zeigt nicht nur, dass der Tod kein Alter und keinen Stand verschont. Vielmehr verlegt Holbein den Tod an die Wirkungsstätte der einzelnen Personen (siehe a): Richter; b): Krämer).

Abb. 27
Madonna mit Kind auf Mondsichel, Holz, um 1550.

Die Gottesmutter Maria und deren Mutter Anna genossen im Mittelalter höchste Verehrung. Wie kaum andere Heiligengestalten wurden sie angerufen in Not und Verzweiflung. So verwundert es nicht, dass sich auch die Kunst ihrer annahm. Im Spätmittelalter wurde vor allem die Form der Mondsichelmadonna beliebt, welche – auf einer Mondsichel stehend – das Jesuskind innig in den Armen hält. In der spätmittelalterlichen Ikonographie symbolisierte die Mondsichel die apokalyptische Frau aus der Johannesoffenbarung. Ausweislich der Offenbarung soll ein apokalyptisches Weib am Himmel erscheinen mit dem Mond unter ihren Füßen und den Kämpfer gegen das Böse zur Welt bringen (Offb 12).

Abb. 28
Holzschnitt von Dante, in:
D. Alighieri, La Commedia,
Venedig, 1491.

Die göttliche Komödie des Dante Alighieri (1265–1321) zählt heute zu den Meisterwerken der Weltliteratur. Dante schildert in der göttlichen Komödie eine Reise durch die drei Reiche des Jenseits (Hölle, Fegefeuer, Paradies). Er prägte mit seinem Werk die Jenseitsvorstellungen für Jahrhunderte. Siehe hier die Abbildung von Palermo, Dante und Beatrice aus dem Gesang des Paradieses.

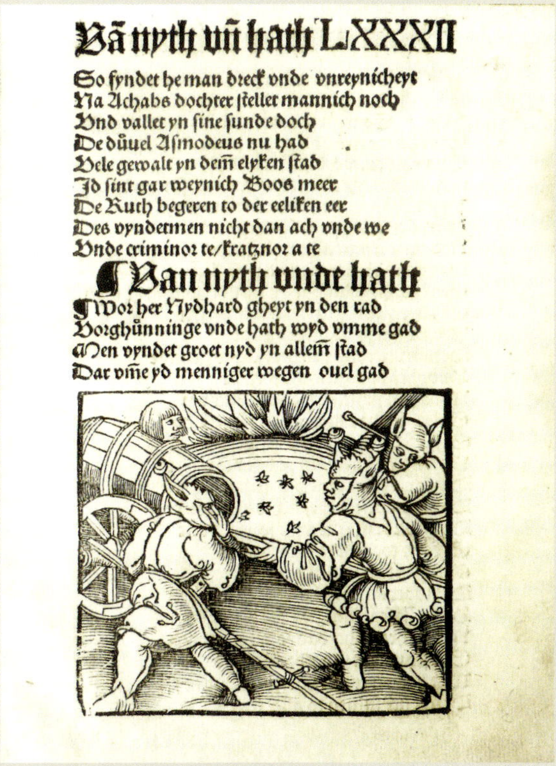

Vā nyth vn̄ hath LXXXII

So fyndet he man dreck vnde vnreynicheyt
Na Achabs dochter steller mannich noch
Vnd vallet yn sine sunde doch
De düuel Asmodeus nu had
Vele gewalt yn dem̄ elyken stad
Jd sint gar weynich Boos meer
De Ruth begeren to der eeliken eer
Des vyndetmen nicht dan ach vnde we
Vnde criminor te/kratznor a te

Van nyth vnde hath

Wor her Nydhard gheyt yn den rad
Vorghünninge vnde hath wyd vmme gad
Men vyndet groet nyd yn allem̄ stad
Dar vm̄e yd menniger wegen ouel gad

Abb. 29
Holzschnitt zu Missgunst und Hass, in:
S. Brant, Dat nye Ship van Arragonien,
Rostock, 1519.

Das Narrenschiff von Sebastian Brant (1457–1521) gilt als das bedeutendste vorreformatorische Buch in deutscher Sprache. Es geißelt als Moralsatire den Sittenverfall der zum Untergang verdammten Menschheit. Die lebendigen Illustrationen (siehe hier Missgunst und Hass), beförderten die weite Verbreitung des Werks.

VIII. Das Delikt der Hexerei

Die einzelnen Vorstellungen von Zauberei, Teufelspakt, Teufelsbuhlschaft, Ketzersabbat sowie Luftfahrten reichen weit zurück, teilweise bis in das zweite vorchristliche Jahrtausend. Mit dem 15. Jahrhundert n. Chr. begann die Verschmelzung dieser unterschiedlichen Vorstellungen zu einem Hexereikomplex.

Die Formierung des Hexereidelikts

Regionaler Ausgangspunkt dieses Amalgamierungsprozesses waren die Westalpen (Abb. 30). Um die Wende des 14. zum 15. Jahrhundert häuften sich dort Berichte von Wanderpredigern und Inquisitoren über Teufelsbünder und Zauberei. Zugleich rückten mit den Konzilen von Konstanz (1414–1418) und Basel (1431–1449) zwei kirchenpolitische Großereignisse diese Region in den Fokus der Weltöffentlichkeit. Der Alpenraum avancierte zu einem europäischen Kommunikationszentrum und Schmelztiegel der Kulturen. Angeheizt durch die zeitgleich stattfindenden Waldenserverfolgungen diskutierten die geistigen Eliten auch die neu aufkommenden diffusen Vorstellungen und Ängste.

Abb. 30 Frühe Hexenverfolgungen in der Alpenregion, Karte: Forest-Werbung GmbH, Kartendaten: Data SIO, NOAA, U.S. Navy, NGA, GEBCO, Image Landsat.

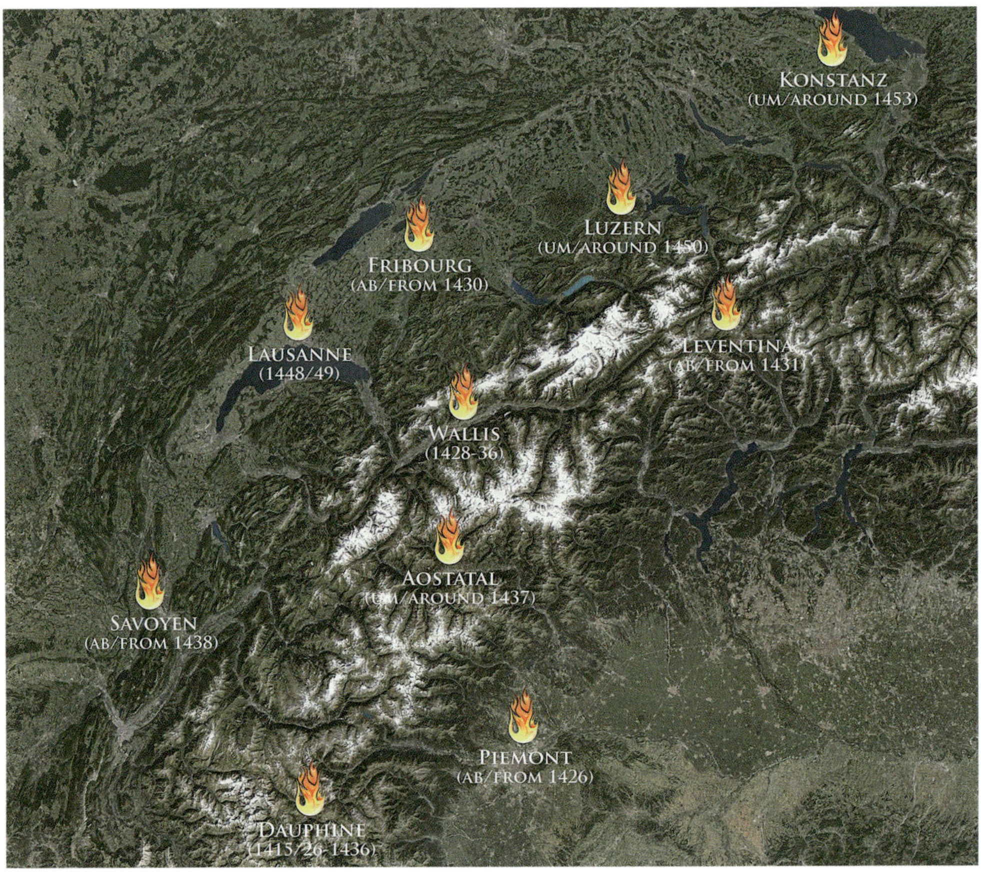

In dieser Zeit reicherten sich die tradierten Ketzereivorstellungen an mit Bildern der Schadenszauberei und auf Mistgabeln, Besen oder Tieren zum (Ketzer-)Sabbat fliegenden Frauen. Mitte des 15. Jahrhunderts setzten sich für die neu gewähnte – weltweit operierende – Sekte die Bezeichnungen *Vaudenses* (Waldenser), Hexen oder Unholden durch. Die Konzilsteilnehmer trugen die Kunde einer neuen Kollektivbedrohung in ihre Heimatländer und trieben so die europaweite Verbreitung der Hexenfurcht voran.

Die frühe Hexenliteratur

Der Prozess einer wissenschaftlich fundierten Verknüpfung von Zauberei und Ketzerei lässt sich in der Literatur um die Zeit des Baseler Konzils exemplarisch nachvollziehen. So berichtete das Predigerhandbuch *Formicarius* (um 1437/38) des Dominikaners Johannes Nider von einer „neuen Sekte" in der Alpenregion. Das weite Verbreitung findende Werk bejahte die Möglichkeit des Schadenszaubers, für den ein Pakt mit Dämonen konstitutiv sei. Damit rückte der *Formicarius* die Hexerei und Zauberei näher an die Ketzerei. Zwar war der Hexenflug für Nider reine Imagination und Teufelsbuhlschaften erfolgten gegen den Willen der Frauen. Auch standen seine Hexensabbatausführungen noch ganz in der Tradition der Ketzersabbate. Andererseits finden sich Anzeichen für die Übertragung von Elementen der Ketzerei und des Ketzersabbats auf die Hexereivorstellung, etwa über Niders wiederholte Ausführungen zu Kinderkannibalismus und Kindstötung (Abb. 31).

Die Entwicklung der Lehrmeinung zum Hexenwesen um die Zeit des Baseler Konzils zeigt auch der Traktat *Ut magorum et maleficiorum errores* (ca. 1436). Sein Verfasser, Claude Tholosan (ein weltlicher Oberrichter der Dauphiné), hielt darin seine praktischen Erfahrungen aus über 200 Prozessen gegen

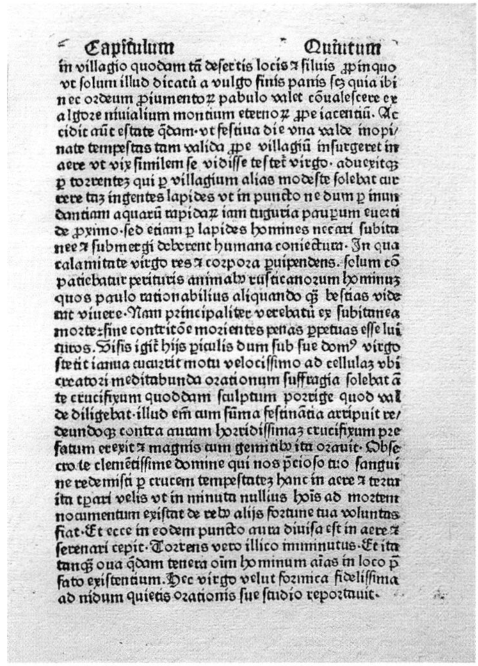
Capitulum Quintum
in villagio quodam tam desertis locis ⁊ siluis ꝓpinquo
vt solum illud dicatum a vulgo finis panis scȝ quia ibi
nec ordeum ꝓiumentoꝝ pabulo valet conualescere ex
algore niuialium montium eternoꝝ ꝓpe iacentium. Ac
cidit autem estate quadam. vt festiua die vna valde inopi/
nate tempestas tam valida ꝓpe villagium insurgeret in
aere vt vix similem se vidisse testetur virgo. aduexitqȝ
p torrentem qui p villagium alias modeste solebat cur
rere tam ingentes lapides vt in puncto ne dum p inun
dantiam aquarum rapidaꝝ iam tuguria pauperum euerti
de proximo. sed etiam p lapides homines necari subita
nee ⁊ submergi deberent humana coniectura. In qua
calamitate virgo res ⁊ corpora perpendens. solum com
patiebatur perituris animabus rusticanorum hominum
quos paulo rationabilius aliquando quam bestias vide
rat viuere. Nam principaliter verebatur ex subitanea
morte: sine contritione morientes penas perpetuas esse lui
turos. Visis igitur hijs periculis dum sub sue domus virgo
stetit ianua currit motu velocissimo ad cellulam vbi
creatori meditabunda orationum suffragia solebat an
te crucifixum quoddam sculptum porrigere quod val
de diligebat. illud enim cum summa festinantia arripuit re/
deundoqȝ contra auram horridissimam crucifixum pre
fatum erexit ⁊ magnis cum gemitibus ita orauit. Obse
cro te clementissime domine qui nos precioso tuo sangui
ne redemisti p crucem tempestatem hanc in aere ⁊ terra
ita reparari velis vt in minuta nullius hominis ad mortem
nocumentum existat de rebus alijs fortune tua voluntas
fiat. Et ecce in eodem puncto aura diuisa est in aere ⁊
serenari cepit. Torrens vero illico imminutus. Et ita
tanquam oua quedam tenera omnium hominum animas in loco p
fato existentium. Hec virgo velut formica fidelissima
ad nidum quietis orationis sue studio reportauit.

Abb. 31 Inkunabelblatt aus: J. Nider, Formicarius, um 1484.

Mitglieder der neuen Hexensekte fest. Wie bei Nider war auch für Tholosan der Teufelspakt elementare Voraussetzung für jegliche Zauberei. Allerdings äußerte sich Tholosan deutlich detaillierter zum Teufelspakt. Der Oberrichter versuchte damit, die volle Verantwortung des Teufelsbünders aufzuzeigen. Flug und Sabbat waren für ihn – ganz in *Canon Episcopi* Tradition – Trugbilder. Sein Sabbatszenario mit Teufelskuss, Kindstötungen, Schadenszaubern und Unzucht mit Dämonen ähnelte im Ganzen schon mehr dem Stereotyp des Hexensabbats. Bei der Buhlschaft hingegen differenzierte Tholosan noch zwischen der gewähnten Buhlschaft auf dem vorgestellten Sabbat und dem tatsächlichen Geschlechtsverkehr mit dem Teufel bei privaten Anrufungen. Tholosan führte altbekannte Aberglaubensbilder an Vorstellungen heran, die der tradierten

Ketzerpolemik entstammten; verband somit Ketzerei und Hexerei. Schließlich sprach sich der weltliche Richter Tholosan für die vorrangige Verfolgung der Hexerei durch weltliche Gerichte aus.

Mit dem *Champion des Dames* nahm sich ein weiteres bedeutendes literarisches Werk des 15. Jahrhunderts dem weiblichen Geschlecht und der neuen Hexensekte an. Verfasst wurde der als Streitgespräch aufgebaute Versroman um 1440 von Martin Le Franc. Der Verteidiger der Frauen (*Champion*) negiert in dem Roman – ganz in Tradition des *Canon Episcopi* – den Realitätscharakter des Hexenfluges und des Sabbatszenarios. Der überaus plastische Bericht seines Gegenspielers (*Adversaire*) zu den Hexen und ihren Treffen offenbart die Verquickung von Vorstellungen, die der gelehrten Tradition der Ketzerpolemik entstammten, mit der neuen Hexensekte.

Ebenfalls der neuen Hexensekte widmete sich der anonyme Traktat *Errores Gazariorum*. Um 1437 in Savoyen entstanden, thematisierten die *Errores* alle Teildelikte der Hexerei, ausgenommen die Teufelsbuhlschaft. Am ausführlichsten wird dabei der realiter stattfindende Sabbat behandelt. Auch der bei Nider noch als Wahnvorstellung eingestufte Hexenflug ist hier tatsächlich möglich. In den *Errores Gazariorum* lässt sich eine Fokussierung auf den Hexensabbat erkennen. Dieser war noch als Ketzersabbat ausgestaltet, angereichert mit Elementen eines Hexensabbats (etwa Vorbereitungen für Schadenszauber oder Herstellung von Salben für den Hexenflug; Abb. 32).

Abb. 32 F. de Goya, Linda Maestra, Radierung, 1797–99.

Diese zunehmende Fokussierung auf den Hexensabbat erklärt auch den wieder aufflammenden wissenschaftlichen Diskurs um den *Canon Episcopi*, der nächtliche Flugvorstellungen als Wahn einordnete. Solange sich viele Hexen aus unterschiedlichen Regionen auf einem Hexensabbat an entlegenem Ort versammeln sollten, war deren rasche Fortbewegung durch die Luft für das Sabbatszenario essentiell. Ohne Hexenflug waren größere Hexensabbate nicht vorstellbar und damit auch keine Bedrohung durch eine angeblich rasant expandierende und weltweit operierende Hexensekte. Folglich mussten die Verfolgungsbefürworter begründen, wie ein realer Flug mit dem *Canon Episcopi* zu vereinbaren sei.

Kardinal Johann von Turrecremata etwa löste in seinem um 1445 verfassten *Commentarius in Decretum Gratiani* den Widerspruch zwischen realem Flug und *Canon Episcopi* durch eine restriktive Anwendung des *Canon Episcopi*. Turrecremata beschränkte den Anwendungsbereich des Canon auf Nachtflugvorstellungen mit Herodias und Diana. Nicht von diesem Canon erfasst sei jedoch die neue Hexensekte. Deren Mitglieder würden sich mit Hilfe des Teufels durch die Luft bewegen. Ähnlich argumentierte auch der Dominikanerinquisitor und Kon-

Abb. 33 *F. de Goya, Allà vá eso (da kommt es), Radierung, 1799.*

Abb. 34 *A. Dürer, Die vier Hexen (Die vier nackten Frauen), Kupferstich, um 1497.*

zilstheologe Nicolaus Jacquier (der spätere Papst Benedikt XII.) in seinem Werk *Flagellum haereticorum fascinariorum* (1458). Da sich die Hexensekte erst viele Jahrhunderte nach der Abfassung des *Canon Episcopi* formierte, könne sich der *Canon* auch nicht auf diese beziehen. Zudem versuchte Jacquier, die Autorität des *Canons* über einen Verweis auf dessen Ursprung in einem *concilium particulare* zu untergraben. Noch deutlicher als die *Errores Gazariorum* verknüpfte Jacquier den Ketzersabbat mit den neuen Hexenvorstellungen und vollendete argumentativ den Weg vom Ketzer- zum Hexensabbat. Damit war mit den Hexen ein Kollektiv geboren, welches – wie die früheren Ketzersekten – in großem Stil verfolgbar war. Die Bedeutung von Turrecrematas und Jacquiers Werken liegt somit in der theologischen Rechtfertigung eines realen Hexenflugs vor dem *Canon Episcopi* (Abb. 33).

Bis ca. 1460 verschmolzen so die meisten Teildelikte zum Kumulativdelikt der Hexerei, auf welches Elemente der Ketzereivorstellungen übertragen wurden. Die Furcht vor einer bedrohlichen neuen Hexensekte war geboren. Innerhalb des Hexereidelikts lag der Schwerpunkt auf dem Sabbat, um den sektenartigen Zusammenschluss der Hexen und die damit einhergehende Kollektivbedrohung aufzuzeigen.

Dabei war bis in die Mitte des 15. Jahrhunderts der Hexereivorwurf geschlechtsneutral. In der zweiten Hälfte des 15. Jahrhunderts erhöhte sich dann der Anteil weiblicher Opfer. Die zunehmende Feminisierung des Hexereidelikts beruhte auf einem ganzen Faktorenbündel. So ließen die Vorwürfe der Verführung und Unterwerfung die dafür vermeintlich besonders anfälligen Frauen ebenso in den Fokus rücken wie der seit jeher Frauen zugeschriebene Hexenflug. Auch die (Schadens-)Zauberei galt den Zeitgenossen als eher weibliche Handlungsoption (Abb. 34).

Der Hexenhammer (Malleus Maleficarum)

Der 1486/87 erschienene *Hexenhammer* (*Malleus Maleficarum*) des Dominikanerinquisitors Heinrich Kramer, lat. *Institoris* (ca. 1430–1505), brach gänzlich mit der Geschlechtsneutralität der Hexerei und fokussierte sie ausschließlich auf Frauen (Abb. 35). Kramer – bei dem sich Anhaltspunkte für eine perverse Persönlichkeitsstruktur finden lassen – verfasste das „unheilvollste Buch der Literaturgeschichte“ als Reaktion auf seine gescheiterten Inquisitionsbemühungen in der Alpenregion. Trotz einer päpstlichen Bulle, die ihn ab 1484 zum Inquisitor in Oberdeutschland bestellte, stieß er bei seiner Tätigkeit immer wieder auf weltlichen und geistlichen Widerstand, was ihn am Verfolgungseifer der Obrigkeiten zweifeln ließ. Überdies ging ihm die Inquisition nicht hart genug gegen Hexen vor. Deshalb wollte er dem weltlichen Richter eine konkurrierende und gegenüber der Inquisition subsidiäre Verfolgungskompetenz einräumen.

Eine prominente Behandlung kam im *Malleus* dem Schadenszauber zu, für den

Abb. 35 H. Kramer, Hexenhammer – Malleus Maleficarum, Paris, 1520.

ein vorher geschlossener Teufelspakt konstitutiv war. Das Sabbatkonzept kannte Kramer, doch stufte er es als apokryph ein. Der Hexenflug war für den Verfasser sowohl realiter als auch imaginativ möglich. Hinweise auf kollektive Teufelsverehrung finden sich im *Malleus* nur gelegentlich. Schließlich thematisierte Kramer auch die Teufelsbuhlschaft, jedoch ausschließlich jene von Frauen. Im Gegensatz zu früheren Traktaten wurde den Frauen nun nicht mehr gegen deren Willen nachgestellt. Damit konnte die Buhlschaft sanktioniert und vollends in das Sammeldelikt der Hexerei integriert werden. Auch den übrigen Tatbeständen ist eine konsequente Fokussierung auf das weibliche Geschlecht zu attestieren. Damit brachte Kramer die alte Hexenlehre zum Abschluss und schrieb die Diskriminierung und Stigmatisierung der Frau als Hexe fest. Ab diesem Moment lässt sich vom elaborierten Hexereibegriff sprechen. So bildete der *Hexenhammer* einen Markstein für die Verfolgung von Hexen und wurde zu einem wichtigen Handbuch für die frühen Hexenverfolgungen.

Luther und die Hexen

Martin Luther wurde am 10. November 1483 in Eisleben geboren als Sohn von Hans Luder (1459–1530) und Margarethe Luder, geb. Lindemann (1459–1531) (Abb. 36a.b). Die uns heute geläufige Schreibung des Nachnamens „Luther" wählte Martin erst im Jahr 1517, wahrscheinlich in Anlehnung an das griechische Wort für „der Freie" ἐλεύθερος (Eleutherios).

Luthers Eltern entstammten wohlhabenden Familien. Seine Mutter Margarethe wurde in eine angesehene Eisenacher Handwerker-/Kaufmannsfamilie geboren. Ihre Brüder waren Juristen.

Martins Vater Hans entstammte einer begüterten bäuerlichen Familie aus Möhra. Er ergriff den Beruf des Bergmanns und eignete sich in einer Kupferschiefergrube ein profundes bergmännisches Wissen an.

Nach ihrer Heirat im Jahr 1479 zogen Hans und Margarethe 1483 zunächst nach Eisleben und kurze Zeit später nach Mansfeld. Als Bergwerks- und Hüttenbesitzer stieg der Vater rasch in der sozialen Hierarchie auf. Bereits 1491 bekleidete er als einer der „Vieren von der Gemeinde" eine politische Führungsposition in der Stadt Mansfeld. Spätestens seit 1508 übte er zudem die bergamtliche Funktion des Schauherrn in vier Revieren aus und zählte damit zu den höchsten Bergbeamten der Grafschaft. Wenn Luther später ausführt, seine Eltern hätten der ärmeren Bevölkerungsschicht angehört („Mein Vater, als ich heranwuchs, ist er ein armer hewr gewesen. Die mutter hatt al yhr holtz auff den rucken eingetragen."), dürfte dies eher eine Stilisierung gewesen sein.

I. Martins Kindheit

Martin Luthers Bildungsweg begann an der Mansfelder Trivialschule, die er ab seinem siebten Lebensjahr besuchte (Abb. 37). 1496 oder 1497 wechselte Luther an die Magdeburger Domschule und 1498 an die Eisenacher Lateinschule. Seine Kindheit zu Hause und in der Schule beschrieb Luther später (möglicherweise übertreibend) als eine harte Zeit. „Meine Eltern haben mich in strengster Ordnung gehalten bis zur Verschüchterung. Meine Mutter stäupte mich

Abb. 36 a L. Cranach d. Ä., Margarethe Luther, Mischtechnik auf Holz, 1527, Bild: Wartburg-Stiftung Eisenach, Inv. Nr. M0069.

Abb. 36 b L. Cranach d. Ä., Hans Luther, Mischtechnik auf Holz, 1527, Bild: Wartburg-Stiftung Eisenach, Inv. Nr. M0070.

Abb. 37 C. Spangenberg, Mansfeldische Chronik, Eisleben, 1572, mit Karte der Region Mansfeld.

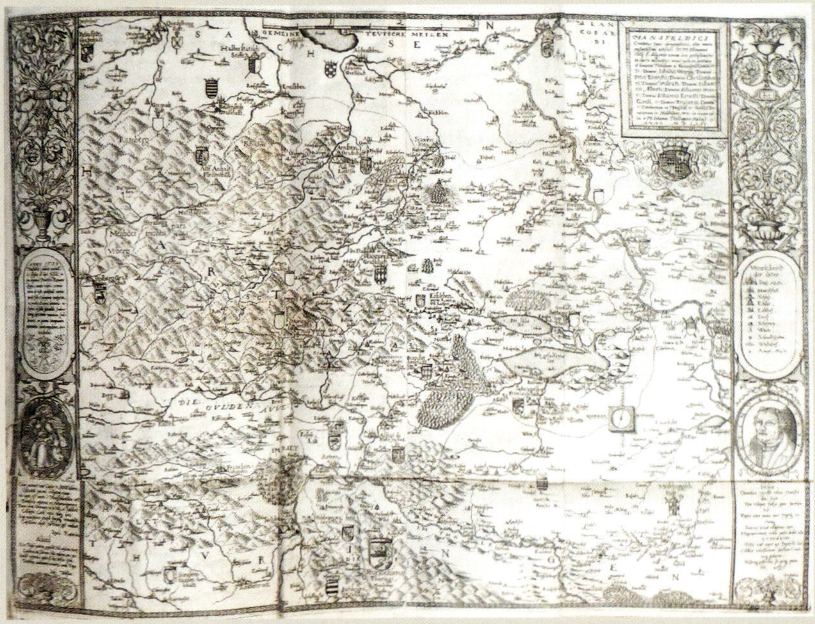

um einer einzigen Nuss willen, bis Blut floss. Und durch diese harte Zucht trieben sie mich ins Kloster. […] Mein Vater stäupte mich einmal so sehr, dass ich vor ihm floh. […] Solch strenge Zucht trieb mich in die Möncherei, aber sie meinten's herzlich gut."

Die „harte Zucht" seiner Eltern verursachte in Luther starke Zwiespältigkeit und veranlasste ihn zu Fluchtbewegungen. Auch in der Schule war körperliche Züchtigung seinerzeit ein gängiges Erziehungsmittel. So sei Martin einmal vormittags „15 mal gestrichen worden, ohn alle Schuld." Er empfand seine Schulzeit als „innere Marter" und den Unterricht als so schlecht, dass einer höchstens „Pfaff" (Priester) hätte werden können.

Martin Luther wuchs in einem frommen und von Aberglauben geprägten Umfeld auf. Wie seine Zeitgenossen glaubte auch er an Zauberei und Hexen und berichtete: „Als ich ein Kind war, gab es viele Hexen, die Vieh und Menschen, vorzugsweise Kinder, beschworen. So fügten sie auch den Saaten Schaden zu mit Unwettern und Hagelschauern, die sie mit ihren Zaubereien hervorriefen." Selbst seine eigene Mutter soll durch eine Zauberin sehr geplagt worden sein, welche die Kinder so behexte, dass diese die ganze Nacht durch schrien. Einen Bruder Luthers soll eine Zauberin gar in Lebensgefahr gebracht haben. Ferner zitierte Luther später mehrfach die ihm als Kind zu Ohren gekommene Geschichte der Zwietracht säenden Alten, welche dem Hexenbild sehr nahe kommt. Ausweislich dieser Erzählungen vermochte der Teufel durch ein altes Weib solche Zwietracht unter zwei Verliebten zu säen, dass beide sich letztlich gegenseitig umbrachten.

Die Tätigkeit Hans Luders im Bergbau dürfte sein übriges beigetragen haben zum magischen Umfeld in Luthers Kindheit. Der Beruf des Bergmanns war seit jeher magisch durchdrungen, bauten die Bergleute doch in einer geheimnisvollen Welt unter Tage wertvolle Schätze ab. Im Mittelalter begann eine religiöse Mystifizierung des Bergbaus, die volksreligiöse Vorstellungen einband und überlagerte. Der Bergbau erlangte gottesdienstähnliche Bedeutung und die Mönchsorden wurden zu Vorreitern im Bergbau. In der Vorstellungswelt des 15. Jahrhunderts wurden die vielen unerklärlichen Ereignisse und Grubenunglücke Geistern und Teufeln zugeschrieben. So kam Luther bereits als Kind über die Tätigkeit seines Vaters im Bergbau in Berührung mit Zaubereivorstellungen.

Als Theologe diabolisierte Luther später die Geistererscheinungen und interpretierte sie als Versuchungen des Teufels: „Ich glaube auch, dass wenn in Silbergruben Lichter gesehen werden, dies der Teufel ist, der die

Abb. 38 Holzschnitt zu Bergmann mit Wünschelrute, in: G. Agricola, De re metallica libri XII, Basel, 1566.

Abb. 39 (links)
P. Lombardus, Sententiarum Libri IV, Ende 15. Jh.

Die *Sentenzen* des Petrus Lombardus (ca. 1100–1160) bildeten einen Grundstein für die systematische Theologie der Scholastik. Als Student beschäftigte sich Martin Luther intensiv mit den Sentenzen und hielt später auch Vorlesungen zu diesem Werk.

Abb. 40 (unten)
Papst Gregor IX., Decretalium domini papa Gregorii noni, Lyon, 1506.

Die *Dekretalen* Papst Gregors IX. (1167–1241) waren eine Hauptquelle des kanonischen Rechts und Bestandteil des Theologiestudiums. In der Reformation distanzierte sich Luther von dem geltenden Kirchenrecht und verbrannte öffentlichkeitswirksam die Bannandrohungsbulle sowie Dekretalensammlungen.

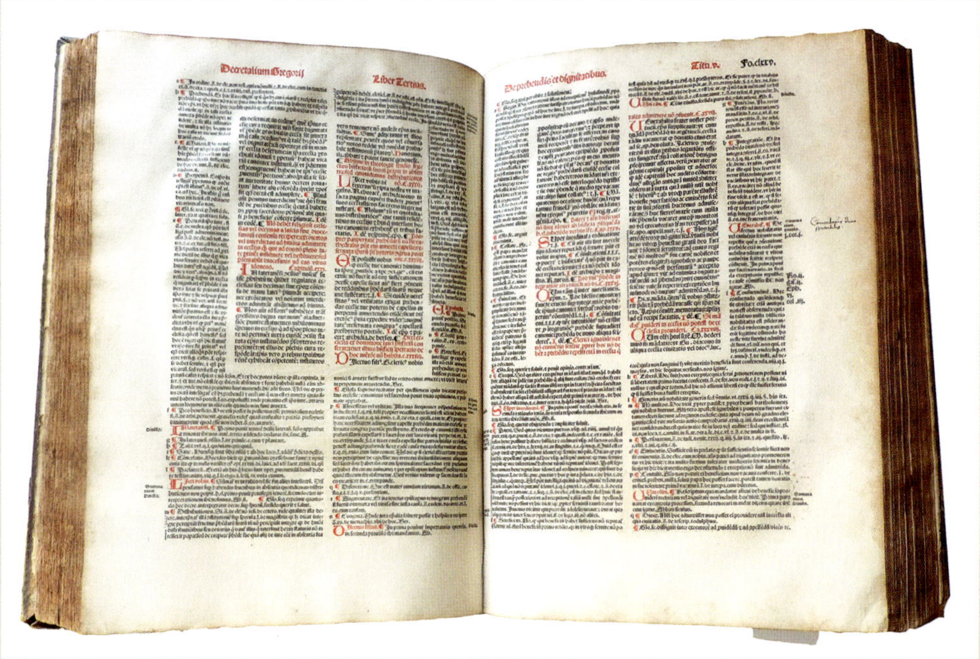

Schätze zeigt." oder „Im Bergwerk vexiret und betrüget der Teufel die Leute, macht Ihnen ein Gespenst und Geplärr fur den Augen, daß sie nicht anders wähnen, als sähen sie ein großen Haufen Erzes und gediegen Silber, da es doch nichts ist" (Abb. 38).

II. Vom Student zum Reformator

Im Jahr 1501 begann Martin Luther seine universitäre Ausbildung an der Universität Erfurt mit dem Studium der sieben freien Künste (*septem artes liberales*), der akademischen Grundausbildung. Nach deren erfolgreicher Beendigung im Jahr 1505 setzte er auf Wunsch seines Vaters das Studium an der Juristenfakultät fort. Die Rechtswissenschaft schien Luther jedoch nicht erfüllt zu haben. Am 2. Juli 1505 überraschte ein schweres Sommergewitter den jungen Studenten auf offenem Feld bei Stotternheim. In Todesangst rief er die heilige Anna um Beistand an und gelobte, Mönch zu werden. Luther verwarf das Jura-Studium und trat in das Augustiner-Eremiten-Kloster in Erfurt ein. Gegen seine Erwartung ebbte hier die Zwiespältigkeit im Verhältnis des jungen Mönchs zum leiblichen Vater nicht ab, sondern übertrug sich sogar – ihm unbewusst – auf den überirdischen, auf Gottvater. Martin geriet in furchtbare Anspannung: „das Herz zitterte und zappelte sich ab, auf welche Weise Gott mir gnädig würde".

Bereits im Jahr 1507 wurde Luther zum Diakon und Priester geweiht. Im Herbst 1508 nahm er das Studium der Theologie in Wittenberg auf und erwarb im März 1509 den akademischen Grad eines *Baccalarius biblicus*. 1510 oder 1511 begab sich Martin auf eine Reise nach Rom, die er später als Schlüsselerlebnis stilisierte. Im Jahr 1512 promovierte Luther zum Doktor der Theologie und lehrte in der Folgezeit an der Universität in Wittenberg (Abb. 39. 40).

Zwischen 1514 und 1518 erschloss sich Luther ein neues Gerechtigkeitsverständnis von Gott. Aus Röm 1,17 („Der Gerechte aber lebt aus Glauben.") entnahm er, dass der Sünder seine Rechtfertigung nicht durch Werke verdienen, sondern nur im Glauben von Gott gerechtfertigt werden kann. Diese Rechtfertigung sei ein Geschenk Gottes, durch das Gott kraft des Glaubens gerecht mache und ewiges Leben schenke. Einer solchen passiven Gerechtigkeit lief das seinerzeitige Ablasswesen entgegen, wonach der Mensch etwa die Zeit im Fegefeuer durch (käuflichen) Erwerb eines Ablasses verkürzen könne. Deshalb wandte sich Luther auch entschieden gegen den Ablass als Heilsinstitut zur Vergebung zeitlicher Sündenstrafen. Für Vergebung sei innere Reue ausschlaggebend. Sakramentaler Vermittlung oder gar eines Ablasses bedürfe es nicht (Abb. 41 a.b).

Wie eine Erlösung wirkte für Luther die Erkenntnis: nicht durch sein eigenes verzweifeltes Ringen, sondern einzig als Geschenk Gottes werde ihm die „Rechtfertigung" zuteil. Sie ist der Weg, auf dem er durch die Gnade Gottes „richtig gemacht" wird im Sinne der Verschmelzung mit der Lehre und Gestalt Jesu.

Konkreter Anlass der Reformation war der im Jahr 1517 von dem Dominikaner Johann Tetzel betriebene massive Verkauf von Ablässen im Bistum Magdeburg. Luther verfasste dagegen 95 Thesen, die er am 31. Oktober 1517 an Erzbischof Albrecht von Brandenburg (1490–1545) sandte und wohl auch an die Schlosskirche zu Wittenberg nageln ließ (Thesenanschlag). Gegen Luther wurde ein Ketzerprozess eingeleitet. Am 3. Januar 1521 folgte die Exkommunikation. Am 17. April 1521 musste sich Luther auf dem Reichstag zu Worms vor Kaiser und Reich rechtfertigen. Nachdem er am 18. April 1521 den Widerruf verweigerte, wurde im Mai 1521 über ihn die Reichsacht verhängt.

Forma absolutionis plenarie, a pena & culpa.

Datum pro Sigillo.

Abb. 41 a
Ablass Papst Pauls III. (1534–1549) zu Gunsten des Baus der Kirche des hl. Sebastian in Rom, 1537.

Abb. 41 b
Ablassbrief des Suffraganbischofs Leonardus aus Vieste (Italien), 1529.

Auf dem Rückweg von Worms inszenierte Luthers Landesherr, Kurfürst Friedrich der Weise von Sachsen (1463–1525), einen Überfall und ließ Luther zu dessen Schutz auf die Wartburg bringen. Dort übersetzte Luther – getarnt als Junker Jörg – das Neue Testament ins Deutsche.

III. Der junge Luther und die Hexen

Luthers Zeit war geprägt von einer wachsenden Angst vor Zauberei und Hexerei. Diese spiegelt sich plastisch in der Literatur und Kunst wider. Bedeutende Druckwerke, etwa die *Schedelsche Weltchronik* (1493), und Künstler wie Albrecht Dürer (1471–1528) oder Hans Baldung Grien (1484/85–1545) nahmen sich des Hexenbildes an. Sprachgewaltige Prediger wie Johann Geiler von Kaysersberg (1445–1510) warnten eindringlich vor Zauberern und Hexen und verbreiteten neue Vorstellungen, etwa das Bild der Milchhexe. Mit der juristischen Behandlung von Hexerei und Zauberei beschäftigten sich nun auch juristische Praxishandbücher wie der *Laienspiegel* (1509) oder der *Neue Laienspiegel* (1511). Schließlich bewegte der Zauber- und Hexenglauben auch die Obrigkeit, etwa Kaiser Maximilian I. (1459–1519) und seinen humanistischen Beraterkreis (Abb. 42–46).

Neben dem landläufigen Zauberei- und Hexenglauben stieß der junge Luther auch bei seinen theologischen Studien immer wieder auf Ausführungen zu Zauberei, Teu-

Abb. 42
Holzschnitt mit Hexe und Teufel, in: H. Schedel, Liber Chronicarum, Nürnberg, 1493.
Die *Nürnberger Chronik* des Arztes, Humanisten und Historikers Hartmann Schedel (1440–1514) – besser bekannt als *Schedelsche Weltchronik* – erschien erstmals im Jahr 1493. In Form der mittelalterlichen Chronik-Tradition beschreibt sie die Geschichte der Welt in Weltaltern. Die *Schedelsche Weltchronik* enthält auch eine Abbildung einer mit dem Teufel auf einem Pferd reitenden Hexe und ist ein Beleg für die weite Verbreitung des Hexenglaubens bereits Ende des 15. Jahrhunderts.

Abb. 43 *A. Dürer, Die (reitende) Hexe, Kupferstich, um 1500.*

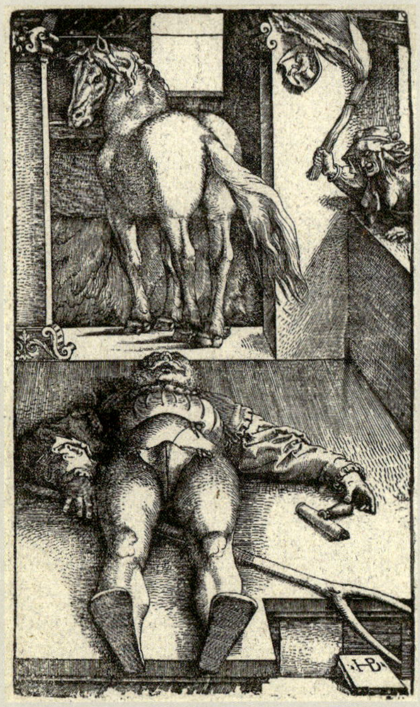

Abb. 44 *H. B. Grien, Der verhexte Stallknecht, Holzschnitt, 1544.*

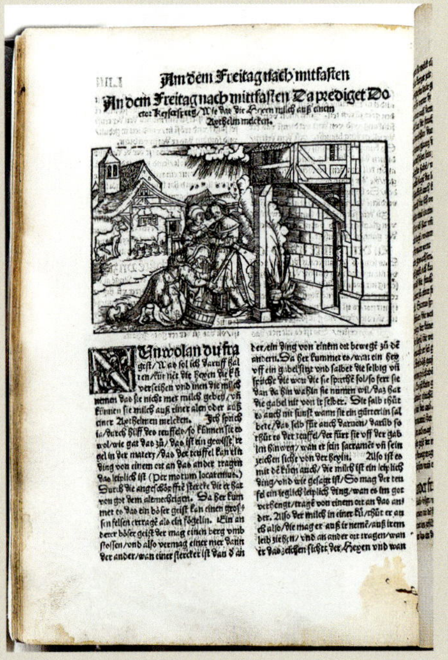

Abb. 45
Holzschnitt zu Milchhexen, in: J. G. von Kaysersberg, Die Emeis, Straßburg, 1517.

Die *Emeis* (Ameise[n]) enthält Fastenpredigten des bedeutendsten deutschen Predigers des Spätmittelalters, Johann Geiler von Kaysersberg. Ab 1486 Domprediger in Straßburg hielt er 1508 mehrere Predigten zum Hexenthema. Kaysersberg ist wohl der erste bekannte Theologe, der sich intensiv auseinandersetzte mit Milchhexen, die Milch aus einer Axt melken. Luther griff später oft dieses Hexenbild auf.

felsbuhlschaft, Hexenflug und Teufelspakt. Bei der Interpretation der Bibelstellen (zur Zauberei) ging der Theologe Luther wissenschaftlich-verantwortlich vor. Seine Äußerungen beruhten in den meisten Fällen auf gründlicher Exegese und Reflexion. In der Zauberfrage dachte der Augustiner-Eremit Luther – wie sein Ordensstifter – augustinisch. Danach konnten Teufel aufgrund ihrer Luftbeschaffenheit und ihres hohen Alters die Zukunft vorhersagen und mit ihrer großen Naturkenntnis und Naturbeherrschung Dinge vollbringen, die den Menschen wie Wunder vorkamen. Weniger interessierten Luther die Feinheiten und Subtilitäten der Pakt-, Flug- und Buhlschaftstheorien.

Als Prediger widmete sich Luther insbesondere in seinen Wittenberger Dekalogpredigten der Jahre 1516/17 ausführlich dem Zauberei- und Aberglauben. Diese Dekalogpredigten wurden bereits im Juli 1518 in Wittenberg gedruckt und fanden weite Verbreitung (Abb. 47). Zauberei und Aberglauben klassifizierte Luther als Verstoß gegen das erste Gebot. Dabei beschrieb Luther detailliert verschiedenste Formen des Schadenszaubers, etwa Hexenschuss und Milchdiebstahl. Deren Realität stand für ihn außer Frage. Überdies wandte er sich gegen jede Form von weißer Magie. Auch eine Teufelsbuhlschaft hielt Luther für möglich. Hier bewegte sich Luther in der scholastischen *incubus-succubus*-Tradition. Luthers Dekalogpredigten lassen eine Zuspitzung des Hexenbildes auf Frauen erkennen. Er war sehr skeptisch, ob ein Hexenflug real mög-

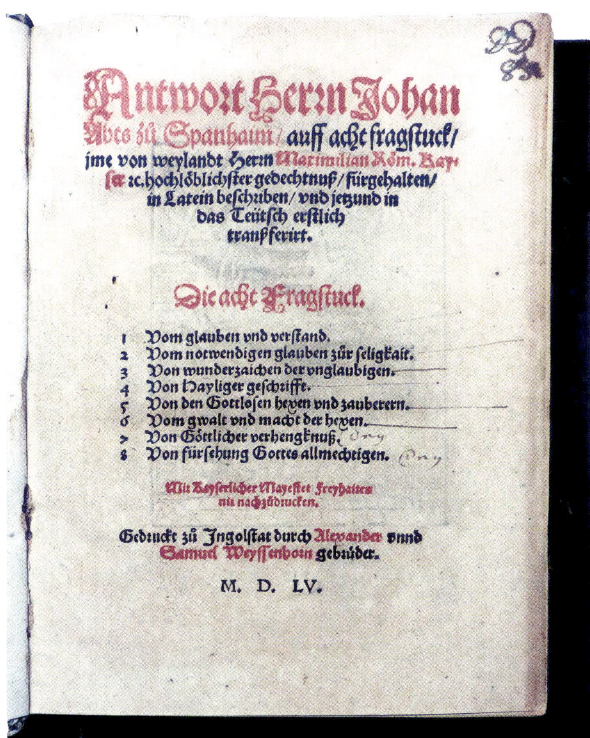
Antwort Herrn Johan
Abts zů Spanhaim/ auff acht fragstuck/
jme von weylandt Herrn Maximilian Röm. Kayser rc. hochlöblichster gedechtnuß/ fürgehalten/
in Latein beschriben/ vnd jetzund in
das Teütsch erstlich
transferirt.

Die acht Fragstuck.

1 Vom glauben vnd verstand.
2 Vom notwendigen glauben zůr seligkait.
3 Von wunderzaichen der vnglaubigen.
4 Von hayliger geschrifft.
5 Von den Gottlosen hexen vnd zauberern.
6 Vom gwalt vnd macht der hexen.
7 Von Göttlicher verhengknuß.
8 Von fürsehung Gottes allmechtigen.

Mit Kayserlicher Mayestet Freyhaiten nit nachzůdrucken.

Gedruckt zů Ingolstat durch Alexander vnnd Samuel Weyssenhorn gebrüder.

M. D. LV.

Abb. 46
J. Trithemius, Antworten auf die Fragen des Kaisers Maximilian I., Ingolstadt, 1555.

Das Hexenunwesen und die Nekromantie beschäftigten selbst Kaiser Maximilian I. Zu dessen Humanistenkreis zählte auch der seinerzeit führende Dämonologe, Abt Johannes Trithemius (1462–1516). Der Kaiser bat ihn im Jahr 1508 um logische (nicht theologische!) Beantwortung von acht Fragen, etwa woher Hexen solche Macht haben oder warum Gott Schadenszauber zulässt. Die später auch unter dem Titel *Octo questiones* veröffentlichten Antworten Trithemius' trugen wesentlich bei zur Verbreitung des Glaubens an die Existenz von Hexen und Dämonen.

Abb. 47
10 Holzschnitte von U. Graf zu den 10 Geboten, in: M. Luther, der x. gebot ein nutzliche erklerung, Basel, 1520.

lich sei, schloss es aber nicht aus. Damit war für Luther auch das Sabbatkonzept fraglich, welches elementar auf dem Flug aufbaute. Der Dekalogprediger Luther wandte sich entschieden gegen jede Form des Aberglaubens. Insoweit war er einer der schärfsten Kritiker des Aberglaubens seiner Zeit. Im Vordergrund stand für den Prediger Luther beim Hexereidelikt der sich im Teufelspakt manifestierende Abfall von Gott.

IV. Das Strafrecht zu Luthers Zeit

Das 15. und 16. Jahrhundert brachte auch im weltlichen Strafrecht einschneidende Änderungen. So mehrten sich mit dem 15. Jahrhundert allenorts im Reich die Klagen über willkürliche Strafverfolgung und exzessive Folteranwendung. Als Resultat entstanden zunächst Praxishandbücher für Laien, etwa der *Klagspiegel* und später die *Laienspiegel*. Mit der *Wormser Reformation* (1498), der *Bambergischen Halsgerichtsordnung* (1507) und der *Peinlichen Gerichtsordnung Kaiser Karls V.* (1532) versuchten die Obrigkeiten dann, das Strafrecht zu reglementieren und zu vereinheitlichen.

Dabei verdrängte verfahrensrechtlich ab dem 15. Jahrhundert der von Amts wegen betriebene und auf die materielle Wahrheit gerichtete „außerordentliche" Inquisitionsprozess zunehmend den parteibetriebenen „ordentlichen" Anklageprozess. Erforderlich für eine Verurteilung waren zwei glaubhafte Tatzeugen (Zwei-Zeugen-Beweis) oder ein Geständnis. Indizien reichten für eine Verurteilung nicht aus, berechtigten jedoch zur Folter (auch Tortur, Marter, peinliche Frage). Ein unter Folter erlangtes Geständnis musste anschließend vom Inquisiten vor Gericht wiederholt werden und war Grundlage der Verurteilung. Die Urteilsverkündung und die Strafvollstreckung fanden öffentlich statt auf dem

Abb. 48 P. Breughel d. Ä. (1525–1569), Justitia (aus dem Zyklus der Tugenden), Kupferstich, ca. 1560.

Abb. 49 Daumenschraube, Böhmen, 17./18. Jh.

– oft volksfestartig inszenierten – „endlichen Rechtstag“. Häufig geriet dieser aufgrund der vielen grausamen Leibes- und Lebensstrafen zu einem „Theater des Schreckens“ (Abb. 48).

Die Verankerung der Folter im Strafverfahren resultierte in Änderungen des Verfahrens- und Beweisrechts im Mittelalter. Mit dem Inquisitionsprozess kam ein neuer Verfahrenstyp auf, dessen Prozessziel die materielle Wahrheit war. Frühere Beweismittel wie Gottesurteile traten – kirchlicherseits delegitimiert – in den Hintergrund. Dafür festigte sich ein mit dem mosaischen Recht im Einklang stehendes formelles Beweisrecht. Es statuierte mit dem Zwei-Zeugen-Beweis hohe Verurteilungsvoraussetzungen und rückte das (frei-

Abb. 50 Streckbank mit Stachelwalze, Elsass, 17./18. Jh.

willige) Geständnis als primäres Beweismittel in den Vordergrund. Im Schlepptau dieser Änderungen etablierte sich seit dem 13. Jahrhundert die Folter als „Beweisgewinnungsmethode". Sie ersetzte den Überführungsbeweis beim Fehlen von zwei Augenzeugen. Voraussetzung war das Vorliegen eines schweren Verdachts aufgrund von Indizien. Diese waren teilweise gesetzlich vorgegeben. Art, Intensität und Dauer der Folter standen jedoch im Ermessen des Richters.

Es setzten sich mit regionalen Unterschieden fünf Stufen der Folter durch: 1. Verbale Androhung, 2. Zeigen und Anlegen der Folterinstrumente, 3. Verwendung von Daumen-/Beinschrauben, 4. Strecken und 5. Trockener Zug (Abb. 49. 50).

V. Die frühneuzeitlichen Rechtstexte und der Zauber-/Aberglauben

Mitte des 15. Jahrhunderts verbreitete sich mit dem *Klagspiegel* des Conrad Heyden (ca. 1385–1444) eine neue Gattung von Rechtsbüchern. Diese Praxishandbücher sollten den meist noch unstudierten Rechtsanwendern das sich im Rechtsalltag durchsetzende neu rezipierte römische Recht näher bringen. Der *Klagspiegel* (um 1436) hatte enormen Einfluss auf spätere Gesetzeswerke (etwa die *Constitutio Criminalis Carolina* von 1532, kurz: *Carolina*) sowie die *Laienspiegel* (1509, 1511). Das Hexereidelikt kannte der *Klagspiegel* noch nicht. Schadens- und Liebeszauberer sollten gemäß dem *Klagspiegel* den wilden Tieren zum Fraß vorgeworfen werden. Wohltätige Zauberei blieb jedoch straflos (Abb. 51).

Gut 70 Jahre nach dem *Klagspiegel* erschien mit dem *Laienspiegel* von Ulrich Tengler um 1509 ein weiteres – die Rechtspraxis der nächsten 50 Jahre beherrschendes – Handbuch. Neben dem römisch-kanonischen Recht schöpfte vor allem dessen Strafrechtsteil auch aus der deutschen Rechtspraxis. Der *Laienspiegel* griff bereits in Ansätzen das Hexereikonzept des *Hexenhammers* auf (Feminisierung, Fokus auf Schadenszauber, strenge Verfolgung). Als Strafe für Schadenszauberei waren der Feuertod oder das Ertränken vorgesehen.

Schon 1511 erschien mit dem *Neuen Laienspiegel* eine zweite, deutlich erweiterte Fassung des *Laienspiegels* mit einem zusätzlichen Kapitel „von kätzerey, warsagen, schwarzer kunst, zaubery, unholden etc." Neben Formularen zur Anklage von Hexen und deren Folterung enthielt das Kapitel einen ganzseitigen Holzschnitt zum Hexereidelikt (Abb. 52) sowie eine detaillierte Beschreibung der Vorwürfe gegen Hexen. An vielen Stellen wurde nun der *Hexenhammer* in wörtlicher Übersetzung zitiert. Diese Rezeption im bedeutendsten Praxishandbuch des 16. Jahrhunderts trieb den Hexenglauben weiter voran.

Deutlich zögerlicher näherte sich die Obrigkeit der Hexerei im Rahmen der entstehenden Strafgesetzgebung. Um die Wende vom 15. zum 16. Jahrhundert fand das von Legistik und Kirchenrecht entwickelte gemeine Strafrecht nun systematischer auch

Abb. 51 Vitrine mit Rechtsspiegeln in der Sonderausstellung des Mittelalterlichen Kriminalmuseums.

Abb. 52 Nachkolorierter Holzschnitt zu den Hexeneigenschaften, in: Neuer Laienspiegel, Augsburg, 1511.

Abb. 53 Holzschnitt zu Hinrichtungen, in: Bambergische Halsgerichtsordnung, Bamberg, 1580.

Abb. 54 Peinliche Halsgerichtsordnung Kaiser Karls V., Frankfurt a. M., 1559.

in Deutschland Anwendung. Den legislativen Anfang machte die *Wormser Reformation* von 1498, welche auch die spätere *Carolina* beeinflusste. Zum Hexereidelikt äußerte sich das Wormser Stadtrecht hingegen noch nicht. Es thematisiert unter lib. 6 tit. 12 lediglich die Zauberei. Es folgte als weiteres bedeutendes Strafgesetz die *Bambergische Halsgerichtsordnung* im Jahre 1507 (*Constitutio Criminalis Bambergensis*, kurz *Bambergensis*). Geprägt vom Gedankengut des *Ius commune* (gemeines Recht) gehörte sie zu den fortschrittlichsten Verfahrensordnungen ihrer Zeit und bildete von 1521 an auch förmlich die Vorlage für die Redaktion eines Reichsstrafrechts. Die *Bambergensis* kannte noch kein Hexereidelikt. Unter Art. 131 wurde lediglich die Schadenszauberei gleich der Ketzerei mit dem Feuertod geahndet. Nicht-schädliche Zauberei war nach freiem Ermessen zu bestrafen (Abb. 53).

Gut zehn Jahre nach Erlass der *Bambergensis* erschien für die brandenburgischen Territorien die *Brandenburgische Halsgerichtsordnung* (*Constitutio Criminalis Brandenburgica*, 1516). Auch diese sah in Art. 131 – wortgleich zur *Bambergensis* – den Feuertod für die Schadenszauberei vor.

1532 schließlich erließ Kaiser Karl V. mit der *Carolina* (abgekürzt „CCC") das erste allgemeine „deutsche" Strafgesetzbuch (Abb. 54). Es orientierte sich eng an der *Bambergensis*. Eine salvatorische Klausel in der Vorrede sicherte den Territorien die Fortgeltung ihres bisherigen Gewohnheitsrechts zu. Auch die *Carolina* erwähnte noch kein Hexereidelikt. Art. 109 CCC sah das Verbrennen als Strafe bei Zauberei vor. Art. 44 CCC enthielt einen weit gefassten Katalog von Zaubereiindizien, die zur Folter ermächtigten, etwa bereits der bloße Umgang mit Zauberern. Bis Mitte des 16. Jahrhunderts sah also noch kein weltliches Strafgesetzbuch eine Bestrafung des Sammeldelikts der Hexerei vor; wohl aber des Teiltatbestandes der (Schadens-)Zauberei.

Dies änderte sich in der zweiten Hälfte des 16. Jahrhunderts. So finden sich in der *6. Württembergischen Landesordnung* von 1567 Passagen über den Teufelspakt als Bestandteil des Hexereidelikts. Die *Kursächsischen Konstitutionen* aus dem Jahr 1572 – eine Streitfragengesetzgebung zur Rechtsangleichung der sächsischen Rechtsfakultäten Leipzig und Wittenberg – schließlich bedrohten in Teil IV, Konstitution 2 als erstes großes neuzeitliches Gesetzeswerk den Teufelspakt mit dem Feuertod (Abb. 55). Die Konstitutionen legten einen Schwerpunkt auf die häretische Komponente des Hexereidelikts. Damit hielt die sich im Teufelspakt manifestierende böse Gesinnung Einzug in das weltliche Strafrecht. Die Hexerei wurde von der Zauberei entkoppelt und säkularisiert. So erlangte das Hexereiverbrechen eine Generation nach Luther eine metaphysische Dimension – Gesinnungsstrafrecht par excellence.

VI. Luther und die Hexen

Aus den frühen Jahren der Reformation sind kaum Quellen mit Äußerungen Luthers zur Hexenthematik überliefert. Dies verwundert auch nicht, gab es doch drängendere und existentiellere Fragen, die den Reformator beschäftigten, etwa die Leipziger Disputationen mit Johannes Eck (1519), der Reichstag zu Worms (1521) oder schließlich sein Aufenthalt auf der Wartburg und die Übersetzung des Neuen Testaments.

Im Frühjahr 1522 verließ Luther die Wartburg. Er kehrte zurück nach Wittenberg an Kanzel und Katheder. Er bezog Quartier in dem gerade aufgelösten Wittenberger Augustinerkloster und gab 1524 das Mönchsleben auf. Bereits ein Jahr später, 1525, heiratete er die aus dem Kloster geflüchtete Nonne Katharina von Bora und entschied sich für ein bürgerlich-familiäres Leben.

Als Seelsorger kam Luther wieder häufiger mit den Alltagsproblemen der Menschen seiner Zeit in Berührung, auch mit dem Hexenglauben und der Hexenangst. So predigte er 1526 seiner Wittenberger Gemeinde zu Exodus 22,18 („Die Zauberinnen sollst du nicht leben lassen."): „Sie sollen getötet werden. [...] Es ist ein überaus gerechtes Gesetz, dass Zauberinnen getötet werden, denn sie richten viel Schaden an [...]. Die Zauberinnen sollen getötet werden, weil sie Diebe sind, Ehebrecher, Räuber, Mörder. [...] Also ist gegen sie [...] mit dem Schwert oder festem Glauben vorzugehen. Sie schaden mannigfaltig, also sollen sie getötet werden, nicht allein weil sie schaden, sondern auch, weil sie Umgang mit dem Satan haben." Luther forderte in dieser Predigt – eine seiner schärfsten überhaupt – mehrfach die Todesstrafe für Zauberinnen. Als Kind seiner Zeit war Schadenszauberei für ihn ein reales Verbrechen. Dieses wollte er konsequent geahndet sehen. Darüber hinaus hielt Luther auch weiße Magie für todeswürdig. Hauptanknüpfungspunkt war also weniger ein realer Schaden, als der sich im Teufelspakt manifestierende Abfall von Gott (Abb. 56).

Im Sommer 1529 versetzten Gerüchte über Schadenszauber die Wittenberger in Unruhe. Luther ermahnte seine Gemeinde kurz nacheinander an drei Sonntagen, gegen Unholden, Hexen und Zauberer zu beten. Am 15. August 1529 verwarnte Luther zunächst die Hexen und drohte ihnen mit gerichtlichen Konsequenzen. Die Gläubigen forderte er auf zum Gebet gegen die Unholden. Eine Woche später, am 22. August 1529, soll Luther die Hexen exkommuniziert haben. Am 12. September 1529 schließlich mahnte er seine Gemeinde erneut: „Bezüglich der Zauberer habe ich Euch ermahnt, dass ihr wider sie betet [...]. Außerdem ermahne ich Euch, nicht zu meinen, dass all

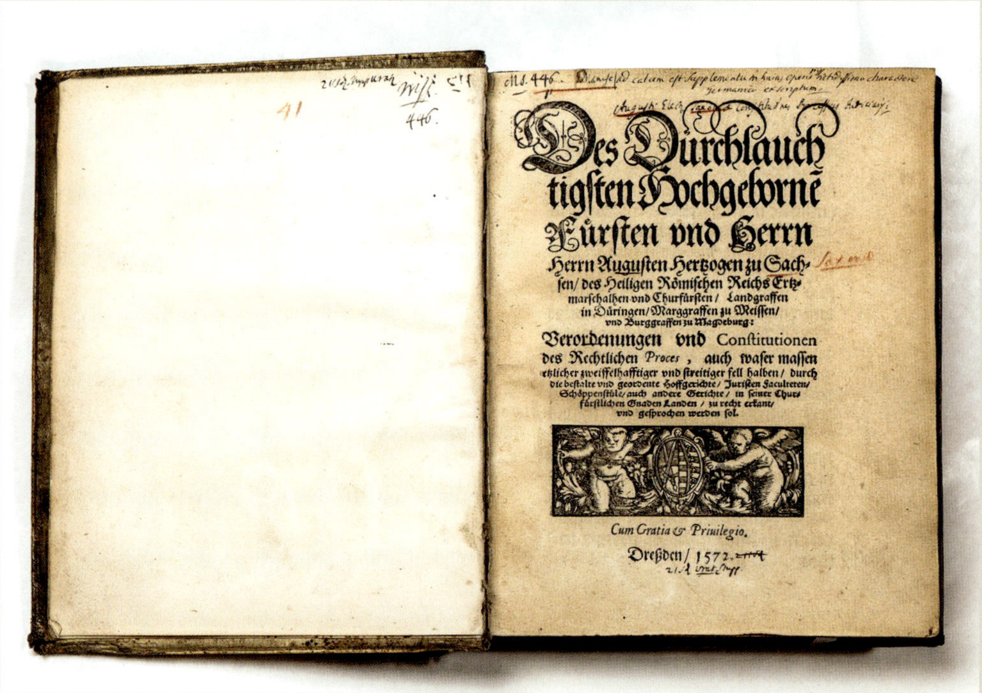

Abb. 55 (oben)
Kursächsische Konstitutionen, Dresden, 1572.

Abb. 56 (links)
A. Struys, Luther predigt von der Kanzel, Öl auf Leinwand, 1880, Bild: akg-images (Wartburg-Stiftung Eisenach).

euer Unglück und eure Not von Zauberern herrührt. [...] Aber betet gegen sie, damit sie entdeckt werden und ihren Lohn durch den Folterknecht haben.“ Durch die Aufforderung zum Gebet versuchte Luther, die verängstigte Gemeinde zu trösten und zugleich zu belehren. Er warnte davor, das Hexenwerk zu überschätzen, und drohte den Hexen mit Folter und Tod. Luther war bemüht, eine Panikstimmung zu vermeiden und den Hexenglauben einzudämmen.

Auch als Privatperson äußerte sich Luther zur Hexenfrage. Einige dieser Stellungnahmen sind überliefert in Luthers *Tischreden*, eine systematische Zusammenfassung von Aufzeichnungen über Gespräche an Luthers Tisch. Der Reformator suchte menschliche Gemeinschaft und beherbergte regelmäßig Freunde, Reisende und Studenten. Oft versammelten sich bis zu fünfzig Personen an seinem Tisch. Dort war die Stimmung gelöst und gezeichnet von lebhaften Gesprächen, ganz im Gegensatz zum stillen Speisen der Klosterzeit. Einige Gäste zeichneten zunächst einzelne Gespräche auf und reicherten sie mit eigenen Gedanken an. Später wurden diese *Tischreden* systematisch zusammengefasst und 1566 erstmals publiziert von Luthers letztem Famulus, Johannes Aurifaber (1519–1575). Da Luther diese *Tischreden* weder selbst verfasste noch redigierte oder gar autorisierte, stellen sie eine – mit Vorsicht zu behandelnde – sekundäre Lutherquelle dar. Gleichwohl sind sie eine wesentliche zeitgenössische Quelle zur Erschließung seines Lebens (Abb. 57).

Aus den *Tischreden* lässt sich entnehmen, dass sich Luthers Tischgemeinschaft im Jahre 1537 mit einem Zaubereiprozess in Erfurt beschäftigte. In diesem konkreten Fall wurde der Erfurter Bürger „Johannes“ eines Teufelspaktes um materieller Vorteile willen sowie der Wahrsagerei bezichtigt und im Juli 1537 verbrannt, ohne dass es Anzeichen für Schadenszauber gegeben hätte. Zwar sind keine konkreten Äußerungen Luthers zum Verfahren überliefert. Er regte jedoch an, die Geschichte einer größeren Öffentlichkeit zugänglich zu machen.

Ein Jahr später, 1538, thematisierte die Tischgemeinschaft den Fall eines jungen Studenten aus prominentem Hause, Valerius Glockner. Dieser hatte – im Beisein von Luther – seinem Lehrer Georg Maior gestanden, vor fünf Jahren einen Teufelspakt geschlossen zu haben. Luther griff ein und erkundigte sich nach Glockners Bußfertigkeit. Valerius bat um Vergebung, worauf Luther mit ihm betete und ihn förmlich vom Teufel abschwören ließ: „Ich Valerius, bekenne fur Gott und allen seinen heiligen Engeln und fur der Versammlung dieser Kirche: daß ich Gott meinen Glauben hab aufgesagt und mich

Abb. 57 J. Aurifaber, Colloquia oder Tischreden Doct. Martin Luther, 2. Auflage, Eisleben, 1567.

COLLOQVIA
Oder
Tischreden
D. Mart. Luthers / So er in
vielen Jaren / gegen gelarten Leuten / auch frembden Gesten / vnd seinen Tischgesellen gefüret / Nach den Heubtstücken vnserer Christlichen Lere / zusammen getragen /
Vnd jtzt
Auffs newe Corrigieret.

Johan. am 6.
Samlet die vbrigen Brocken / Auff das nichts vmbkome.

EISLEBEN.

dem Teufel ergeben. Das ist mir von Herzen leid, will nu hinfort des Teufels abgesagter Feind sein und Gott, meinem Herrn, willig folgen und mich bessern. Amen." Luther griff in diesem Fall auf das Mittel der Ermahnung zurück. Er zog die Besserung der Exkommunikation oder gar einem juristischen Prozess vor, an dessen Ende – wie in Erfurt – der Feuertod hätte stehen können. Das Vorgehen ist nicht von blindem Hexenwahn getrieben, sondern vom Besserungsgedanken (Abb. 58).

Für die Jahre 1536 und 1538 sind mehrere Tischreden zum Milchdiebstahl überliefert. Darin äußerte sich Luther sehr kritisch zu Zauberinnen und empfahl ein Abwehrmittel, das auf Johannes Bugenhagen, genannt Dr. Pommer (1485–1558), zurückgehen soll: „Der Teufel kam dem Pomerano ins haus, [...] da fur der Pommer zu, verhönet den Teuffel, scheys ins putter fas, tunc desiit Sathan (= verschwand Satan)." „Aber Dr. Pommers Kunst ist die beste [...]. Denn als seinen Kühen die Milch auch gestohlen ward, streifte er flugs seine Hosen ab und setzet einen Wächter (= Kothaufen) in einen Asch (= Schüssel) voll Milch, und rührets um, und saget: ‚Nu frett, Tüfel'. Darauf ward ihm die Milch nicht mehr entzogen." Im Kontext des Milchdiebstahls fiel am 25. August 1538 die wohl am häufigsten zitierte Äußerung Luthers zu Hexen: „Mit denselben soll man keine Barmherzigkeit haben; ich wollte sie selber verbrennen." Luther glaubte an die Realität von Schadenszaubern. Als Strafe für den erwiesenen Schadenszauber forderte er – ganz nach Gesetzeslage (Art. 109 CCC) – den Feuertod.

Im Jahr 1538 waren die Hexen besonders häufig Gesprächsgegenstand an Luthers Tafel. So wurde Luther am 28. Februar 1538 von einem Brandenburger Bürger berichtet, den Hexen all seiner Güter beraubt hatten und der daraufhin einen Berliner Teufelsbeschwörer um Rat ersuchte. Da riet der Reformator: „Schlecht und ruchlos hat er gehandelt. [...] Sagt ihm, er soll sich besinnen und nicht mehr zum Satan fliehen, sondern mit gelassener Seele Gottes Willen tun." Im Falle eines in Leipzig bekannt gewordenen (fehlgeschlagenen) Liebeszaubers hingegen forderte Luther am 21. Juni 1538 eine strafrechtliche Verfolgung. Ihre Reue schütze das Mädchen nicht, denn: „Wenn wir diese Entschüldigung annähmen und zuließen, so wollt sich ein Iglicher entschüldigen, wenns ihn gereuet hätte. Ah, man soll mit solchen Sachen nicht also scherzen!". Im Fall des Brandenburger Bürgers riet der Reformator zu Reue und festem Gottesglauben bei Verhexungen. Im Liebeszauberfall von Leipzig sollte nach Luther die Reue vor Strafe indes nicht schützen.

Im August 1538 schließlich berichtete Georg Spalatin (1484–1545) von einem Zaubereifall in Altenburg, in dem ein Mägdelein Blut geweint haben soll. Luther antwortete darauf: „Da sollte man mit solchen zur Strafe eilen. Die Juristen wollen zu viele Zeugnisse und Beweisungen haben, verachten diese offensichtliche[n Tatbestände]. Ich habe diese Tage einen Ehehandel gehabt, da das Weib den Mann wollten mit Gift umbringen [...] und da man sie peinlich gefraget, hat sie nichts wollen bekennen. Denn solche Zäuberin sind gar stumm und verachten die Pein; der Teufel läßt sie nicht reden. Solche Thaten aber geben Zeugniß genug, daß man sie billig sollte hart strafen zum Exempel, damit Andere abgeschreckt würden von solchem teufelischen Fürnehmen." Luther kritisierte das zeitgenössische Strafverfahren und die zu hohen Verurteilungsschwellen (Indizienrecht). Durch fehlende Augenzeugen und des Teufels Hilfe während der Folter drohten ihm viele Hexen straffrei auszugehen (Abb. 59). Deshalb sollte offensichtlich Bekanntes zur Aburteilung ausreichen und auch zur Abschreckung gestraft werden.

Abb. 58
L. Cranach d. Ä., Martin Luther, Öl auf Holz, um 1540, Bild: Kunstsammlungen der Veste Coburg.

Abb. 59
Holzschnitt zur Folter, in: Bambergische Halsgerichtsordnung, Mainz,1531.

Abb. 60 M. Triegel, Tischreden – Martin Luther, Mischtechnik auf Pergament, 2016, Bild: © VG Bild-Kunst, Bonn 2016.

Luther dürfte auch von anderen prominenten Hexenverfahren Kenntnis gehabt und diese kommentiert haben, ohne dass dies überliefert ist. Betrachtet man das Leben und Gesamtwerk des Reformators (Abb. 60), kommt der Hexenfrage darin jedoch nur eine nachrangige Rolle zu. Luthers Haltung in konkreten Zauberei- und Hexereifällen schwankte zwischen unnachgiebiger Verfolgung einerseits und Bekehrung und Glaubensstärke andererseits. Dies lässt sich weder theologisch noch juristisch erklären, sondern am ehesten über Luthers Persönlichkeit. Bei Luthers lebenslangem Kampf mit dem Bösen bedurfte es nicht viel, um ihn in eine maßlose Empörung über Teufel und Hexen zu versetzen. In solchen Momenten konnte es der Scheiterhaufen nicht genug geben. War er mit sich und der Welt mehr im Reinen, konnte er gemäßigtere Töne anschlagen. Damit stehen Luthers divergierende Äußerungen paradigmatisch für seine Zeit. Einerseits glaubte man an die Realität von Zauberei und fühlte sich zunehmend bedroht von Hexen. Andererseits war eine massenhafte Verfolgung und Vernichtung vermeintlicher Hexen noch nicht konsensfähig. Nicht unterschätzt werden darf auch Luthers Gesundheitszustand in seinen späteren Jahren. Die meiste Zeit seines Lebens war er von recht robuster körperlicher Verfassung. Erst in den späten 1520er Jahren mehrten sich Krankheitssymptome wie Angina pectoris und Ohrensausen sowie seit 1536 ein schmerzhaftes Harnsteinleiden und Kopfschmerzen. Luther schrieb seine gesundheitlichen Beschwerden dem Teufel und Hexen zu. Auch dies mag seine recht drastischen Äußerungen in der Hexenfrage erklären.

VII. Luthers späte Jahre und Lebensabend

Luthers weiterer Lebensweg verlief nicht auf der dramatischen Höhenlage der Jahre

Abb. 61 Confessio Augustana, Tübingen, 1580.

Abb. 62 *Übergabe der Augsburger Konfession, Kupferstich, ca. 1730.*

Abb. 63 *J. J. Baumgartner, Augspurgisches Jubel-Gedächtnis, Kupferstich, 1730.*

Abb. 64 *Medaille auf 200 Jahre Augsburger Konfession, 1730.*

Abb. 65 *Medaille auf 300 Jahre Übergabe Augsburger Konfession, 1830.*

Abb. 66 *Medaille auf 400 Jahre Augsburger Konfession, 1930.*

Als ein Meilenstein der Reformation ist der 25. Juni auch heute noch fester Gedenktag im protestantischen Kirchenjahr. Zu den jeweiligen Jubiläen wurden viele Festschriften, Graphiken und Gedenkmünzen/Medaillen gefertigt.

1517–1522. Gemeinhin gilt das Jahr 1525 als Kulminationsjahr bzw. Wendepunkt in Luthers Leben. Stand er bis dahin als charismatische Zentralgestalt noch im Mittelpunkt der Ereignisse, geriet er in den folgenden Jahren mehr und mehr an den Rand des Geschehens. Mit dem Erfolg der Reformation auf politisch-institutioneller Ebene rückten andere Personen in den Fokus der Weltöffentlichkeit.

Fast schon plastisch greifbar wird dies in den Ereignissen des Augsburger Reichstages im Jahre 1530. Nachdem sich im Zuge der Reformation immer mehr Reichsstände zu Luthers Lehre bekannten, versuchte Kaiser Karl V. (1500–1558) gegenzusteuern. Um die Einheit von Reich und Kirche zu retten, forderte er von Protestanten und Katholiken eine schriftliche Rechenschaft über ihren Glauben. Am 25. Juni 1530 trugen die Reichsstände der lutherischen Reformation auf dem Augsburger Reichstag vor dem Kaiser ein grundlegendes Bekenntnis zu ihrem Glauben vor, die sogenannte *Augsburger Konfession (Confessio Augustana*; Abb. 61–66).

Der exkommunizierte und mit der Reichsacht belegte Luther war auf dem Reichstag nicht zugegen. Er wurde jedoch von Philipp Melanchthon (1497–1560) mittels Briefen laufend informiert. Am 3. August 1530 verlasen die papsttreuen Reichsstände ihr Bekenntnis, die Augsburger Widerlegung (*Confutatio Augustana*). Das Augsburger Bekenntnis wurde Grundlage des 1531 in Schmalkalden gegründeten Verteidigungsbündnisses der protestantischen Städte und Fürsten gegen die kaiserliche Religionspolitik (Schmalkaldischer Bund). Zwar besiegte Kaiser Karl V. den Bund militärisch im Schmalkaldischen Krieg 1546/47. Die protestantischen Reichsstände erholten sich jedoch rasch. Im Jahr 1555 erlangten die Anhänger des Augsburger Bekenntnisses mit dem Augsburger Reichs- und Religionsfrieden eine reichsrechtliche Absicherung ihrer Besitzstände und der freien Religionsausübung („wessen Gebiet, dessen Religion", *cuius regio, eius religio*).

Mit dem politisch-institutionellen Erfolg der Reformation verlagerte sich Luthers öffentliches Wirken mehr auf den Bereich Seelsorge und Publizieren. 1534 erschien die erste Wittenberger Vollbibel und ab 1539 die Wittenberger Gesamtausgabe seiner Werke. Wie kaum ein anderer vor ihm bediente sich Luther der neuen Medien und nutzte die Medienrevolution für seine Zwecke. Zugleich nutzten die Medien ihn selbst. Seine Schriften wurden in bislang ungekanntem Umfang gedruckt und verbreitet. Hinzu kam ein starkes Interesse an Lutherabbildungen. So war Luther bereits zu Lebzeiten eine der am häufigsten bildlich dargestellten Personen. Nach dem Tod diente Luther seinen Anhängern als Symbolfigur. Im 18. Jahrhundert löste sich die Lutherrezeption von der konfessionellen Fessel. Im Laufe des 19. Jahrhunderts schließlich wurde Luther mit den damaligen Massenmedien zu einem nationalen Mythos hochstilisiert.

Luthers Schriftprinzip (*sola scriptura*) bewirkte überdies ein starkes Interesse am biblischen Urtext und einer deutschen Übersetzung. So stiegen Mitte des 16. Jahrhunderts Lutherbibeldrucke sprunghaft an. Im 17. Jahrhundert gab Herzog Ernst der Fromme von Sachsen-Gotha-Altenburg (1601–1675) mit der sogenannten Kurfürstenbibel eine großformatige und mit mehr als 1000 Seiten äußerst umfangreiche Prunkbibel in Auftrag. Sie verdankte ihren Namen den beigefügten zahlreichen ganzseitigen Kurfürstenportraits. Diese zeugten vom Selbstverständnis der Landesherren, die seit der Reformation zugleich Oberhäupter der Landeskirchen waren. So wurde auch die Lutherbibel zum Medium höfischer Kommunikation (Abb. 67–74 a.b).

Abb. 67 *Kurfürstenbibel (Dilherr-Bibel mit Kupferstichlagen), Anfang/Mitte 17. Jh.*

Abb. 68 *Festnummer der illustrierten Zeitung zur vierhundertjährigen Jubelfeier, 1883.*

Abb. 69 *L. Richter, Luther auf der Wartburg, 1840, Faksimile.*

Abb. 70 *Titelseite der Zeitschrift illustrierte Welt zum Lutherjubiläum, 1883.*

Abb. 71 *Jeton auf das 200. Reformations-Jubiläum in Rothenburg, 1717.*

Abb. 72 *Jeton auf das 300. Reformations-Jubiläum, 1817.*

Abb. 73 *Medaille auf das Reformations-Jubiläum, 1817.*

a

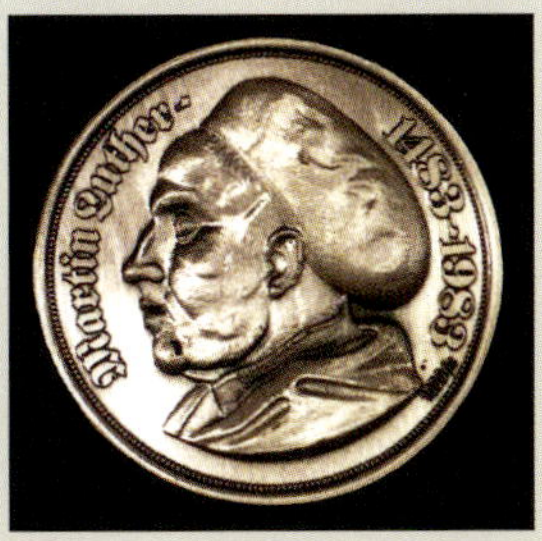

b

Abb. 74 a.b *5 DM-Gedenkmünzen zur Reformation und Luther, 1983.*

VIII. Regional-Exkurs – Die Reformation in Rothenburg ob der Tauber

Bereits kurz nach dem Beginn der Reformation verbreiteten sich auch in Rothenburg reformatorische Gedanken in allen gesellschaftlichen Schichten. Der Rothenburger Rat stand der Einführung der Reformation in der Tauberstadt anfangs noch zurückhaltend bis ablehnend gegenüber. Er wies darauf hin: „dass sie [die Reformation] die Abschaffung ihrer [der Ratsfamilien] Seelenmessen, damit ihres öffentlichen Totengedächtnisses, und vielfach die Makulierung der von ihren Vorfahren in Auftrag gegebenen, mit ihren Wappen und Stifterfiguren gezierten Skulpturen und Altargemälde in Kirchen und Kapellen der Stadt und ihres Umlandes" bedeutete (Abb. 75).

Die Hinwendung zum Protestantismus vollzog sich in Rothenburg dann in mehreren Schüben. Ein erster Schub, resultierend aus einer mehr sozialrevolutionär ausgerichteten Bewegung, erfolgte durch den seit 1512 bei St. Jakob tätigen Prediger Dr. Johannes Teuschlein. Durch das Hinzutreten des radikalen Predigers Andreas Bodenstein, genannt Karlstadt (ca. 1486–1541), verschärften sich im Zeitraum Oktober 1524 bis Mai 1525 die innerörtlichen religiösen, sozialen und politischen Verhältnisse und mündeten letztlich in die Geschehnisse des Bauernkriegs in und um Rothenburg. Die zeitweilige Handlungsunfähigkeit des Rates und seine Hilflosigkeit, auf die Ereignisse des Bauernkriegs in und um Rothenburg schnell und effizient zu reagieren, führte nach der Niederschlagung der Unruhen

Abb. 75 Gebiet (Landhege) der freien Reichsstadt Rothenburg ob der Tauber 1274–1802, Kartengrundlage: W. Ziegler, 1537.

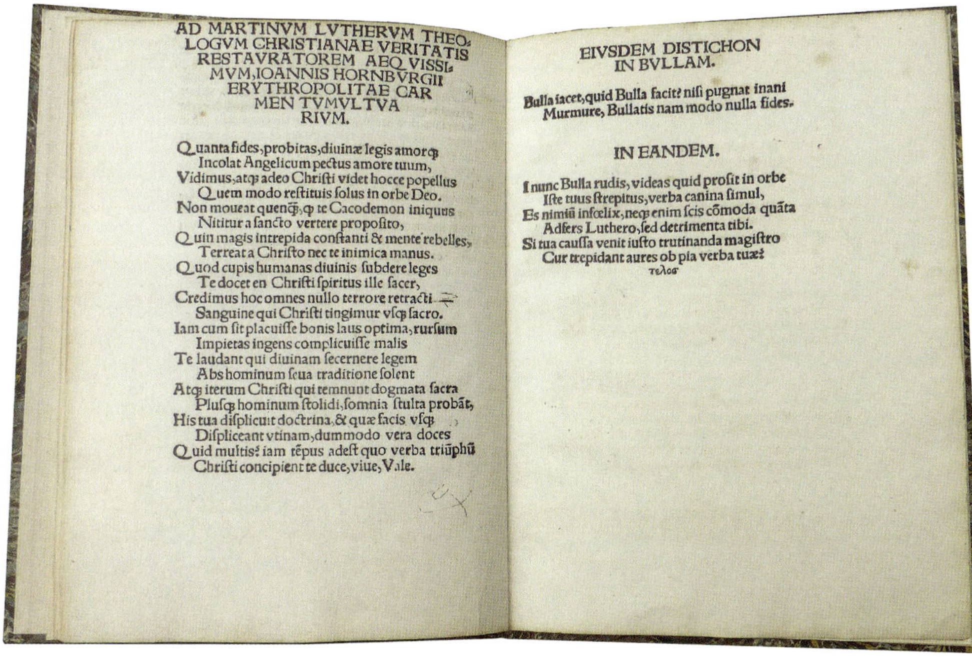

AD MARTINVM LVTHERVM THEOLOGVM CHRISTIANAE VERITATIS RESTAVRATOREM AEQ VISSIMVM, IOANNIS HORNBVRGII ERYTHROPOLITAE CARMEN TVMVLTVARIVM.

Quanta fides, probitas, diuinæ legis amorq;
Incolat Angelicum pectus amore tuum,
Vidimus, atq; adeo Christi videt hocce popellus
Quem modo restituis solus in orbe Deo.
Non moueat quenq;, q; te Cacodemon iniquus
Nititur a sancto vertere proposito,
Quin magis intrepida constanti & mente rebelles,
Terreat a Christo nec te inimica manus.
Quod cupis humanas diuinis subdere leges
Te docet en Christi spiritus ille sacer,
Credimus hoc omnes nullo terrore retracti
Sanguine qui Christi tingimur vsq; sacro.
Iam cum sit placuisse bonis laus optima, rursum
Impietas ingens complicuisse malis
Te laudant qui diuinam secernere legem
Abs hominum seua traditione solent
Atq; iterum Christi qui temnunt dogmata sacra
Plusq; hominum stolidi, somnia stulta probãt,
His tua displicuit doctrina, & quæ facis vsq;
Displiceant vtinam, dummodo vera doces
Quid multis? iam tẽpus adest quo verba triũphũ
Christi concipient te duce, viue, Vale.

EIVSDEM DISTICHON IN BVLLAM.

Bulla iacet, quid Bulla facit? nisi pugnat inani
Murmure, Bullatis nam modo nulla fides.

IN EANDEM.

I nunc Bulla rudis, videas quid prosit in orbe
Iste tuus strepitus, verba canina simul,
Es nimiũ infœlix, neq; enim scis cõmoda quãta
Adfers Luthero, sed detrimenta tibi.
Si tua caussa venit iusto trutinanda magistro
Cur trepidant aures ob pia verba tuæ?
τελος

Abb. 76 J. Hornburgii, Carmen tumultarium, Leipzig, 1520.

Johannes Hornburg setzte als Bürgermeister 1544 die endgültige Einführung der Reformation in Rothenburg durch. Bereits zuvor war er ein tatkräftiger Förderer der Reformation und unterstützte Luther. Dies belegt etwa das hier ausgestellte, 1520 von Hornburg gefertigte *Carmen tumultarium* (d. h., ein in Eile gefertigtes Gedicht; beliebte Entschuldigung von Gelegenheitsdichtern für kleine Mängel und Unebenheiten).

durch Markgraf Kasimir von Brandenburg zu einem Trauma, welches auch eine Änderung der Religionszugehörigkeit für annähernd zwanzig Jahre ausschloss. Der alte Rat stellte zunächst die Ruhe wieder her und hielt am Katholizismus fest. Gegen eine Ende der zwanziger Jahre aufflammende Wiedertäuferbewegung wurde mit entsprechender Härte vorgegangen und sie wurde zerschlagen.

Unter Führung und maßgeblicher Beteiligung der aus dem – die Geschicke der Stadt lenkenden – Patriziat stammenden Ehrbaren Ratsmitglieder Johannes Hornburg (1496–1571, 1539 erstmals Bürgermeister) und Johann Wernher v. Winterbach (1501–1578) kam es Ende der dreißiger Jahre zu einem erneuten Reformationsversuch. Hornburg selbst studierte in Ingolstadt, in Leipzig – wo er 1519 der berühmten Disputation Luthers mit Johannes Eck (1486–1543) beiwohnte – sowie in Wittenberg und ließ sich früh für die Ideen der Reformation begeistern, wie etwa ein 1520 gedrucktes *Carmen tumultarium* belegt (Abb. 76).

Aus dieser Zeit resultierten zahlreiche Verbindungen mit wichtigen Reformatoren wie Philipp Melanchthon, zu dem Hornburg langjährigen engen Briefkontakt pflegte. Nach seiner Wahl in den Inneren Rat, die eigentliche Schaltzentrale der Macht in der

Stadt, wurde die Vakanz des Predigtstuhls in der Hauptkirche St. Jakob zum Anlass genommen, neu über die Abschaffung des katholischen Gottesdienstes nachzudenken. Diese Überlegungen wurden auch durch briefliche Kontakte mit den Reformatoren in Wittenberg befördert. Das Handeln wurde nun diktiert durch den Umstand, dass sämtliche Reichsstädte im Fränkischen Kreis bereits der neuen Lehre anhingen und die erkennbar heraufziehenden politisch-konfessionellen Probleme tiefere politische Verwerfungen wahrscheinlich machten. So entschloss sich der Rat – unter Bürgermeister Hornburg – 1544 die evangelische Lehre anzunehmen, wobei allerdings zunächst in der Hauptkirche St. Jakob noch bis Oktober 1545 der alte katholische Gottesdienst daneben fortbestand (Abb. 77).

Wie in allen wichtigen politischen und rechtlichen Fragen suchte man bei der Besetzung des neuen evangelischen Predigeramtes in Rothenburg auch diesmal den Rat der Schwesterstadt Nürnberg, welche den ersten evangelischen Prediger, Thomas Venatorius (ca. 1488–1551), auslieh. Er hielt seine erste Predigt am 23. März 1544 in der Stadtkirche. Zahlreiche Prediger kamen und gingen in der Folgezeit. Die kaiserliche Interimsregelung von 1548 griff erneut in die Religionszugehörigkeit ein und zwang die Stadt zur Rückkehr zur alten Religion. Nach Aufhebung des Interims im Jahr 1552 wurde der evangelische Gottesdienst aufs Neue installiert und ab 1554 auch in St. Jakob gehalten. 1555 wurde wiederum mit Nürnberger Hilfe eine erste Kirchenordnung entworfen, der 1559 ein weiteres, diesmal an württembergischen Kirchenordnungen angelehntes Pendant folgte (Abb. 78). Als Verfasser der zweiten Kirchenordnung gelten der würt-

Abb. 77 M. Merian, Gesamtansicht Rothenburgs mit Kirche St. Jakob (D), Kupferstich, 17. Jh.

Abb. 78 Rothenburger Kirchenordnung, 1559, Stadtarchiv Rothenburg.

tembergische Reformator Jacob Andreae (1528–1590), der auf Wunsch des Rates 1558 in die Stadt kam, sowie der aus Schwäbisch Hall stammende württembergische Spezialsuperintendent Johann Hofmann, der ebenfalls – möglicherweise auf Grund der persönlichen Freundschaft Hornburgs mit dem württembergischen Reformator Johannes Brenz (1499–1570) – von Stuttgart nach Rothenburg ausgeliehen wurde.

Die Hexenverfolgungen der Frühen Neuzeit

I. Überblick

Entgegen der noch immer landläufigen Vorstellung eines „Hexenwahns im finsteren Mittelalter", fallen die großen europäischen Hexenverfolgungen chronologisch in die Frühe Neuzeit. Ab den 1560er Jahren begannen mehrere Prozesswellen das Reich zu erschüttern. Betroffen waren davon protestantische und katholische Gebiete gleichermaßen. Die Verfolgungen flauten in den 1630er Jahren ab und begannen ab ca. 1660 langsam auszulaufen. Schätzungsweise 50.000 bis 100.000 Menschen fanden in den europäischen Hexenverfolgungen den Tod, davon ca. 75 % Frauen. Die noch immer gelegentlich kolportierten Opferzahlen im Millionenbereich entbehren hingegen jeder wissenschaftlichen Grundlage.

Ob und in welcher Intensität eine Region von Hexenverfolgungen betroffen war, beruhte in der Regel auf einem ganzen Faktorenbündel. Monokausale Erklärungsmuster scheitern gerade bei dem komplexen Phänomen der Hexenverfolgungen. Zu pogromhaften Verfolgungen kam es häufig dann, wenn eine konkrete Notlage mit einem gelebten Hexenglauben in Verbindung gebracht wurde und diese Attribuierung im Umfeld eines „Justizapparates" erfolgte, der effektiv und groß genug war, viele Hexenprozesse in kurzer Zeit zu verhandeln, ohne ausreichend instanzgerichtlich kontrolliert zu sein.

Verfolgungsauslösende oder -befördernde konkrete Notlagen waren häufig Kriege, Seuchen, Hungersnöte oder extreme Wetterphänomene (etwa die kleine Eiszeit). Politische sowie religiöse Konflikte erhöhten die Verunsicherung im Volk und obrigkeitliche Diszipli-

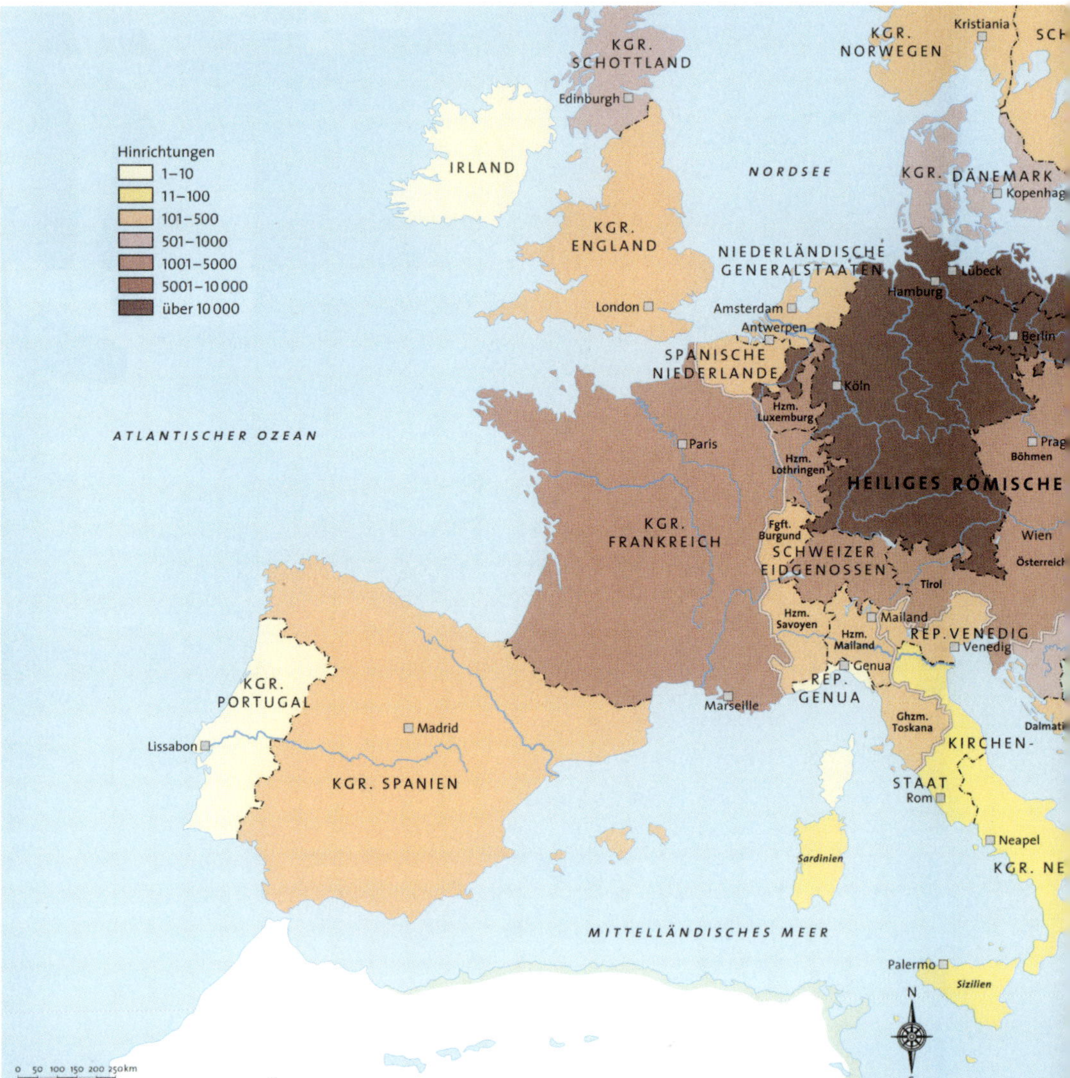

nierungskampagnen steigerten die Denunziationsbereitschaft. Nicht selten führten darüber hinaus Neid und Hass von Nachbarn oder Konkurrenten zu Verleumdungen. Schließlich wirkten die Karriere- und Bereicherungsinteressen der Verfolger verfolgungsfördernd. Vorbenannte Notlage und deren Zuschreibung zu Hexen musste überdies auf einen entsprechend semi-professionellen Justizapparat treffen. Dies erklärt, warum große Territorialstaaten mit einer funktionierenden instanzgerichtlichen Kontrolle ebenso von großen Verfolgungen weitgehend verschont blieben, wie äußerst kleine Territorien mit einem sehr kleinen oder gar keinem Justizapparat (Abb. 79).

Abb. 79
Die europäischen Hexenverfolgungen des 15. bis 18. Jh., Karte: Peter Palm, Berlin.

Flugschriften und Flugblätter – Medien der Frühen Neuzeit

Flugschriften und Flugblätter waren die Vorläufer der heutigen Zeitungen. Sie verbreiteten sich ab dem 16. Jahrhundert rasch in allen Teilen der Bevölkerung. Flugschriften und -blätter zu Zauberei und Hexerei dienten vor allem dazu, in Wort und Bild religiös-moralische Vorstellungen zu transportieren. Sie waren damit weniger sachliche Nachrichtenträger, als vielmehr „Propagandablätter", die warnen, abschrecken oder für härtere Strafen werben sollten. So griff die Hexenfurcht weiter um sich, eine Voraussetzung für pogromhafte Hexenverfolgungen (Abb. 80–82).

Abb. 80 Der Trierer Hexentanzplatz, Kupferstich, um 1580.

Das Flugblatt illustriert einen vermeintlichen Hexensabbat im Bistum Trier. Detailliert werden die typischen Hexereivorwürfe abgebildet, etwa Hexenflug (A, K), Teilnahme am Hexensabbat (C, D, G), Schadenszauberei (E, F), Teufelsbuhlschaft (vgl. bei H) und Teufelspakt (vgl. M, Q). Der gereimte Text zum Tanzplatz nimmt direkten Bezug auf die Hexenverfolgungen im Erzbistum Trier.

Abb. 81

Flugschrift „Ein grausame erschreckliche und wunderbarliche geschicht", 1559.

Die Flugschrift zu einem Exorzismus-Fall bei Joachimsthal berichtet, dass an Fastnacht 1559 der Teufel in die fromme und redliche Anna (Tochter eines Schmiedes) fuhr. Ihre Besessenheit zeigte sich durch Wutausbrüche. Auch erschien der Leibhaftige in Tiergestalt (Rabe) im Dorf. Die Eltern baten zunächst eine Wahrsagerin um Hilfe und sodann mehrere Priester, darunter auch den ortsansässigen Pfarrer. Während des Exorzismus zeigte sich, dass der Teufel bereits zuvor unter den Anwesenden sein Unwesen getrieben hatte. Unter anderem sei er in den Job gefahren, der fortan mit Krankheit geplagt war. Durch das Gebet der ganzen Gemeinde (ca. 1.000 Personen) fuhr der Teufel aus.

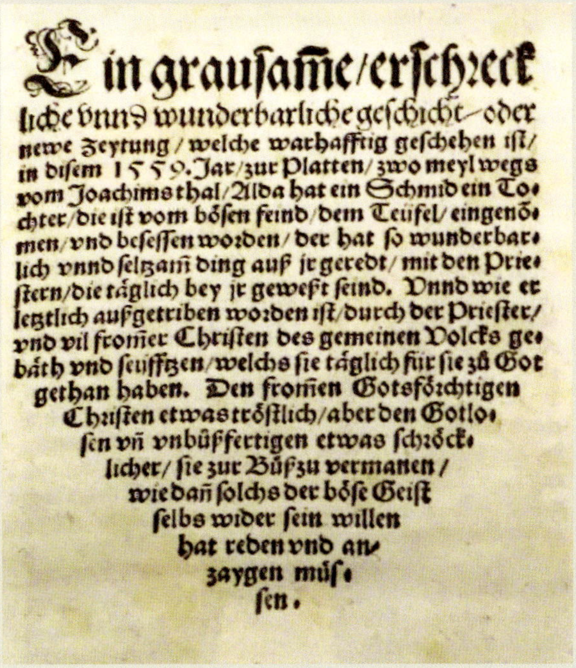

Ein grausame/erschreck
liche vnnd wunderbarliche geschicht oder
newe Zeytung/welche warhafftig geschehen ist/
in disem 1559. Jar/zur Platten/zwo meyl wegs
vom Joachimsthal/Alda hat ein Schmid ein To-
chter/die ist vom bösen feind/dem Teufel/eingenō-
men/vnd besessen worden/der hat so wunderbar-
lich vnnd seltzam ding auß jr geredt/mit den Prie-
stern/die täglich bey jr gewest seind. Vnnd wie er
letztlich außgetriben worden ist/durch der Priester/
vnd vil frommer Christen des gemeinen Volcks ge-
bäth vnd seufftzen/welchs sie täglich für sie zů Got
gethan haben. Den frommen Gotsförchtigen
Christen etwas tröstlich/aber den Gotlo-
sen vñ vnbüßfertigen etwas schröck-
licher/sie zur Büß zu vermanen/
wie dañ solchs der böse Geist
selbs wider sein willen
hat reden vnd an-
zaygen müs-
sen.

Abb. 82

Flugschrift „Gründlicher unnd warhaffter Bericht", Nürnberg, 1562.

Die Flugschrift berichtet von dem reisenden Kuhhirten Hans Vatter aus Mellingen/Thüringen, der 1562 gefesselt und mit einer Verletzung am Ohr vor den Stadttoren Nürnbergs erschien und behauptete, der Teufel habe ihm dies angetan. Auch habe der Teufel ihn über die Stadtmauern in Halle an der Saale getragen und erscheine ihm nun regelmäßig. Nach Untersuchungen des Nürnberger Rats stellte sich heraus, dass Vatter mit dieser Geschichte bereits in vielen Städten für Aufmerksamkeit gesorgt und damit Geld von den Bewohnern erbettelt habe. Vatter gestand den Betrug und wurde an den Pranger gestellt, gestäupt und anschließend der Stadt verwiesen.

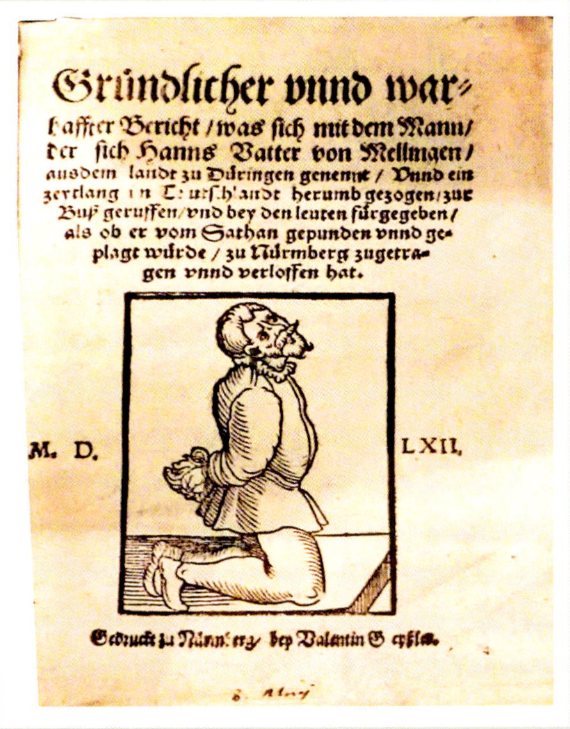

Gründlicher vnnd war-
haffter Bericht/was sich mit dem Mann/
der sich Hanns Vatter von Mellingen/
ausdem landt zu Düringen genennt/Vnnd ein
zeytlang in [illegible] herumb gezogen/zur
Buß geruffen/vnd bey den leuten fürgegeben/
als ob er vom Sathan gepunden vnnd ge-
plagt würde/zu Nürmberg zugetra-
gen vnnd verloffen hat.

M. D. LXII.

Gedruckt zu Nürnberg bey Valentin Geyßler.

II. Der Hexenprozess

Der Hexereiprozess figuriert als eine juristische Strafverfolgung (*inquisitio*) durch weltliche Behörden. Ganz vorherrschender Verfahrenstyp war das von Amts wegen betriebene Inquisitionsverfahren. Prozessrechtlich galten abhängig von Ort und Zeit grundsätzlich das jeweilige Reichs-, Landes- oder Stadtrecht, etwa die *Carolina* (1532), die *Kursächsischen Konstitutionen* (1572) oder das *Bayerische Hexenmandat* (1611). Viele Verfolgungsbefürworter sahen in der Hexerei ein – dem Hochverrat vergleichbares – Ausnahmeverbrechen (*crimen exceptum*). Für dieses schien ihnen der antike römisch-rechtliche Hochverratsprozess geeigneter mit seiner großzügigen Zulassung der Folter und der anonymen Denunziation als Verfahrensbeginn. Abhängig vom jeweiligen Landesherrn trat dieser summarische Prozess an die Stelle des Stadt-, Land- oder Reichsrechts. Gelegentlich initiierten die Untertanen selbstständig Verfolgungen (Hexenjagden). Diese wurden vor spontan einberufenen Inquisitionsausschüssen verhandelt, die sich aus der Bevölkerung zusammensetzten. Nicht selten degenerierten diese „Verhandlungen" in gänzlich rechtsfreiem Raum zu bloßer Machtausübung und Lynchjustiz.

Der Prozess begann überwiegend durch Anzeige Dritter (oft anonyme Denunzianten, Konkurrenten oder Feinde), in seltenen Fällen auch durch eine förmliche Anklage des (Zauberei-)Geschädigten. Die verdächtigte/beklagte Person wurde inhaftiert und zunächst gütlich befragt mit dem Ziel eines freiwilligen Geständnisses, der Königin der Beweise (*regina probationum*). Im Rahmen dieser Befragung mussten umfangreiche Fragenkataloge (*interrogatoria*) knapp beantwortet werden (sog. artikuliertes Verhör). Gestand die Person nicht, drohte bei ausreichenden Verdachtsgründen (Indizien) die Folter zur Geständniserlangung. Das Problem der strukturellen Beweisnot beim Hexereidelikt, vor allem beim Vorwurf des Teufelspaktes, belebte in der Gerichtspraxis die bereits seit dem Hochmittelalter unzulässigen Gottesurteile wie die Kaltwasserprobe (Abb. 83). Bei dieser wurde die Verdächtige gefesselt ins Wasser geworfen. Schwamm der Körper, galt dies als Hexerei-Indiz und ermächtigte zur Folter. Dass man die Hexen bei der Wasserprobe regelmäßig untergehen und sterben ließ, ist eine Fehlvorstellung, wenngleich selbiges in gelegentlichen Fällen der Lynchjustiz erfolgte. Als weiteres Hexerei-Indiz galten stellenweise auch Teufelsmale am Körper der Hexen, etwa Hautanomalien.

Verfahrensrechtlich verheerend wirkte sich die vielenorts favorisierte Einordnung des Hexereiverbrechens als Ausnahmeverbrechen (*crimen exceptum*) aus. Infolge-

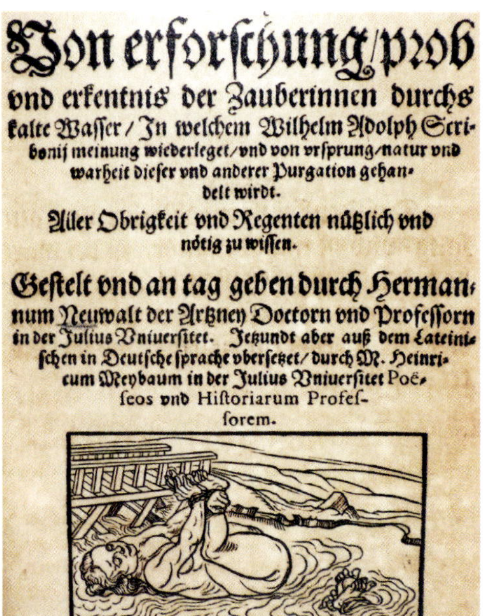
Von erforschung/prob vnd erkentnis der Zauberinnen durchs kalte Wasser/ In welchem Wilhelm Adolph Scribonij meinung wiederleget/vnd von vrsprung/natur vnd warheit dieser vnd anderer Purgation gehandelt wirdt.
Aller Obrigkeit vnd Regenten nützlich vnd nötig zu wissen.
Gestelt vnd an tag geben durch Hermannum Neuwalt der Artzney Doctorn vnd Professorn in der Julius Vniuersitet. Jetzundt aber auß dem Lateinischen in Deutsche sprache vbersetzet/ durch M. Heinricum Meybaum in der Julius Vniuersitet Poëseos vnd Historiarum Professorem.

Abb. 83 H. Neuwalt, Bericht von Erforschung, 1584, Faksimile.

dessen ermächtigten bereits äußerst zweifelhafte Indizien, oft bloße unter der Folter erpresste Besagungen oder Verleumdungen Dritter, zur exzessiven Folter, die regelmäßig zu einem Geständnis führte. Sogar eine anscheinende Schmerzunempfindlichkeit während der Folter galt als Indiz für Hexerei. Zudem waren im summarischen Prozess die sonst verbotenen Suggestiv- und Fangfragen ebenso zulässig wie die wiederholte Folter. So gestanden die gefolterten Personen unter der Tortur und gaben die Namen angeblicher Mittäter(-innen) preis. Diese besagten Komplizen wurden dann ebenfalls festgenommenen, gefoltert, gestanden und nannten weitere Namen angeblicher Hexen (Abb. 84). Durch diesen Teufelskreis eskalierten die Prozesse zu schwer eindämmbaren Wellen. Dass sich große Verfolgungen in auffälligem Generationsabstand wiederholten, erklärt sich daraus, dass die bittere Lektion der vorgängigen Verfolgung der nachgewachsenen Generation keine Lehre mehr war.

Als Strafe für Zauberei und Hexerei prävalierte in Deutschland das Verbrennen. Auch darin setzte sich die Tradition der Ketzerprozesse fort. Das die Hölle symbolisierende Feuer sollte neben dem Leben auch den Leichnam vernichten, um jede Erinnerung an die Täter auszulöschen. Die Obrigkeit konnte – oft gegen Geldzahlung oder bei Geständnis – Gnade gewähren, etwa durch vorheriges Erdrosseln. Die Vollstreckungsart des Verbrennens erforderte große Mengen Holz und Reisig. Sie stellte die Obrigkeit vor erhebliche finanzielle Probleme, die auch durch die Einziehung des Vermögens der Verurteilten oft nicht gelöst werden konnten. So wurden nicht selten mehrere Hexen gleichzeitig verbrannt. Die Vollstreckung fand am „endlichen Rechtstag“ statt. Dieser wurde nach altem Zeremoniell und zur Abschreckung öffentlich zelebriert. Das Geständnis wurde verlesen, das Urteil verkündet und dabei ein Stab gebrochen. Anschließend brachte man die Hexe im Büßergewand zur Richtstätte und zwickte sie häufig auf dem Weg dorthin mit glühenden Zangen. Die Verbrennung erfolgte in Strohhütten, eigens dafür gebauten Öfen oder auf Scheiterhaufen (Abb. 85).

Abb. 84 Mundbirne, Nürnberg, 17. Jh.

Abb. 85 Ausschnitt mit Hexenverbrennung aus Holzschnitt Hexeneigenschaften, in: Neuer Laienspiegel, Augsburg, 1511.

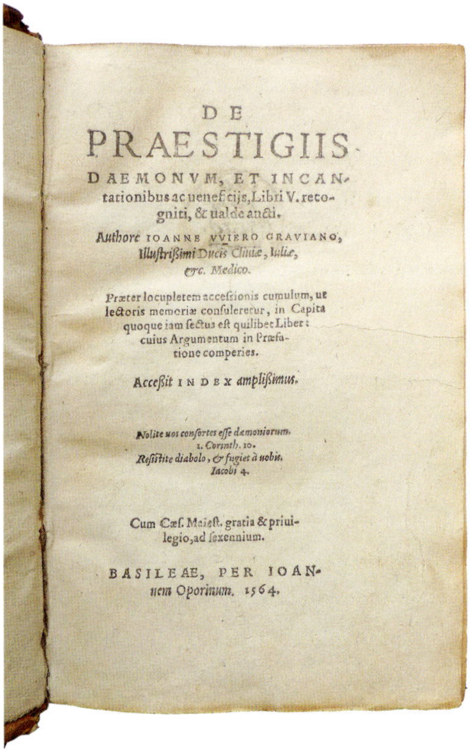

Abb. 86 J. Weyer, De praestigiis daemonum, Basel, 1564.

Johann Weyer gilt als der bedeutendste Verfolgungskritiker des 16. Jahrhunderts. Sein Werk *De praestigiis daemonum* systematisierte die gelehrten Argumente gegen den Hexenglauben und imponiert als eines der Grundlagenwerke der Hexereikritik. Weyer wirkte mäßigend auf die Verfolgungsintensität, denn etliche Landesherren lehnten unmittelbar nach Erscheinen seines Werkes Tortur und Todesstrafe in Hexensachen ab. Gleichwohl wurde *De praestigiis daemonum* später auf den Index der verbotenen Bücher gesetzt.

III. Hexerei und Hexenverfolgungen im Spiegel der Literatur

Bei allem Hexenwahn gab es stets Menschen, die an der Realität von Hexerei zweifelten und der gerichtlichen Verfolgung von vermeintlichen Hexen entgegentraten. Dies verwundert wenig, waren doch wesentliche Elemente des Hexereidelikts seit dem Frühmittelalter umstritten. So negierte der Mediziner und herzogliche Hofarzt Johann Weyer (ca. 1515–1588) in seiner 1563 erstmals erschienenen Schrift *De praestigiis daemonum* (vom Blendwerk der Dämonen) auf Grundlage seiner medizinisch-psychologischen Studien die Existenz von Hexen und riet zur ärztlichen Behandlung von Frauen, die sich selbst der Hexerei bezichtigten (Abb. 86).

Andere Theoretiker wie der Helmstädter Dämonologe Paulus Frisius (16. Jahrhundert) bezweifelten die Realität des Delikts. Zauberei erschien ihm als: „verblendung und des Teuffels Nebelkappen, die er dir eine weile auf die Nasen setzt." In seinem gleichnamigen und an die Obrigkeit adressierten Werk *Deß Teuffels Nebelkappen* aus dem Jahr 1583 plädierte er gleichwohl für eine (milde) Bestrafung der Hexen wegen ihres Glaubens an das Böse (Abb. 87).

Auch unter den Juristen formierte sich bereits im 16. Jahrhundert Widerstand gegen Hexenwahn und Hexenverfolgungen. Zu einem der prominentesten Verfolgungsgegner zählte der Rostocker Rechtsprofessor und spätere kurfürstlich-sächsische Hofrat Johann Georg Godelmann (1559–1611). Godelmann bezweifelte in seinem 1591 erstmals erschienenen Werk *Disputatio de magis, veneficis, maleficis et lamiis* die Realität von Hexenflug, Sabbat und Buhlschaft und riet zur geistlichen Bekehrung der Hexenleut', die er als verblendete Irrende ansah. Er drängte auf die strenge Einhaltung der *Carolina*, insbesondere auf eine restriktive Folteranwendung und warnte vor übereilten Todesurteilen (Abb. 88).

Diesen Verfolgungsgegnern standen bedeutende Theoretiker und Praktiker gegenüber, die von der Realität der Hexensekte überzeugt waren. Der bedeutende französische Rechtsgelehrte und Staatslehrer Jean Bodin (1530–1596) etwa versuchte in seiner

Deß Teuffels Nebelkappen/
Das ist:
Kurtzer Begriff/ den
gantzen Handel von der Zauberey
belangend/ zusammen gelesen.
Durch
PAVLVM FRISIVM NAGOL-
danum, der H. Schrifft Studenten.

Gedruckt zu Franckfort am Mayn/ Anno 1583.

Abb. 87
P. Frisius, Deß Teuffels Nebelkappen, Frankfurt a. M., 1583.

Das Werk orientiert sich eng an Molitors *De lamiis et pythonicis mulieribus*. Das Titelbild zeigt Wetterhexen und ähnelt einem sehr bekannten Holzschnitt zum Hexensabbat von H. B. Grien aus dem Jahre 1510.

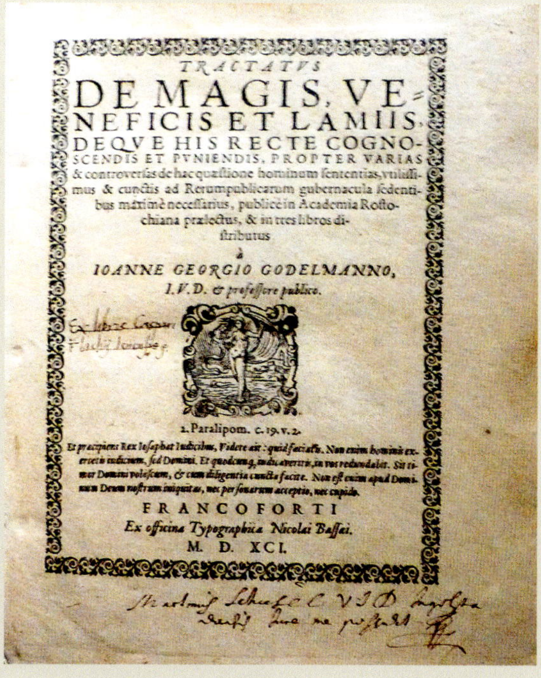

TRACTATVS
DE MAGIS, VE-
NEFICIS ET LAMIIS,
DEQVE HIS RECTE COGNO-
SCENDIS ET PVNIENDIS, PROPTER VARIAS
& controversias de hac quæstione hominum sententias, utilissimus & cunctis ad Rerumpublicarum gubernacula sedentibus maximè necessarius, publicè in Academia Rostochiana prælectus, & in tres libros distributus
à
IOANNE GEORGIO GODELMANNO,
I.V.D. & professore publico.

2. Paralipom. c. 19. v. 2.
Et præcipiens Rex Iosaphat Iudicibus, Videte ait: quid faciatis. Non enim hominis exercetis iudicium, sed Domini. Et quodcunq; iudicaveritis, in vos redundabit. Sit timor Domini vobiscum, & cum diligentia cuncta facite. Non est enim apud Dominum Deum nostrum iniquitas, nec personarum acceptio, nec cupido.
FRANCOFORTI
Ex officina Typographica Nicolai Bassæi.
M. D. XCI.

Abb. 88
J. G. Godelmann, De magis, veneficis et lamiis, Frankfurt a. M., 1591.

Johann Georg Godelmann erlangte durch seine überkonfessionelle Argumentation innerhalb kurzer Zeit den Ruf eines bedeutenden Verfolgungsgegners und gewann im gesamten deutschsprachigen Raum großen Einfluss. Er kritisierte die gerichtliche Verfolgung der Hexerei sowie deren Beweisbarkeit durch die Folter und wandte sich gegen das summarische Verfahren.

1580 erstmals erschienenen *Daemonomanie des sorciers* die vielen Zweifel der französischen Richter am Hexereidelikt zu zerstreuen und wandte sich entschieden gegen den Verfolgungskritiker Johann Weyer. Bodin sprach sich für die weite Zulassung der Denunziation in Hexensachen aus; sogar Kinder, Ehrlose und Feinde sollten nach Bodin als Denunzianten zugelassen werden. Die *Daemonomanie* lässt viele Parallelen zum *Hexenhammer* erkennen (Abb. 89. 90).

Ebenfalls maßgeblich auf den *Hexenhammer* rekurrierte eine weitere für die Hexenverfolgungen maßgebliche Schrift des späten 16. Jahrhunderts, der *Tractatus de confessionibus* (1589) des Trierer Weihbischofs Peter Binsfeld (1545–1598), der bereits kurze Zeit später in einer deutschen Übersetzung erschien unter dem Titel *Tractat von Bekanntnuß der Zauberer und Hexen*. Binsfeld befürwortete die umfangreichen Hexenjagden im Kurfürstentum Trier mit hunderten Opfern. Er propagierte das Konzept des Hexensabbats als nächtliches geheimes Treffen der Hexen mit Teufelsanbetungen und sexuellen Exzessen. Die Teilnehmer sollten auch

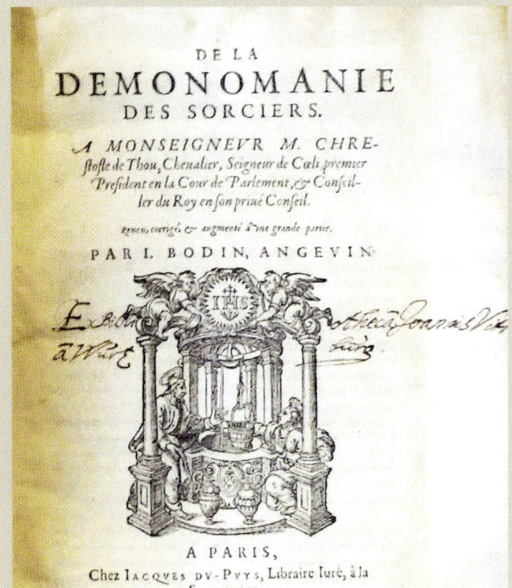
DE LA
DEMONOMANIE
DES SORCIERS.
A MONSEIGNEVR M. CHRESTOFLE de Thou, Cheualier, Seigneur de Cœli, premier President en la Cour de Parlement, & Conseiller du Roy en son priué Conseil.
Reueu, corrigé, & augmenté d'vne grande partie.
PAR I. BODIN, ANGEVIN.
A PARIS,
Chez IACQVES DV-PVYS, Libraire Iuré, à la Samaritaine.
M. D. LXXXVII.
AVEC PRIVILEGE DV ROY.

Abb. 89 J. Bodin, De la daemonomanie des sorciers, Paris, 1587.

Jean Bodins *Daemonomanie* gehört zu den wichtigsten Schriften des Hexenwahns im 16. Jahrhundert. Sie wurde bereits 1581 von Johannes Fischart ins Deutsche übersetzt unter dem Titel *Vom Außgelaßnen Wütigen Teuffelsheer.*

DE DAEMONOMANIA
MAGORVM.
Vom Außgelaßnen Wütigen Teuffelsheer der Besessenen Vnsinnigen Hexen vnd Hexenmeyster/Vnholden/Teuffelsbeschwerer/Warsager/Schwartzkünstler/ Vergiffter / Nestelverknipffer/ Veruntreuer/ Nachtschädiger/ Augenverblender/ rc. vnd aller anderer Zauberer geschlecht/ sampt jhrn vngeheurn händeln: Wie sie vermög der Recht erkant/eingetrieben/gehindert/erkündigt/erforscht/ Peinlich ersucht vnd gestrafft sollen werden.
Alles nicht alleyn auß H. Schrifft/vnd nach der hierüber außgangenen Determination der Theologen zu Pariß/sondern auch auß gründlicher Philosophi/Historien/vnd gemeynen Rechten gezogen/vnd wider Doctoris J. Wier Buch hievon geschriben/durch den Edeln/Hochgelehrten vnd Ferberümten H. Johan Bodin/der Rechten Doctorn/ vnd des Parlements Rahts inn Franckreich/rc.
Nun erstmals durch den auch Ehrnvesten vnd Hochgelehrten H. Johann Fischart / der Rechten Doctorn / auß Frantzösischer Sprach / treulich inn Teutsche gebracht/vnd an etlichen enden gemehret vnd erkläret.
von der Hexen verdienst vnd Straff/den Theologen/Rechtsgelehrten/Medicis/Amptleuten/Richtern/Rhäten/Rhatspersonen/vnd jeder Oberkeyt notwendig zuwissen vnd sich darnach zurichten.
Straßburg bei B. Jobin. 1581.

Abb. 90 J. Fischart, De daemonomania magorum – Vom Außgelaßnen Wütigen Teuffelsheer, Straßburg, 1581.

durch unter der Folter erlangte Bezichtigungen (sog. Besagungen) ausfindig gemacht werden (Abb. 91. 92).

Für eine vereinfachte Zulassung der Folter votierte auch der Jesuit, Jurist und Vizekanzler von Brabant, Martin Delrio (1551–1608) in seinem 1599/1600 erstmals erschienenen Werk *Disquisitionum magicarum libri sex*. Ein erfoltertes Geständnis bestätigte für Delrio die Rechtmäßigkeit der Folter. Gegner des Hexenglaubens und Hexenwahns schienen ihm ihrerseits der Hexerei verdächtig (Abb. 93).

Auch der herzogliche Sekretär, Generalstaatsanwalt und enge Vertraute Charles III. von Lothringen, Nicolaus Remigius (1530–1612), befeuerte mit seinem Werk *Daemonolatria* (Erstdruck 1592) die Hexenverfolgungen. Er wies seine Beamten zur unbarmherzigen Verfolgung der Hexen an und rühmte sich, für den Feuertod von über 800 Hexen mit verantwortlich zu sein. Remigius übernahm nicht einfach nur die Thesen des *Hexenhammers*. Er betrachtete die Hexenfrage vielmehr von einem juristischen und historischen Standpunkt und führte viele

TRACTAT
Von Bekanntnuß der Zauberer vnd Hexen. Ob vnd wie viel denselben zu glauben.
Anfängklich durch den Hochwürdigen Herrn Petrum Binsfeldium, Trierischen Suffraganien/ vnd der H. Schrifft Doctorn/ kurtz vnd summarischer Weiß in Latein beschrieben.
Jetzt aber der Warheit zu stewr in vnser Teutsche Sprach vertiert/ durch den Wolgelerten M. Bernhart Vogel/ deß löblichen Stattgerichts in München/ Assessorn.
Exod. XXII. Cap.
Die Zauberer solt du nicht leben lassen.
Gedruckt zu München bey Adam Berg.
Anno Domini M. D. XCI.
Mit Röm: Kays: May: Freyheit/ nit nachzudrucken.

Abb. 91 P. Binsfeld, Tractat von Bekanntnuß der Zauberei, München, 1591.

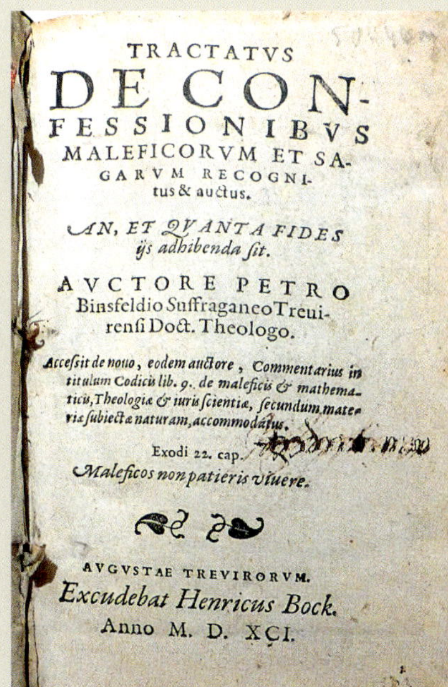
TRACTATVS
DE CONFESSIONIBVS MALEFICORVM ET SAGARVM RECOGNItus & auctus.
AN, ET QVANTA FIDES iis adhibenda sit.
AVCTORE PETRO Binsfeldio Suffraganeo Treuirensi Doct. Theologo.
Accessit de nouo, eodem auctore, Commentarius in titulum Codicis lib. 9. de maleficis & mathematicis, Theologiæ & iuris scientiæ, secundum materiæ subiectæ naturam, accommodatus.
Exodi 22. cap.
Maleficos non patieris viuere.
AVGVSTAE TREVIRORVM.
Excudebat Henricus Bock.
Anno M. D. XCI.

Abb. 92 P. Binsfeld, tractatus de confessionibus, Trier, 1591.

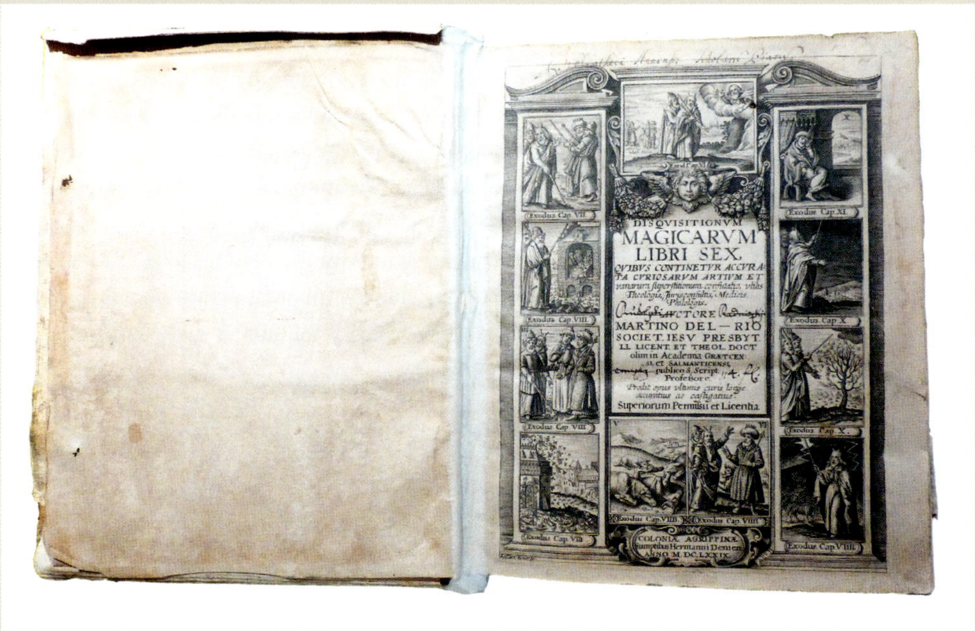

Abb. 93 M. Delrio, Disquisitionum magicarum libri sex, Köln, 1679.

Das ca. 1.000 Seiten umfassende Werk des Jesuiten Martin Delrio gilt neben dem *Hexenhammer* als maßgeblichste juristische Schrift der Befürworter von Hexenverfolgungen. Elementarer Bestandteil der Zauberei war für Delrio der Teufelspakt. Der Autor befürwortete den summarischen Ketzerprozess mit vereinfachter Zulassung der Folter.

Abb. 94
N. Remigius, Daemonolatria libri tres, Hamburg, 1693.

Nicolaus Remigius gehörte zu den eifrigsten Hexenverfolgern in Lothringen. Der prozessfreudige Inquisitor widmete in seiner *Daemonolatria* ein ganzes Kapitel den juristischen Problemen bei Hexenprozessen gegen Minderjährige.

konkrete Fallbeispiele an aus seiner Zeit als Schöffe in Hexenprozessen (Abb. 94).

Der Diskurs um Hexereidelikt, Folter und Hexenverfolgungen riss auch in den folgenden Jahrhunderten nicht ab und entfaltete sich konfessionsübergreifend. Der Jesuit, Moraltheologe und „Aufklärer der Aufklärer" Friedrich Spee (1591–1635) verfasste mit dem 1631 (noch anonym) erschienenen Werk *Cautio Criminalis* einen entscheidenden Beitrag von katholischer Seite zum Ende des Hexenwahns. Zwar griff Spee das Hexereidelikt nicht an und glaubte an die Realität von Schadenszaubern. Er wandte sich jedoch entschieden gegen die Form des Hexenprozesses und vor allem gegen die Folter. Es sei der Hexenprozess selbst – so Spee – der zunächst die Hexen erschaffe, die er eigentlich bekämpfen wolle. So würde sich selbst der durch einen Inquisitor gefolterte Papst letztlich als Zauberer bekennen. Spee forderte Verteidigungsmöglichkeiten für die Angeklagten, unabhängige Richter und Freisprüche bei nicht nachweisbaren Vorwürfen (Abb. 95 a.b).

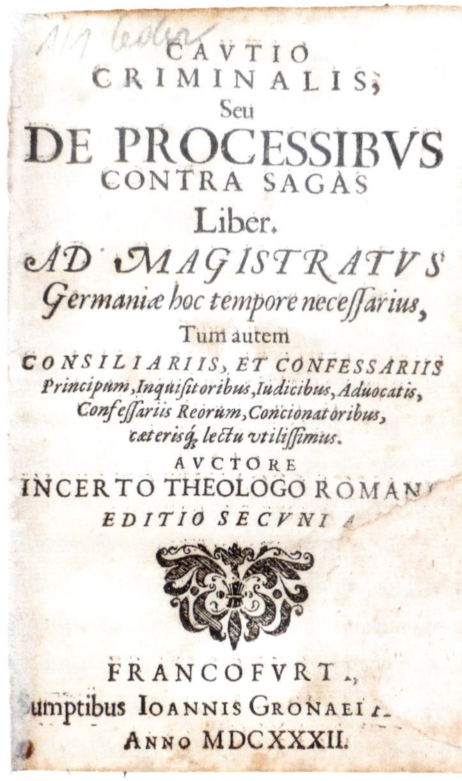
CAUTIO
CRIMINALIS;
Seu
DE PROCESSIBVS
CONTRA SAGAS
Liber.
AD MAGISTRATVS
Germaniæ hoc tempore necessarius,
Tum autem
CONSILIARIIS, ET CONFESSARIIS
Principum, Inquisitoribus, Iudicibus, Aduocatis,
Confessariis Reorum, Concionatoribus,
cæterisq; lectu vtilissimus.
AVCTORE
INCERTO THEOLOGO ROMAN[O]
EDITIO SECVN[D]A
FRANCOFVRTI,
[S]umptibus IOANNIS GRONAEI [...]
ANNO MDCXXXII.

Abb. 95 a F. v. Spee, Cautio Criminalis, 2. Auflage, Frankfurt a. M., 1632.

Abb. 95 b

F. v. Spee, Bilder-Cautio, Frankfurt a. M., 1632.

Die *Cautio Criminalis* richtete sich an alle am Hexenprozess beteiligten Personen. Bereits ein Jahr nach der Erstauflage erschien mit der sog. *Bilder-Cautio* eine um mehrere Kupferstiche erweiterte Fassung.

Auch der wohl prominenteste Jurist des 17. Jahrhunderts und Vater der deutschen Rechtswissenschaft, Benedikt Carpzov (1595–1666), widmete sich den Hexenprozessen. Sein Bestreben war es, den summarischen Prozess in eine rechtliche Ordnung zu bringen, die Willkür ausschloss, aber gleichwohl der Obrigkeit mehr Handlungsmöglichkeiten einräumte. Carpzov zweifelte nicht an der Existenz von Hexen und sprach sich für eine strenge Verfolgung aus. Neuere Untersuchungen widerlegen jedoch die ihm von späteren Aufklärern nachgesagte Beteiligung an 20.000 Todesurteilen gegen Hexen und geben Anhaltspunkte, dass Carpzovs persönliche Judikatur in Hexensachen restriktiver war, als seine Theorie nahe legt (Abb. 96).

Abb. 96 B. Carpzov, Practica nova, Wittenberg, 1652.

Benedikt Carpzov systematisierte mit seinem Werk *Practica nova Imperialis Saxonica Rerum criminalium* (1635) den kursächsischen Inquisitionsprozess und bereitete ihn wissenschaftlich auf. Zudem gilt der fromme Lutheraner Carpzov als Mitbegründer der Episkopalordnung in der deutschen evangelischen Kirche.

Die
Bezauberte Welt:
Oder
Eine gründliche Untersuchung
Des
Allgemeinen Aberglaubens/
Betreffend/die Arth und das Vermögen/Gewalt und Wirckung
Des Satans und der bösen Geister
über den Menschen/
Und was diese durch derselben Krafft und Gemeinschafft thun:
So aus Natürlicher Vernunfft und H. Schrifft in 4 Büchern zu bewehren sich unternommen hat
BALTHASAR BEKKER, S. THEOL. DOCT.
und Prediger zu Amsterdam.
Nebenst des Authoris generale Vorrede über diese seine 4 Bücher;
Wie und welcher Gestalt dieselbe zu lesen/ der Zweck seines Vorhabens/
und dann die Ordnung / so er darinnen gehalten.

Aus dem Holländischen nach der letzten vom Authore vermehrten Edition,
Gedruckt zu Amsterdam / bey Daniel von Dahlen/ bey der Börse/ Anno 1693.
In die Teutsche Sprache übersetzet,

Abb. 97 B. Bekker, Die bezauberte Welt, Amsterdam, um 1693.

Der deutsch-niederländische Theologe Balthasar Bekker gilt als einer der einflussreichsten Gegner der Hexenverfolgung. Viele spätere Verfolgungsgegner und vor allem Christian Thomasius bezogen sich auf Bekker.

In der Folgezeit verstärkte die Aufklärung die Zweifel am theologischen Hexereidelikt und kritisierte unter anderem die weite Fassung des Tatbestandes, der nur den bösen Willen umfasste. Der deutsch-niederländische protestantische Theologe Balthasar Bekker (1634–1698) verfasste Anfang der 1690er Jahre mit dem Traktat *De Betoverde Wereld* ein Manual gegen den Hexenwahn, das bereits 1693 in Deutsch erschien unter dem Titel *Die bezauberte Welt*. Bekker lehnte die Vorstellung einer körperlichen Präsenz und physischen Macht des Teufels ab. Mit der Negierung der Existenz jeglicher dämonischer Mächte entzog er dem Konzept des Teufelsbunds den Boden, und damit auch dem Hexereidelikt und Hexenprozess (Abb. 97).

Es war schließlich der Hallenser Jurist, Philosoph und Professor, Christian Thomasius (1655–1728), der – gestützt auf die Schriften des holländischen Theologen Balthasar Bekker – den Tatbestand des Hexereidelikts einer vernichtenden Kritik unterzog. Den Auftakt machte die Doktorarbeit (*Theses inaugurales de crimine magiae*) des Thomasius-Schülers Johannes Reiche am 12. November 1701 (Abb. 98). Die Thesen wurden – wie seinerzeit üblich – vom Doktorvater (Christian Thomasius) aufgestellt und vom Doktoranden ausführlich dargelegt und begründet. Die Arbeit wandte sich in kurzer und knapper Argumentation gegen die Annahme des Teufelspaktes und „allerhand Fabeln von Zauberern und Hexen". Die Thesen verursachten großes Aufsehen, da sie das Hexereiverbrechen rundweg in Frage stellten. Auf ihrer Grundlage demaskierte Thomasius in den Folgejahren erfolgreich den Hexenglauben, etwa in der deutschen Übersetzung von *De crimine* unter dem Titel *Kurze Lehrsätze von dem Laster der Zauberey*, 1703 (Abb. 99). Auf Grundlage der aufgeklärten Naturrechtslehre sprach er dem Staat die Zuständigkeit für die Regelung irrational-religiöser Bereiche wie Teufelspaktvorstellungen ab. Selbst wer noch den Hexereibegriff theologisch vertreten wollte oder weiterhin an Hexen glaubte, musste eine strafrechtliche Verfolgung durch den weltlichen Staat ablehnen. In seinem Werk *Neueste Alamodische Teuffeley* thematisierte Thomasius die Hexenfrage in der Form eines lockeren Gesprächs zwischen einem Postmeister und einem Reisenden (Thomasius), der die Existenz des Teufels bezweifelte sowie die Möglichkeit eines – juristisch ohnehin nicht beweisbaren – Teufelspaktes (Abb. 100). Schließlich führte Thomasius in seiner Abhandlung

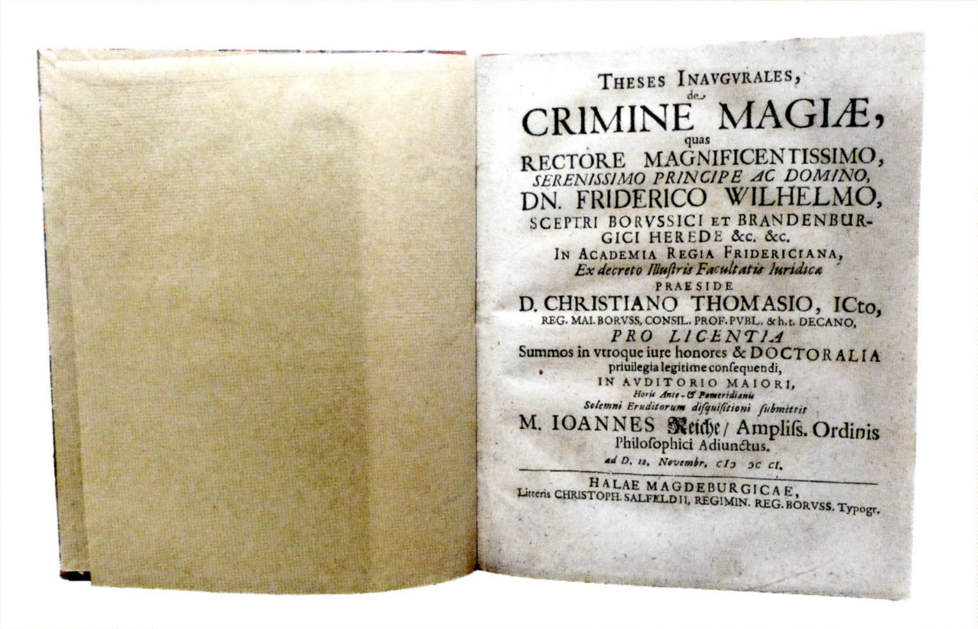

Abb. 98 J. Reiche, Theses inaugurales de crimine magiae, Halle/Saale, 1701.

Am 12. November 1701 verteidigte der Jurist, Philosoph, Pädagoge und Journalist Johannes Reiche seine Doktorarbeit *Theses inaugurales de crimine magiae*. Die *Theses* verursachten „ungeheuren Wirbel", da sie das Hexereiverbrechen in einer zunehmend verfolgungskritischen Zeit grundsätzlich in Frage stellten.

Abb. 99
Ch. Thomasius, Kurze Lehrsätze von dem Laster der Zauberey, 1706.

Der Frühaufklärer Christian Thomasius trug mit seinem Eintreten für eine humane Strafordnung im Sinne der Aufklärung und seinem Kampf gegen die Hexenprozesse maßgeblich zum Ende des Hexenwahns bei. Friedrich II. schrieb später über ihn, Thomasius habe dafür gesorgt, dass das weibliche Geschlecht wieder in Frieden alt werden und sterben könne.

Historische Untersuchung vom Ursprung und Fortgang des Inquisitionsprozesses historische Gründe gegen das Hexereidelikt an (Abb. 101). Er fokussierte sich auf den Beweis der Nichtexistenz des Teufels und klassifizierte Hexenflug und Teufelspakt als Erfindungen der Kirche.

Trotz aller aufklärerischer Kritik gaben die Vertreter der traditionellen Hexenlehre so leicht nicht auf. Noch um die Mitte des 18. Jahrhunderts tobte in der Bayerischen Akademie der Wissenschaften ein erbitterter Disput zwischen Verfolgungsgegnern und Verfolgungsprotagonisten (sog. Bayerischer Hexenkrieg). Der Verfolgungsgegner Don Ferdinand Sterzinger erklärte 1766 in seiner *Akademischen Rede von dem gemeinen Vorurtheile der wirkenden und thätigen Hexerey* den Teufelspakt als „abgeschmackte Chimaera oder erdichtete Sache“. Er entzog damit einem Kerndelikt des Hexereiverbrechens den Boden. Noch im gleichen Jahr

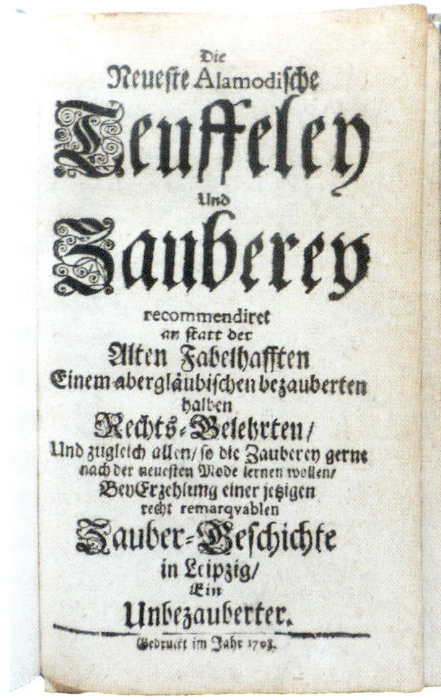
Die
Neueste Alamodische
Teuffeley
Und
Zauberey
recommendiret
an statt der
Alten Fabelhafften
Einem abergläubischen bezauberten
halben
Rechts-Gelehrten/
Und zugleich allen/ so die Zauberey gerne
nach der neuesten Mode lernen wollen/
Bey Erzehlung einer jetzigen
recht remarqvablen
Zauber-Geschichte
in Leipzig/
Ein
Unbezauberter.
Gedruckt im Jahr 1708.

Abb. 100 Ch. Thomasius, Ein Unverzauberter. Neueste Alamodische Teuffeley und Zauberey, Leipzig, 1708.

Abb. 101 Ch. Thomasius, Historische Untersuchungen vom Ursprung und Fortgang des Inquisitionsprozesses, Halle/Saale, 1712.

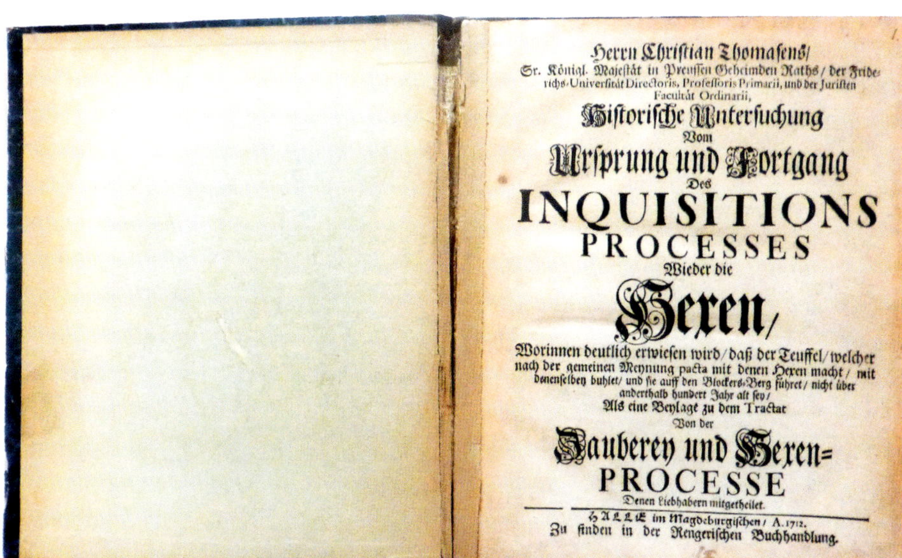
Herrn Christian Thomasens/
Sr. Königl. Majestät in Preussen Geheimden Raths/ der Friderichs-Universität Directoris, Professoris Primarii, und der Juristen Facultät Ordinarii,
Historische Untersuchung
Vom
Ursprung und Fortgang
Des
INQUISITIONS
PROCESSES
Wieder die
Hexen/
Worinnen deutlich erwiesen wird/ daß der Teuffel/ welcher nach der gemeinen Meynung pacta mit denen Hexen macht/ mit denenselben buhlet/ und sie auff den Blockers-Berg führet/ nicht über anderthalb hundert Jahr alt sey/
Als eine Beylage zu dem Tractat
Von der
Zauberey und Hexen-
PROCESSE
Denen Liebhabern mitgetheilet.
HALLE im Magdeburgischen/ A. 1712.
Zu finden in der Rengerischen Buchhandlung.

wandte sich der Augustinereremit Agnellus Merz (1727–1784) in seiner Schrift *Urtheil ohne Vorurtheil über die wirkend- und thätige Hexerey* gegen die Thesen Sterzingers. Merz versuchte in seinem Werk, die Macht des Teufels und die Existenz der Zauberer zu beweisen. Gleichwohl schien es ihm eher um theologische Fragen zu gehen, als dass er an weiteren Hexenverbrennungen interessiert gewesen wäre (Abb. 102).

IV. Lutherrezeption zur Hexenfrage

Luther verfasste eine beachtliche Anzahl an Werken, die in großem Stil verlegt wurden. Bis 1546 wurden alleine gut 254 Luther-Drucke veröffentlicht, denen sich wichtige Aspekte der Hexenlehre oder Aussagen zur Zauberei entnehmen lassen. Die Gesamtauflagenstärke dieser Drucke dürfte bei wenigstens 300.000 bis 400.000 liegen.

Luthers widersprüchliche Äußerungen zur Hexenfrage führten dazu, dass sich sowohl Gegner als auch Befürworter einer exzessiven Hexenverfolgung auf ihn beriefen. Gelegentlich reklamierten beide Seiten sogar dieselben Lutherworte für ihre Position. So zitierte der protestantische Verfolgungsbefürworter Samuel Meiger (1532–1610) die Geschichte der Bekehrung Valerius Glockners, um die Gefährlichkeit des Teufels zu unterstreichen. Der protestantische Verfolgungsgegner Johann Georg Godelmann (1559–1611) hingegen interpretierte die Bekehrung Valerius Glockners als Beispiel, dass Teufelsbünder eher krank als bösartig und deshalb seelsorgerisch zu behandeln seien.

Abb. 102 A. Merz, Urtheil ohne Vorurtheil über die wirkend- und thätige Hexerey, München, 1766.

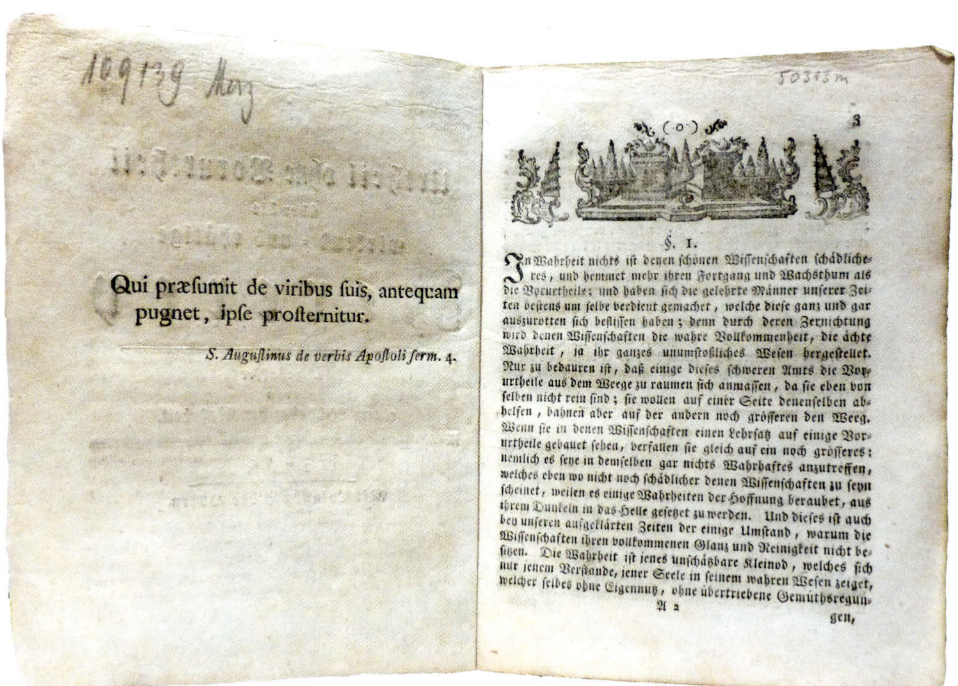

109139 Merz

Qui præsumit de viribus suis, antequam pugnet, ipse prosternitur.

S. Augustinus de verbis Apostoli serm. 4.

50313 m

3

§. I.

In Wahrheit nichts ist denen schönen Wissenschaften schädlicheres, und hemmet mehr ihren Fortgang und Wachsthum als die Vorurtheile; und haben sich die gelehrte Männer unserer Zeiten bestens um selbe verdient gemachet, welche diese ganz und gar auszurotten sich beflissen haben; denn durch deren Zernichtung wird denen Wissenschaften die wahre Vollkommenheit, die ächte Wahrheit, ja ihr ganzes unumstoßliches Wesen hergestellet. Nur zu bedauren ist, daß einige dieses schweren Amts die Vorurtheile aus dem Weege zu raumen sich anmassen, da sie eben von selben nicht rein sind; sie wollen auf einer Seite denenselben abhelfen, bahnen aber auf der andern noch grösseren den Weeg. Wenn sie in denen Wissenschaften einen Lehrsatz auf einige Vorurtheile gebauet sehen, verfallen sie gleich auf ein noch grösseres: nemlich es seye in demselben gar nichts Wahrhaftes anzutreffen, welches eben wo nicht noch schädlicher denen Wissenschaften zu seyn scheinet, weilen es einige Wahrheiten der Hoffnung beraubet, aus ihrem Dunkeln in das Helle gesetzet zu werden. Und dieses ist auch bey unseren aufgeklärten Zeiten der einige Umstand, warum die Wissenschaften ihren vollkommenen Glanz und Reinigkeit nicht besitzen. Die Wahrheit ist jenes unschätzbare Kleinod, welches sich nur jenem Verstande, jener Seele in seinem wahren Wesen zeiget, welcher selbes ohne Eigennutz, ohne übertriebene Gemüthsregun-

A 2 gen,

Wenngleich sich also protestantische Verfolger gern auf Luthers „Die Zauberinnen sollst du nicht am Leben lassen." beriefen, waren dessen hexereikritische Äußerungen kein Geheimnis. So musste auch der gemäßigte protestantische Verfolgungsbefürworter Benedikt Carpzov einräumen, dass Luther in Bezug auf den Hexenflug anders dachte als er selbst. Damit steht Luthers Äußerung, den Hexen sei zu begegnen „mit dem Schwert oder festem Glauben" paradigmatisch für die Luther-Rezeption in der Hexenfrage (Abb. 103).

Abb. 103 Collage: Luther und die Hexen.

V. Regionalexkurs: Hexenwahn in Franken, Nürnberg und Rothenburg

Die für die europäischen Hexenverfolgungen insgesamt zu konstatierende große Heterogenität in Bezug auf Zeit, Region, Konfession, Anlass sowie Verlauf lässt sich exemplarisch an der Region des heutigen Frankens skizzieren. Hier liegen Brandherde des Hexenwahns (etwa die Fürstbistümer Würzburg und Bamberg) und Regionen mit geringer Verfolgungsintensität (etwa die fränkischen reichsstädtischen Territorien) sehr nahe beieinander.

Nach Franken breiteten sich erste Verfolgungswellen – aus Schwaben kommend – mit den Klimaveränderungen und Agrarkrisen der Jahre 1585/87 aus und mündeten in erste Hexenverbrennungen. Ab 1590 nahmen die Hexenprozesse in Franken deutlich zu, vor allem in den geistlichen Fürstentümern Würzburg und Bamberg, deren Fürstbischöfe zu den größten Hexenverfolgern im ganzen Reich zählten. Pest und Naturkatastrophen führten zwischen 1626 und 1629 zu pogromhaften Hexenverfolgungen in Würzburg und Bamberg. Die Würzburger Verfolgungen wurden auch außerhalb Frankens als so außergewöhnlich massiv wahrgenommen, dass man später vergleichbare Verfolgungen gern als „Wirtzbuergisch werck" umschrieb. In Bamberg machten die Hexenprozesse auch vor den örtlichen Eliten keinen Halt und wurden sogar auf dem Regensburger Kurfürstentag 1630 thematisiert. Erst durch das Eingreifen des Reichshofrats und den Einmarsch der Schweden 1630/31 fand der Hexenwahn in Franken schließlich sein Ende (Abb. 104).

Die fränkischen reichsstädtischen Territorien wie Nürnberg, Rothenburg ob der Tauber, Schweinfurt, Weißenburg und Windsheim zeichneten sich hingegen durch eine relativ geringe Verfolgungsintensität bzw. lediglich kurzzeitige Verfolgungswellen aus. Eine erste von der Landkomturei Ellingen (Deutscher Orden) ausgehende Verfolgungswelle traf zunächst die benachbarte Reichsstadt Weißenburg (zwei Todesurteile 1590), setzte sich über das Markgrafentum Ansbach und die Herrschaft Sugenheim (32 Todesurteile 1587–1603) fort und ereilte schließlich Windsheim mit 22 Todesurteilen in den Jahren 1596/1597. Unbeeinflusst von diesen Ereignissen begannen in Schweinfurt die Verfolgungen relativ spät, erst 1606 und heben sich durch eine äußerst geringe Anzahl an Todesopfern hervor.

Eine ähnlich reservierte Haltung zeigte der Nürnberger Rat. Auch dort kam es lange zu keiner nachhaltigen Verfolgung. Das verwundert prima facie, ließ doch der Nürnberger Rat 1491 eine in der Literatur als *Nürnberger Hexenhammer* bekannte, eigenständige Fassung durch den Dominikanerinquisitor Heinrich Kramer (ca. 1430–1505) anfertigen. Auch ein im Juni 1536 erlassenes *Nürnberger Mandat gegen betrügerische Zauberei* offenbart die intensive

Abb. 104 Ausschnitt der Territorien des Fränkischen Kreises mit Hervorhebung der Reichsstädte des 16.–18. Jh., Kartengrundlage: J. B. Homann, um 1720.

Abb. 105 Holzschnitt zu Nürnberg, in: H. Schedel, Liber Chronicarum, Nürnberg, 1493.

Beschäftigung des Rats mit diesem Thema. Ratsseits sah man den Hexenglauben gleichwohl kritisch und so erwiderte der Rat 1538 auf eine Anfrage Ulms, dass für ihn „dergleichen Truttenwerk“ ein Wahn sei und man die betreffenden Personen der Stadt verwiesen habe. Nürnbergs wirtschaftliche und kulturelle Hochblüte bestimmte somit in vielen Bereichen ein von Weitsicht, Vernunft und Humanismus geprägtes Handeln des Rats (Abb. 105). Dieser zeigte sich erst mit dem wirtschaftlichen und politischen Niedergang nach dem Dreißigjährigen Krieg kurzzeitig überaus anfällig für grausame Hexenprozesse.

In Rothenburg ob der Tauber fanden in den Jahren der großen Verfolgungswellen (1587–1602) keine Hexenprozesse statt. Insgesamt sind für den Zeitraum zwischen ca. 1550 und ca. 1700 lediglich 28 Fälle überliefert, die Anklagen oder Bekenntnisse der Hexerei enthielten und vom Rothenburger Stadtrat gründlich untersucht wurden. Insgesamt waren 65 Personen als mutmaßliche Hexen in diese Fälle verwickelt und nur drei dieser 65 Personen wurden zum Tode verurteilt und hingerichtet (Abb. 106). Diese ungewöhnlich milde Verfolgungspraxis des Rothenburger Rates lässt sich erklären mit einem ausgeprägten Streben des Rats nach „Ruhe durch Ordnung“, insbesondere im Nachgang der blutigen Niederschlagung des Bauernaufstandes von 1525. Einer durch Hexenfurcht getriebenen unruhebedingten Erhebung der unteren Schichten (etwa nach den Hexen zugeschriebenen Hagelschlägen oder Missernten) galt es in den folgenden Jahrzehnten entgegenzutreten. Prozessual orientierte sich Rothenburg eng am Reichsrecht mit seinen hohen Verdachtsschwellen. So wurde in nur 12 Hexerei-Fällen überhaupt gefoltert und dann in einer „eher milden“ Form (Daumenschrauben). Mit dem Festhalten an der *Carolina* versuchte man

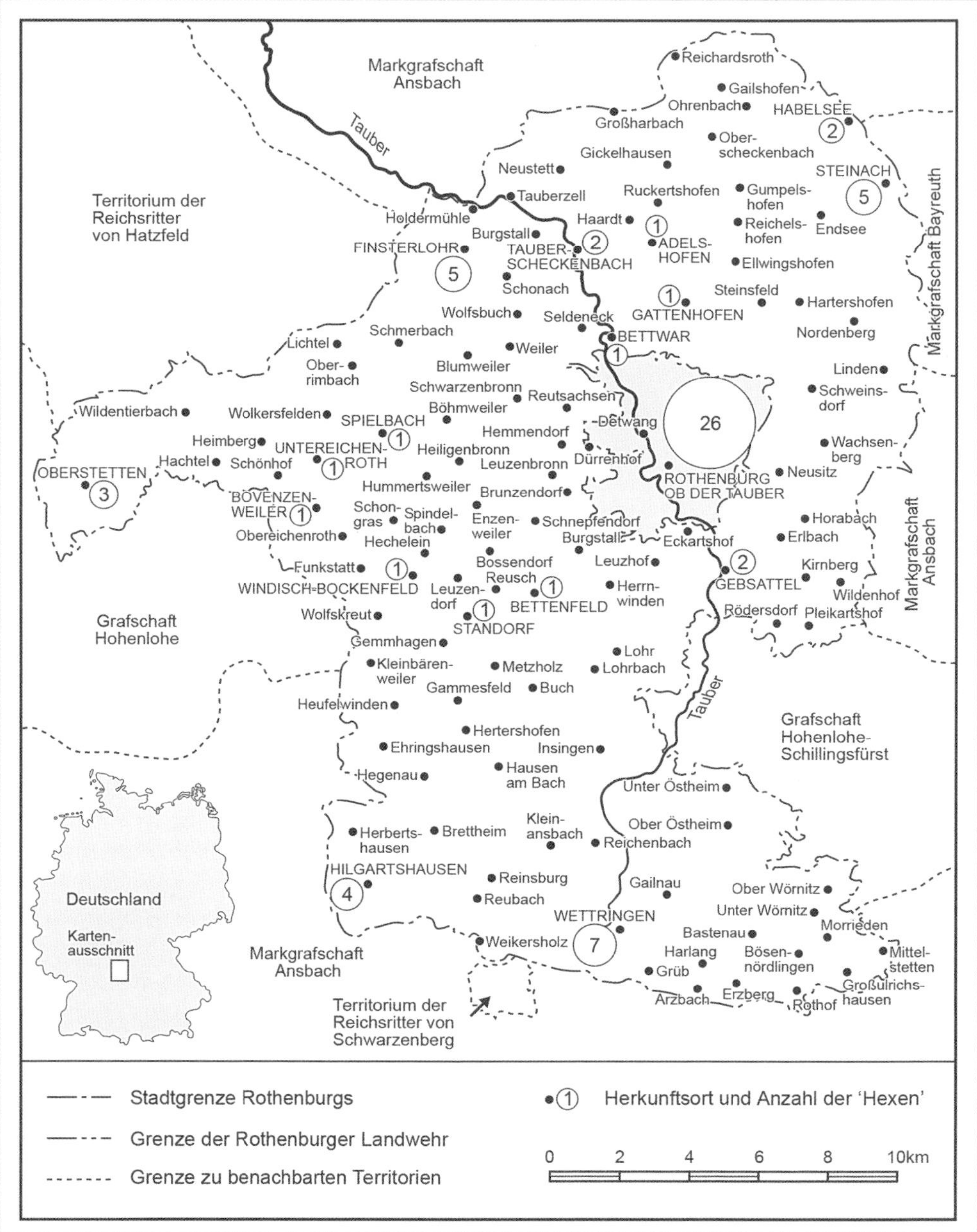

Abb. 106 Herkunftsorte der in Rothenburg zwischen 1549 und 1709 angeklagten „Hexen", Karte: Alison Rowlands/Franz-Josef Knöchel.

die Treue zum katholischen Kaiser zu bezeugen; dies umso mehr, als ab 1544 das Luthertum angenommen wurde. Weiterhin orientierte sich Rothenburg traditionsgemäß an den Rechtsauffassungen der benachbarten Reichsstadt Nürnberg und holte regelmäßig Rechtsgutachten zu schwierigen Streitfragen bei den Nürnberger Rechtskonsulenten ein. So sind allein aus dem Jahre 1582 fünf gutachtliche Äußerungen Nürnberger und Rothenburger Juristen zu Hexenfragen überliefert. In der Mehrzahl der Fälle folgte Rothenburg dem „gemäßigten" Nürnberger Weg der Stadt- und Landesverweisung.

Die moderate Haltung Rothenburgs dürfte auch befördert worden sein durch persönliche Freundschaften und Kontakte führender „gemäßigter" süddeutscher Theologen in den Rat. So pflegte etwa Johannes Hornburg enge Freundschaft mit dem Nürnberger Theologen Andreas Ossiander (1496/98–1552) und dem württembergischen Reformator Johannes Brenz (1499–1570). Ossiander, der maßgeblich die Reformation in Nürnberg durchsetzte, verfolgte eine gemäßigte Linie zur Hexenverfolgung, die möglicherweise auch die Nürnberger Haltung bestimmte und Todesurteile verhinderte. In Luthers *Tischreden* wird erwähnt, dass von Dritten über Ossiander behauptet wurde, er glaube nicht an die Realität von Poltergeistern und ähnlichen Dämonen. Luther habe daraufhin Ossiander vorgeworfen, dass er immer eine besondere Ansicht vertreten müsse. Die neuere Sekundärliteratur zu Ossiander zieht daraus den Schluss, dass er bei Hexereidelikten die Anwendung der Todesstrafe verhindert habe (Abb. 107).

Der hexenprozesskritische Johannes Brenz, Architekt der württembergischen Landeskirche, war ein Anhänger der in Süddeutschland beheimateten gemäßigten *Episcopi*-Tradition. Diese sprach den Hexen die Macht ab, selbstständig Schadenszauber zu verursachen. Vielmehr vertrat er eine von der *via moderna*, dem

Abb. 107 B. Jenichen, Bildnis des Andreas Os(s)iander, Radierung, 1565, Bild: GNM, Inv. Nr. Mp 17522.

Nominalismus, geprägte Sicht auf das Hexenwesen, wonach beispielsweise ein schadenstiftendes Unwetter auf einer göttlichen Erlaubnis (*permissio dei*) beruhe. Ein Hexereidelikt konnte nach dieser Sicht nur mit dem Willen Gottes, mit dessen Übereinstimmung oder sogar mit seiner Zusammenarbeit durchgeführt werden. Diese gemäßigte süddeutsche *Episcopi*-Tradition strahlte auch in den Jahrzehnten nach Brenz aus dem Württembergischen in das Rothenburger Territorium, studierten doch viele spätere Rothenburger Juristen und Theologen in Tübingen und trugen so diese gemäßigte Tradition in die Tauberstadt.

VI. Das Ende der Hexenverfolgungen

Ab dem zweiten Quartal des 17. Jahrhunderts nahmen die Hexenverfolgungen erkennbar ab und dies aus vielerlei Gründen.

Wirtschaftliche Erholung und eine verbesserte Versorgung der Bevölkerung mit Lebensmitteln sowie das Ausbleiben großer Epidemien wirkten Misstrauen, Unruhe und Angst entgegen. Die zunehmend professionalisierte und universitär ausgebildete Rechtsprechung nahm eine prozesskritischere Haltung ein und handhabte das Indizienrecht und die Folterzulassung restriktiver, wodurch Hexenprozesse langsam zurückgedrängt wurden. Mitunter endeten die Hexenverfolgungen spektakulär durch das Eingreifen übergeordneter Instanzen, etwa in Köln durch Intervention des Reichskammergerichts oder in Bamberg durch den Reichshofrat. Die Argumente der Verfolgungsgegner – befördert durch einen aufklärerischen Zeitgeist und sich diesem Ideal verschreibende Landesherren – erlangten immer mehr Gehör und mündeten in obrigkeitliche Einschränkungen und Verbote von Hexenprozessen, etwa in Kurtrier um 1653, Preußen 1714 oder in den habsburgischen Ländern 1755, 1766. Der letzte Hexenprozess im deutschsprachigen Raum fand im Jahr 1782 in der Schweiz statt gegen Anna Göldi. Er rief europaweit Empörung und Entsetzen hervor.

Zusammenfassung: „Mit dem Schwert oder festem Glauben“ – Luther und die Hexen

Der Glaube an Zauberei, Teufelspakt, Buhlschaft, Flug und Sabbat ist sehr alt. Im 15. Jahrhundert verschmolzen diese Vorstellungen zu einem neuen Delikt, dem Hexereidelikt, und führten zu ersten Hexenverfolgungen im Alpenraum. In diese Zeit der entstehenden und wachsenden Hexenangst wurde Martin Luther geboren. Wie seine Zeitgenossen und vor allem seine Eltern war auch Luther von Kindesbeinen an überzeugt von der Realität von Schadenszauber und Hexen. Für den Theologen Martin Luther waren Zauberer und Hexen ein Teil der Schöpfungsordnung Gottes. Als Prediger wandte er sich entschieden gegen Aberglauben jeder Art. Vor Zauberei und Hexerei möge man sich nicht durch magische Mittel schützen, sondern durch Glaubensstärke. So schrieb er auch seine Krankheiten Teufeln und Hexen zu und trat ihnen mit festem Glauben entgegen.

Luthers Äußerungen zu konkreten Zauberei- und Hexereifällen ab den späten 1520er Jahren waren widersprüchlich und schwankten zwischen der Forderung einer unnachgiebigen Verfolgung einerseits und der Ermahnung zur Umkehr, Bekehrung und Glaubensstärke andererseits. Die Gründe dafür dürften in Luthers Persönlichkeit zu suchen sein, im jeweiligen Kontext und im Zeitgeist einer wachsenden, aber noch nicht pogromhaft ausufernden Hexenangst. Fester Glaube verbunden mit Leidensbereitschaft war für ihn das beste Mittel gegen Hexen.

Die neuzeitlichen Hexenverfolgungen fielen in die Zeit nach Luthers Tod. Aufgrund Luthers ambivalenter Haltung zum Hexenglauben und zu den Hexen konnten sich sowohl Verfolgungsgegner als auch Befürworter auf ihn berufen und auf seine Aussage, der Hexerei sei zu begegnen: „mit dem Schwert oder festem Glauben“.

PROF. DR. WOLFGANG SCHILD, UNIVERSITÄT BIELEFELD

DIE FRÜHEN HEXENSCHRIFTEN

Im 14. und 15. Jahrhundert kam es zur Herausbildung einer neuen Sekte, die von dem hier noch vorzustellenden Hans Fründ um 1430 als *ketzerey der hexssen und zubrern* bezeichnet wurde. Gegen deren Mitglieder schritten – da Ketzer (Häretiker) – die kirchlichen Behörden ein, aber auch die weltlichen Amtsträger, da das Neue die Verschmelzung mit dem herkömmlichen Schadenszauber war. Ende des 13. Jahrhunderts fand sich das Wort „hegxe" (wohl in der Bedeutung von „Zauberin") in der Volksliteratur[1]; in gerichtlichen Akten im Zusammenhang mit Hinrichtungen durch das Feuer findet sich das Wort *hegse* erstmals im Schaffhauser Rechnungsbuch von 1402[2]. In den Prozessen, die herkömmlich als früheste Verfahren genannt werden (im 15. Jh.), wurden die Verurteilten bzw. die im Inquisitionsverfahren Verfolgten meist als Waldenser oder *sortilegi* (eigentlich: Loswerfer, dann Wahrsager, später aber in der Bedeutung von Zauberern) oder *malefici* (also Schadenszauberer, eigentlich „Übeltäter") bezeichnet. Es ist daher sehr schwierig, für diese Zeit Ketzereiprozesse von Zaubereiprozessen und dann wirklichen Hexereiprozessen abzugrenzen.

Abb. 1 Holzschnitt einer Wetterhexe, in: U. Molitoris, Hexen Meysterey, Straßburg, 1545.

Diese Herausbildung des neuen Hexereibegriffs beruhte auf drei Entwicklungen[3]: erstens der Diabolisierung der Häresie (Ketzerei), indem die Anbetung des Teufels (und die sich anschließende geschlechtliche Vereinigung der Häretiker) zum Pakt und zur Buhlschaft mit dem Teufel wurde, sodann der schon angesprochenen Angleichung der Häresie an die Magie durch diese gemeinsame Grundlegung im Teufelspakt und schließlich der zunehmenden Anerkennung des Fluges durch die Luft zum Versammlungsort der Hexenleute („Sabbat", „Synagoge"), wodurch die herkömmliche kirchlich-theologische Ablehnung dieser Vorstellung (im berühmten *Canon Episcopi* des 10. Jahrhunderts) zurückgedrängt wurde[4].

Die Quellenlage ist unzureichend. Viele schriftliche Zeugnisse aus der maßgebenden Zeit des 14. und 15. Jahrhunderts sind verloren gegangen. Was noch vorhanden ist, sind häufig nur die Urteile, die auch nur die vieldeutigen Begriffe verwenden (vgl. als Beispiel nur die bereits genannte Bezeichnung bei Hans Fründ: *ketzerey der hexssen und ouch der zubrern, die do heissent sortilei zu latin*), weshalb nicht geklärt werden kann, ob es sich nun um einen Ketzerei- oder einen Zauberei- oder schon um einen Hexereiprozess gehandelt hat. Gleiches gilt für den Hinweis im Schaffhauser Rechnungsbuch von 1402, in dem mit diesen „hegsen" auch Ketzer oder Zauberer gemeint sein könnten. Darüber hinaus finden sich – wenn überhaupt – meistens nur Dokumente aus den *kirchlichen* Verfahren. Die Schwierigkeiten hängen auch damit zusammen, dass parallel zu diesen heute als „Hexenprozesse" bezeichneten Verfahren auch Waldenser (also Ketzer) wie auch Schadenszauberer(-innen) verurteilt und hingerichtet wurden, wobei die Bezeichnung für die Tätergruppen in vielen Fällen identisch war. Man kann daher heute eigentlich nicht wirklich wissen, welche Prozesse nun tatsächlich gegen „Hexen" geführt wurden: der elaborierte Hexereibegriff[5] mit den Merkmalen Teufelspakt, Buhlschaft, Sabbat (Synagoge), Schadenszauber, Tierverwandlung, Flug hat sich erst allmählich seit dem – im Folgenden noch näher dargestellten – Konzil von Basel (1431–1449) herausgebildet; früher finden sich nicht alle diese Elemente zusammen in dem Vorwurf gegen die Betroffenen. Nur ein Beispiel: Die von Fründ geschilderten Prozesse gegen die *ketzerey der hexssen und ouch der zubrern* werden heute zunehmend als Waldenserverfolgung interpretiert .

Maßgebende Bedeutung kam für diese Entwicklung der theologischen (und juristischen) Aufarbeitung der Verfahren zu. Im Folgenden werden die Arbeiten kurz vorgestellt, die heute als wichtigste Quellen anerkannt sind, wobei manche Fragen nach Datierung und Verfasser (noch) nicht völlig geklärt sind.

Claude Tholosan *Ut magorum et maleficiorum errores* (um 1436)

Für den kurzen Traktat, der mit den Worten *Ut magorum et maleficiorum errores* (So dass die Irrlehren der Magier und Zauberer [Übeltäter]) beginnt, sind allerdings Datierung und Verfasser unbestritten.[6] Um das Jahr 1436 schrieb ihn der Rechtslizentiat Claude Tholosan in dem *Quintus liber fachureriorum* (Fünften Buch der Schadenszauberer) – dem verbliebenen Rest einer Reihe Register der Grenobler Rechnungskammer, in dem Urteile, Geständnisse und Güterkonfiskationen von 1436 bis 1445 aufgezeichnet wurden – nieder. Der Verfasser[7] war Laie, hatte das bürgerliche (d. h. römische) Recht studiert und war seit 1426 als Oberrichter im Brianconnairs, dem Gebiet um Briancon in der Dauphiné – die seit 1349 als Apanage dem französischen Thronfolger (Dauphin) diente –, tätig. In dieser Funktion stand er bis 1449 (wahrscheinliches Todesjahr 1450) im Dienst des Landvogts, war aber vom Dauphin selbst ernannt und genoss dadurch in seiner Amtstätigkeit eine gewisse Unabhängigkeit. Er wurde mit fast allen Rechtsfällen der Vogtei betraut, richtete über Verbrechen und fungierte als Berufungsinstanz für niedere und untergeordnete Gerichte. Seine Erfahrungen, die er als weltlicher Richter seit 1426 in mehr als 100 Prozessen gegen *magi* und *malefici* gemacht hatte, schrieb er zehn Jahre später nieder, um dem verfluchten Irrglauben und die Sekte dieser Verbrecher (auch zu deren eigenem Nutzen) auszurotten. Dabei kannte er sicherlich auch die früheren Prozesse in der Dauphiné und in Savoyen, die heute auf 1415/20 datiert werden (und die zum Teil noch mit der Waldenserverfolgung in diesen Gebieten zusammenhingen)[8]. Zur Untermauerung seiner Ausführungen hatte Tholosan zuvor ein Rechtsgutachten des bedeutenden provenzalischen Juristen Jourdain Brice (Bricus) – Professor an den Universitäten Avignon und Aix – eingeholt, das er ebenso einarbeitete wie mehrere Traktate zum kanonischen Recht (*Decretum Gratiani*) und zum römischen Recht (*Codex Justiniani).*

Der Traktat war offensichtlich nicht für die Öffentlichkeit niedergeschrieben worden. Deshalb blieb er für über 500 Jahre unbekannt. Interessant ist er freilich als Dokument des damals (1436) bereits ausgearbeiteten Konzeptes der Hexenverfolgung, die zunehmend die geistige Intelligenz beschäftigte.

Tholosan behauptete, sein Wissen – das er in diesem Traktat ausbreitete – aus den Geständnissen der Magier und Zauberer und aus den Aussagen der Opfer in den Prozessen erhalten zu haben; doch ist offensichtlich, dass er aus theoretischen Quellen schöpfte (wie etwa aus den Inquisitionshandbüchern des Nicholas Eymerich [1316–1399][9] und des Bernardo Gui [1322–24])[10]. Für ihn waren diese Täter – er sprach im Traktat eigentlich nur von den Zauberern als einer Sekte, die aus der Lombardei, aus Lyon und aus Champsaur (einem Gebiet in der Dauphiné) gekommen sei –, nicht nur Häretiker, sondern Götzendiener und Glaubensabtrünnige. Denn die Betreffenden hätten sich mit Leib und Seele dem Teufel verschrieben, weshalb sie auch nicht mehr bereuen, daher auch nicht mehr durch Umkehr in den Schoss der Kirche zurückkehren könnten. Denn sie leisteten dem Teufel einen Eid, wobei ihr Motiv Rache oder Gier nach Luxus war, und nahmen eine perverse Abschwörung und Lästerung des christlichen Gottes, eine Verunehrung der Hostie, eine Huldigung an den Teufel, der in Gestalt eines Menschen oder vieler verschiedener Tiere erschien, vor, dem sie auf den Mund küssten. Sie versprachen ihm und einander, in den gerichtlichen Ermittlungen keine belastenden Aussagen zu machen, sondern eher sich selbst zu töten; ebenso sich im Alltag zu verstellen und nach außen als ordentliche Christen aufzutreten. Sie opferten dem Teufel den Erstgeborenen, begruben dessen Leichnam, gruben diesen wieder aus und machten daraus ein Pulver, das sie für verschiedene böse Handlungen gebrauchten. Sie trieben mit dem Teufel – der dann oft in vornehmem Aufzug erschien – Unzucht, wobei er kalt wie Eis war und einen durchscheinenden Körper wie Glas hatte. Sie gingen zu einem bestimmten Ort und hielten da ihre Versammlung ab, die als *synagoga* bezeichnet wurde. In diesem Zusammenhang ist interessant, dass Tholosan von Trugbildern und Träumen sprach, die der Teufel seinen Dienern eingebe. Sie stellten sich (nur) vor, dass sie zu diesem Ort auf einer Rute oder auf Tieren reiten würden, dass sie Unzucht miteinander treiben, miteinander tanzen und dann in Häusern – die der Teufel ihnen öffnet – essen und trinken und dort alle möglichen Schandtaten ausführen würden. Bei diesen Versammlungen saß – wie sie in ihrem Wahn annahmen – der Teufel auf einem Thron, ließ sich huldigen und verlangte Rechenschaft von ihnen über die vollbrachten Schandtaten. Das Pulver, das sie aus den Kinderleichen, aber auch sonst (etwa aus Mitteln aus Apotheken) zubereiteten, verwendeten sie für Schadenszaubereien (bis hin zu Tötungen von unschuldigen Menschen). Sie verhinderten die Empfängnis der Frauen, machten Männer impotent, stachelten Unschuldige – die sie dadurch für

Abb. 2 Federzeichnung mit Teufelspakt, in: J. J. Wick, Nachrichtensammlung, um 1560, gemeinfrei.

ihre Sekte anwarben (was sie dem Teufel versprechen mussten) – zu Luxus und Begierde und damit zum Eintritt in ihre Sekte an. Mit Hilfe der Dämonen – Tholosan sprach an einigen Stellen in der Mehrzahl – töteten sie Menschen und enthüllten Geheimnisse, was offensichtlich meinte, dass sie auch als Hellseher und Wahrsager tätig wurden.

Entscheidend war diese Qualifizierung (nicht nur als Häretiker [Ketzer], sondern) als Götzendiener und Glaubensabtrünnige. Denn damit schied eine Verfolgung und Bestrafung als (bloße) Ketzer aus.[11] Es kam deshalb nicht auf die Hartnäckigkeit oder Rückfälligkeit an, wie sie in den Ketzerprozessen der kirchlichen Instanzen relevant war (da nur hartnäckige und rückfällige Ketzer der weltlichen Gewalt zur Vollstreckung der Todesstrafe übergeben wurden). Die Todesstrafe galt den Götzendienern und Glaubensabtrünnigen von vornherein und ohne Ausnahme. Tholosan erklärte sogar die kirchlichen Instanzen (Bischof, Inquisitor) überhaupt für unzuständig. Unter Berufung aus das römische (bürgerliche) Recht[12], wobei er zusätzlich noch auf die Tötungsverbrechen der *Malefici* verwies, trat er für die (alleinige) Zuständigkeit der weltlichen Gerichte ein, die die dafür (nämlich: für das *crimen laesae majestatis* [Verbrechen der Majestätslästerung]) vorgesehene Todesstrafe durch Verbrennen verhängen dürften und sollten, verbunden mit der Konfiskation der Güter, die daher der weltlichen Macht zustehen würden. Dabei bedürfe es wegen der Schwere des Verbrechens keines Anklägers, sondern die weltlichen Gerichte dürften und sollten von Amtswegen, also im Weg der Inquisition, gegen diese Verbrecher vorgehen.

Hans Fründ *Chronik* (um 1430)

Datierung und Verfasser sind auch für den bereits genannten Bericht unbestritten, den der Luzerner Hans Fründ (ca. 1400–1469)[13] als Fortsetzung der Konstanzer Weltchronik des Johannes Zum Bach (1426) in deutscher Sprache anfangs der 1430er Jahre niederschrieb. Fründ war von 1429 bis 1457 Unterschreiber in der Luzerner Kanzlei, danach Schwyzer Landschreiber, seit 1457 als Nachfolger des Johannes Zum Bach Gerichtsschreiber in Luzern. Sein Bericht[14] betraf die Verfolgung der *ketzerey der hexssen und Zubrern* im Wallis – damals Herrschaftsgebiet des Grafen von Savoyen (Amadeus VIII.) – zwischen 1428 und 1434, in der mehr als 100 Personen von weltlichen Gerichten nach römischem Recht zum Tode verurteilt und hingerichtet wurden (wobei der zuständige Bischof von Sion/Sitten mitgewirkt haben wird)[15]. Eine in einigen Punkten leicht abweichende Nachschrift (von unbekannter Hand) als Anschluss an eine Chronik der Geschichte der Eidgenossenschaft stammt aus der Zeit nach 1457 und zeigt, dass der Bericht des Fründ offensichtlich als historische Aufzeichnung gewürdigt und rezipiert wurde.

Interessant ist der Bericht aber vor allem als Zeugnis der damaligen Vorstellungen über diese *ketzerey der hexssen und Zubrer*, für die Fründ den lateinischen Namen *sortileia* (gemeint: *sortilegi* [ursprünglich Loswerfer, Wahrsager, Hellseher, später allgemein Zauberer]) verwendete, Vorstellungen, die zunächst nach seinen Angaben in dem Val d`Anniviers (Eifischtal) und dem Val d`Héréns (Tal Ering) im französischsprachigen Oberwallis und danach in dem

Abb. 3 Holzschnitt zu Wetterhexen, in: P. Frisius, Deß Teuffels Nebelkappen, Frankfurt a. M., 1583.

deutschsprachigen Niederwallis in zahlreiche Prozesse gemündet und am Ende zur Hinrichtung von über 100 Menschen beiderlei Geschlechts geführt hätten. Die den Verurteilungen zugrunde gelegten Verbrechen gab Fründ als „boßheit, mord, ketzerey" und „viel boeser sachen" (die er als diese „sortileia" bezeichnet) an. Die TäterInnen hätten sich aus Habgier, Neid, Hoffart und fehlender Gottesfurcht dem „bösen Geist" – die Nachschrift von 1457 sprach vom Teufel – unter Hingabe eines schwarzen Schafes oder Lammes oder eines eigenen Körperteils ergeben, unter Verleugnung des christlichen Gottes und der Heiligen, wobei dieser Geist in Gestalt eines Bären oder Widders oder in anderer greulicher Gestalt aufgetreten sei. Ihnen wurde eine Schweigepflicht gegenüber Priestern und weltlichen Amtsträgern auferlegt, weshalb manche von ihnen sich sogar zu Tode foltern ließen, ohne ein Geständnis abzulegen. Die Geständigen gaben Vergiftungen, die zu Krankheiten, Lahmheit, gar zum Tod, aber auch zum Wahnsinn führten, zu. Sie berichteten, dass der böse Geist sie in der Nacht von einem Berg zum anderen trage und dass sie selbst auf Stühlen, die sie mit bestimmten Salben eingerieben hätten, von einem Dorf oder Schloss zum anderen geritten seien, woraufhin sie im Keller den besten Wein aus den Fässern gestohlen und getrunken hätten. Einigen lehrte der böse Geist, zu Wölfen zu werden und dann Schafe, Lämmer und Geißen zu reißen und deren rohes Fleisch zu essen. Wieder andere lernten, sich durch Kräuter unsichtbar zu machen, weshalb für ihre Taten dann Unschuldige zur Rechenschaft gezogen wurden, wodurch Zank und Zwietracht entstanden. Viele kamen in der Nacht an heimlicher Stätte zusammen, die Fründ „Schule" nannte, in der der böse Geist als (Schul-)Meister predigte und wo sie ihm ihre guten Taten beichten mussten, für die er sie dann bestrafte. Andere Dinge, die sie dort trieben, sind „nit zu schreiben". Fründ erwähnte nur noch, dass manche ihre eigenen Kinder getötet und ihr gebratenes Fleisch gegessen, aber auch fremde Kinder krank gemacht hätten, worauf diese auch gestorben seien, um dann die begrabenen Leichname auszugraben, zu braten und zu essen. Auch Schädigung der Früchte und der Ernte auf den Feldern, Milchschadenszauber, Zerstörung der Ackergeräte zählte Fründ auf.

Mehr als 100 Personen wurden nach Fründs Angaben im Wallis verbrannt. Er meinte, dass manche von ihnen ihr böses Handwerk schon seit neun Jahren getrieben hätten. Noch mehr: der böse Geist würde ihnen mitteilen, dass sie immer mehr werden würden, so viele, dass sie keine Verfolgung mehr zu befürchten hätten, ja, dass sie selbst einen König wählen würden. Fründ erwähnte im Zusammenhang mit dieser Einschätzung weitere Hinrichtungen, einmal 200 (die von manchen Hexenforschern als Aufständische angesehen werden, weshalb sie in diesen Fällen von einer Instrumentalisierung des vorgeworfenen Verbrechens zu politischen Zwecken ausgehen)[16], dann noch viele weitere in Frankreich, im Wallis und beim Großen St. Bernhard. Fründ blieb am Schluss nur die Anrufung der Heiligen Dreifaltigkeit und der Gottesmutter Maria.

Der anonyme Traktat *Errores Gazariorum* (um 1437)

Von einem ungenannten Verfasser stammt ein Traktat, der in zwei Handschriften (eine kürzere, geschrieben um 1437, ein längere Fassung, geschrieben nach 1438) überliefert und unter dem Titel *Errores Gazariorum seu illorum qui scobam vel baculum equitare probantur* (d. h. Irrtümer der Gazarii oder jener, die nachweislich auf einem Besen oder Stock reiten) bekannt ist.[17] Verfasst wurde er im damals savoyischen Aostatal, vielleicht – wie die moderne Forschung annimmt – von dem Franziskanerinquisitor Ponce Feugeyron, der seit 1409 zahlreiche Prozesse gegen Juden durchgeführt hatte (weshalb antijüdische Züge in dem Trakt unverkennbar sind)[18].

Der Titel zeigt zunächst eine Zielrichtung. Getroffen sollten werden die ketzerischen Irrlehren, die die *Gazarii* – d. h. die Katharer, in Norditalien wurden aber auch die Waldenser so bezeichnet – vertreten würden, wobei der Verfasser auch auf einige Geständnisse in durchgeführten Verfahren verwies, um die Wahrheit seiner Ausführungen zu untermauern. Zusätzlich stellte der Titel auf ein Element ab, das mit diesen Ketzersekten eigentlich nichts zu tun hatte, sondern in der alten Tradition des Rittes oder Fluges durch die Nacht (herkömmlich mit Diana, Herodias, Venus, auch als Totenheer) stand, wobei das damalige Kirchenrecht (*Decretum Gratiani*, das den *Canon Episcopi* aus dem 10. Jahrhundert übernommen hatte) in solchen Vorstellungen eine bloße Täuschung durch die Dämonen sah, an die als Realität zu glauben daher schwere und kirchenrechtlich zu bestrafende Sünde war[19]. Der Titel widersprach daher diesem geltenden Recht.

Diese männlichen und weiblichen *Gazarii* waren für den Verfasser Personen, die aus Hass, Habgier, Völlerei und Wollust durch andere verführt wurden, zur Versammlung (die mit antijüdischem Einschlag als „synagoga" bezeichnet wurde) mitzukommen. Dort erschien der Teufel („diabolus") in unterschiedlicher Gestalt (meist als schwarze Katze) und forderte von dem Neuankömmling einen Treueid („iuramentum fidelitatis"). Versprochen musste werden, so viele neue Mitglieder als möglich herbeizubringen, bis zum Tode keine Geheimnisse der Sekte zu verraten, so viele Kinder von drei Jahren oder jünger, wie man töten kann, zur Synagoge zu bringen, wann immer man gerufen wird zu kommen, so viele Ehen als möglich durch Zauberei zu verhindern und alle Ungerechtigkeiten gegenüber der Sekte und ihren Mitgliedern zu rächen. Nach diesem Gelöbnis küsste der so Aufgenommene den Teufel auf den Hintern oder Anus und versprach als Tribut ein Glied seines Körpers nach dem Tod. In einem Prozess wurde – so der Text – von einem Lehnseid („homagium") und einem schriftlichen Vertrag mit dem Teufel berichtet, der mit Blut unterzeichnet worden sei. Danach reichte der Teufel dem neuen Sektenmitglied eine Schachtel, gefüllt mit einer Salbe (die aus dem Fett gerösteter und gesottener Kinder hergestellt war), und einen Stock und alles andere, womit

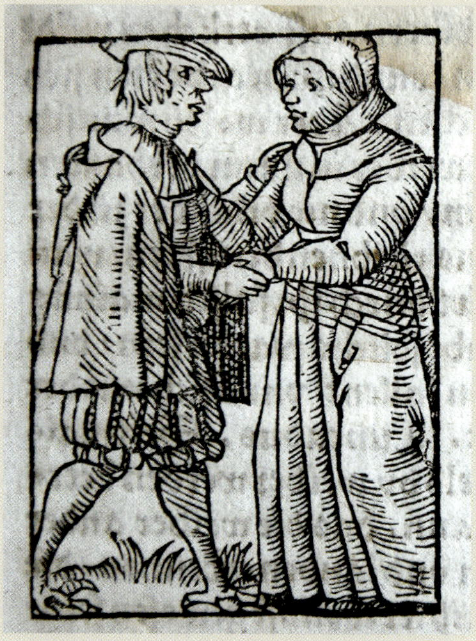

a

b

c

Abb. 4 a–c
Holzschnitte zu Teufelsbuhlschaft, Hexenschuss und Hexenflug, in: U. Molitoris, Hexen Meysterey, Straßburg, 1545.

dieser zur Versammlung hinfahren konnte, und er lehrte ihn, wie er diesen einsalben musste. Dann erfolgte das Festessen aller Mitglieder der Sekte, die das aßen, was sie mitgebracht hatten, nämlich getötete Kinder, deren Leichen geröstet und gebraten wurden. Dann wurde getanzt. Schließlich löschte der Teufel das Licht und rief alle zur orgiastischen Vereinigung untereinander (auch als Inzest oder Homosexualität) auf (von einer geschlechtlichen Vereinigung der Versammelten mit dem Teufel selbst war nicht die Rede). War die Orgie beendet, wurde das Licht wieder entzündet und erneut gegessen und getrunken. Vor dem Weggehen urinierten die Versammelten und entleerten ihren Darm in ein Fass, um ihre Verachtung der Eucharistiefeier zu zeigen (wobei sie allerdings nach außen hin weiterhin die Messe hörten und heuchlerisch nach der Beichte die Kommunion empfingen). Danach kehrten sie nach Hause zurück.

Die Sekte war – wie der Traktat ausführte – durchaus strukturiert und organisiert. Es gab eine Zweiteilung in „Meister" und „Komplizen", auch Verbote, wie z. B. wertvolle Sachen zu stehlen (damit sie – die heimlich und nächtlich tätig wurde – nicht entdeckt werden konnte); wurde dagegen verstoßen, führte dies zu einer Bestrafung: des Nachts wurde der Betroffene auf Befehl des Meisters von einem aus der Gesellschaft furchtbar geprügelt.

Der Traktat zählte dann die Taten dieser Sekte auf, womit die Verbindung von ketzerischer Häresie und Schadenszaubereien hergestellt wurde: die *Gazarii* waren auch *Malefici* (ohne dass diese Bezeichnung verwendet wurde). Die Mitglieder töteten Menschen durch ein Pulver, das aus den Innereien von Kindern, giftigen Tieren und/oder dem Fett eines Erhängten hergestellt wurde, wobei sie das Pulver bei nebligem Wetter in die Luft schleuderten (was dann

Abb. 5 Ausschnitt mit Teufelsbuhlschaft aus Holzschnitt Hexeneigenschaften, in: Neuer Laienspiegel, Augsburg, 1511.

zu starken Stürmen führte). Auf ebendiese Weise brachten sie – wenn das Pulver von der Höhe eines Berges (auf die sie durch den Stock oder vom Teufel getragen wurden) geschleudert wurde – Unfruchtbarkeit über die gesamte Landschaft. Auch Tötungen von Menschen durch giftige Tiere wurden durchgeführt, wie auch die Unfruchtbarkeit des Landes durch Brechen und Austragen von Eis auf die Felder gebracht wurde. Getötet wurden Kinder im Haus der Eltern, dann die Leichen aus dem Grab genommen und zur „Synagoge" zum Rösten und Aufessen gebracht. Einige töteten und verzehrten sogar die eigenen Kinder.

Durch diese Schadenszaubereien befriedigte der Teufel den Hass der Sektenmitglieder, wie ihre Wollust durch die Orgien auf der Synagoge. Ihre Völlerei wurde dadurch gestillt, dass der Teufel sie in der dritten Stunde der Nacht in die Häuser der mächtigen Prälaten, der Adeligen, der reichen Bürger führte, wo sie dann bis Mitternacht an den reichhaltigen Speisen und am Wein sich satt aßen und tranken.

Die Bedeutung dieses Traktats ist schwer einzuschätzen. Vielleicht wurde die jüngere

Handschrift von dem damaligen (nämlich von 1433 bis 1440 amtierenden) Bischof von Aosta, Georges de Saluces, beim Antritt seines Amtes als Bischof von Lausanne (1440 bis 1461) in diese Diözese mitgebracht, ihr Inhalt dort verbreitet. Ob es (weitere) Abschriften gegeben hat, ist nicht nachweisbar. Aber sicher ist, dass Matthias Widmann von Kemnat, Hofkaplan Kurfürst Friedrichs von der Pfalz, in seiner Chronik (von etwa 1475) eine beinahe wörtliche Übersetzung vorlegte.[20]

Johannes Nider *Formicarius* (1437)

Die wohl größte Bedeutung (weil Verbreitung) kam dem Predigerhandbuch zu, das der schwäbische, in Isny um 1380 als Sohn eines Schuhmachers geborene Johannes Nider mit dem Titel *Formicarius* (Ameisenhügel) 1437 in Wien als Dialog zwischen einem „theologus" und einem faulen Schüler („piger") niederschrieb. Im zweiten und fünften Buch finden sich Passagen, die für die Geschichte der Hexenverfolgungen von großer Bedeutung sind.[21] Nider selbst[22] hatte keine praktischen Erfahrungen als Inquisitor; er war Universitätstheologe – Studium nach Eintritt in den Dominikanerorden (1402) in Köln und Wien, dort Promotion 1425, Professor in Wien von 1435 bis 1437, Tod in Nürnberg am 13. August 1438 –, seit 1427 bedeutender Reformer des Ordens in Nürnberg, Basel und Wien, (deshalb) auch von 1429 bis 1435 (also während des Basler Konzils, das 1431 begann) Prior des dortigen Dominikanerkonvents und engagierter Prediger, dessen Bedeutung für das Konzil sich darin zeigte, dass er am 27. Juli 1431 die Ansprache zur Eröffnung hielt. 1432 war er Mitglied einer Konzilskommission, die Verhandlungen mit den Hussiten – die ein Jahr zuvor das Kreuzzugsheer geschlagen hatten – führen sollte, die schließlich auch 1432 in den Prager Kompaktaten zu einem Abschluss kamen.

Hintergrund seiner Predigttätigkeit, aber auch seiner theologischen Schriften war eine Kritik an seiner Zeit. Für Nider glaubten die Menschen nicht mehr an Wunder und heilige Zeichen, sondern gaben sich Täuschungen und Fälschungen hin, weshalb sie – vor allem die Frauen, aber durchaus auch Männer, selbst Kleriker – nicht mehr tugendhaft leben, sondern sich den Lastern (bis hin zu den Häresien der Hussiten, Fratizellen, Begarden [nicht genannt: Waldenser] und des Aberglaubens) ergeben würden. Die Angst vor dem zu diesem Bösen verführenden Dämon (in Ein- wie auch in Mehrzahl) bestimmte das Weltbild dieser Zeit, wie es auch für viele in der Zerrissenheit der Kirche (im *Schisma*) seinen Ausdruck fand. Ein apokalyptisches Endzeitbewusstsein, eine Belagerungsmentalität und eine Offenheit für Verschwörungstheorien bestimmten viele, auch Nider. Er hielt die Kirche nicht für reformfähig, weshalb er durch seine Ordensreform und in den Laienpredigten kleine Schritte zu einer Verbesserung versuchte; auch in dem *Formicarius*, in dem die Ameisen als Vorbilder vorgestellt (und die Zauberer mit den Bären – den Feinden der Ameisen und Honigdieben – verglichen) wurden und der „theologus" auf die Fragen des „piger" mit anschaulichen Exempeln unter Einarbeitung gelehrter Positionen die glaubensschwachen Leser(-innen) seiner Zeit zu bekehren suchte. Das Werk stellte die Beispiele guter Menschen und deren Offenbarungen, danach die falschen und eingebildeten Visionen der schlechten Men-

a

b

c

Abb. 6 a–c Holzschnitte mit Teufelsmahl, Wetterhexen und Tierritt, in: U. Molitoris, Hexen Meysterey, Straßburg, 1545.

schen, zu denen im fünften Buch die Zauberer („malefici") und ihre Täuschungen gehörten, dar.

Diese Exempel entnahm Nider der eigenen Erfahrung, aber auch Berichten von (für ihn) glaubwürdigen Informanten. Mangels eigener Tätigkeit als Inquisitor war er für sein Zaubererkapitel – wobei er den „maleficus" definierte als jemanden, der Schlechtes tue („malefaciens") oder schlecht dem Glauben diene („male fidem servans") – angewiesen auf Erzählungen eines „Herrn Peter" (Bürger und Richter von Bern in der Diözese Lausanne, der viele Zauberer beiderlei Geschlechts auf den Scheiterhaufen gebracht und andere aus dem Territorium von Bern vertrieben habe),[23] eines Wiener Benediktinermönches und eines (namentlich nicht genannten) Inquisitors (in der Diözese von Autun als Mitglied des Dominikanerkonvents in Lyon, der viele der Zauberei angeklagte Personen verhört habe)[24] sowie auf allgemeine Gerüchte („fama communis"). Peter und der Inquisitor erzählten ihm von (auch noch jüngst, also 1435 bis 1437 durchgeführten) Prozessen in der „Herrschaft von Bern" (nämlich im Obersimmental) und derem Bannbezirk (in der die Stadt ebenfalls die hohe Gerichtsbarkeit hatte); ersterer sprach auch von Schadenszaubereien in dieser Gegend vor 60 Jahren, also um 1375/80. Letzterer berichtete zusätzlich von Verfolgungen im „Herzogtum Lausanne", das es allerdings nicht gab, weshalb entweder das Gebiet der Diözese Lausanne oder die Reichsstadt Lausanne selbst gemeint sein konnten. Der Wiener Mönch schließlich erzählte Nider von seiner Vergangenheit, in der er als *Nikromantiker* (d. h. als jemand, der die Toten anwies, sich zu erheben, um geheime Dinge zu hinterbringen, also Wahrsager und Hellseher, welche Tätigkeiten auf Abschluss eines Paktes mit dem Dämon zurückgeführt wurden) tätig gewesen sei, bis ihn die Gnade Gottes auf den rechten Weg gebracht habe. Anzumerken ist, dass Nider den Bericht des Pariser Theologen Nikolaus Amici über den Prozess gegen Jeanne d`Arc (hingerichtet 1431) nicht in diesem Zusammenhang verwertete, obwohl er sie wegen der Verbindung zu dem bösen Geist (den sie als Engel Gottes bezeichnete) als Zauberin („maga") ansah[25].

Die Zauberer beiderlei Geschlechts in der Berner Herrschaft wurden – wie Nider von Peter erfahren hatte – in einem zeremonialen „ordo" in der Sekte aufgenommen. Interessanterweise geschah dies in dem Kirchengebäude, bevor man am Sonntag mit dem Weihwasser gesegnet wurde. Man kam mit den Lehrern (gemeint wohl: den Dämonen) dorthin und verleugnete Christus, den Glauben an ihn, die Taufe und die gesamte Kirche. Danach leistete man dem „Meisterlein" (dem kleinen Magister, wie der Dämon bezeichnet wurde) den Lehnseid („homagium") und trank eine aus Kinderleichen zubereitete Flüssigkeit aus einem Schlauch, wodurch man in seinem Inneren sofort die „Bilder unserer Kunst" und die hauptsächlichen Rituale der Sekte aufnahm und festhielt. Von einer orgiastischen Feier wusste Nider nichts, er kannte keine „synagoge" (wie er auch keine Informationen von den Prozessen in Savoyen erhalten hatte), obwohl er an anderer Stelle und in keinerlei Zusammenhang mit diesen Zaubereiprozessen – der christlich-theologischen Tradition folgend – von der Realität eines geschlechtlichen Umgangs der Dämonen (als *Incubi* bzw. *Succubi*) mit Menschen ausging. Nur eine Zauberin gestand, dass die Sekte entführte Kinder in ihren „Zeremonien", die sie nicht weiter umschrieb, töten würde. Die Leichen dieser, aber auch anderer Kinder, die sie ausgruben, kochten sie in einem Gefäß mit heißem Wasser, bis sie nach Entfernung der Knochen fast ganz flüssig und trinkbar geworden waren. Aus der dickeren Masse machten sie eine Salbe, die für ihr „Verlangen" und ihre „Künste, wie etwa zu Umwandlungen" (vielleicht angesprochen: Tierverwandlungen) geeignet war; aus dem flüssigeren Teil füllten sie eine Flasche oder einen Schlauch, wodurch derjenige, der trank, sofort zum Mitwisser oder Meister („magister") der Sekte gemacht wurde (wie schon oben ausgeführt ist). Manche Kinder(leichen) wurden „gegen die Neigung der menschlichen Natur", sogar „gegen die Gewohnheiten der Tiere (mit Ausnahme nur der Wölfin)" verschlungen und aufgefressen. Darüber hinaus beging ein Mitglied der Sekte, mit Namen Stedelem, Schadenszaubereien, indem er Föten im Mutterleib schädigte und Fehlgeburten bei Mensch und Tier bewirkte.

Noch Schlimmeres verübten nach dem Bericht des namentlich nicht genannten Inquisitors die Mitglieder der Sekte in Lausanne. Denn sie töteten ihre eigenen Kinder und aßen deren Leichen auf. Dies lernten sie von dem in Menschengestalt auftretenden Dämon, mit dem sie an einem bestimmten Ort in einer Versammlung („contio") zusammenkamen. Dort legten sie ein Glaubensbekenntnis über das Verleugnen des Christentums und die niemals zu ehrende Eucharistie ab und versprachen die Verachtung des Kreuzes, wo immer es möglich sei.

In den Berichten des Peter von den Prozessen in den Berner Gebieten bereits um 1375/80 wurde von einem Zauberer namens Scavius erzählt, der unter anderem von seiner Fähigkeit, sich in eine Maus zu verwandeln, um so den Feinden zu entgehen, prahlte, dann aber wegen seiner Untaten gelyncht wurde. Sein Schüler, Hoppo genannt, und dessen Schüler, der oben erwähnte Stedelem, beide offensichtlich als Führer der Sekte aufgefasst, begingen zahlreiche Schadenszaubereien, wie Schädigung der Ernte durch Wetterzauber (Hagel), zauberischen Diebstahl, Kindstötung (aber ohne Kannibalismus), Erzeugung von Impotenz bei Mensch und Vieh, Schädigung der Mitmenschen an Leib und Gut (auch durch Erzeugen von Blitzen); sie machten Pferde scheu, die ihre Reiter abwarfen; sie meinten, von Ort zu Ort durch die Luft zu fliegen. Sie waren auch *Nikromantiker*, d. h. sie eröffneten anderen verborgene Dinge und sagten ihnen die Zukunft voraus; sie ließen Abwesendes als Anwesendes erscheinen. Nach ihrer Gefangennahme schieden sie schlimmste Gerüche aus, wodurch sie ein großes Zittern in die Hände ihrer Verfolger hineinjagten.

Nider ordnete diese berichteten Taten in die traditionelle Theologie ein, wofür er auch in seinem 1438 (also nach dem *Formicarius*) geschriebenen Werk *Praeceptorium divinae legis* – einer auf Wunsch des Ordens verfassten Darstellung der gesamten christlichen Morallehre, bezogen auf die Auslegung der Zehn Gebote (für die Zauberei relevant: des ersten Gebots) – dieselben Fragen in theologisch vertiefter Weise erörterte. Die obige Formulierung „sie meinten" zeigt, dass er das damals geltende Kirchenrecht des *Decretum Gratiani* (das den *Canon Episcopi* aus dem 10. Jahrhundert aufgenommen hatte) übernahm, wonach der Flug durch die Luft (und die Fahrt zu Diana, Herodias, in den Venusberg oder im nächtlichen Totenheer) eine Vortäuschung („praestigium") des Dämons (und keine Realität) darstellte.[26] Das Gleiche galt für die Tierverwandlung.[27] Realität war für ihn dagegen der geschlechtliche Verkehr der Dämonen mit den Menschen, auch das allgemeine Verhältnis der Sektenmitglieder zum Dämon, das in Unterwerfung und Anbetung bestand (was auf den Abschluss eines Paktes hinwies, wie Nider ausdrücklich für die *Nikromantiker* feststellte); ebenso real war der Schadenszauber, wobei den Schaden allerdings nicht die Zauberer selbst, sondern die Dämonen – unter Zulassung Gottes – in Befolgung des Paktes herbeiführten. Geschädigt wurden Glaubensschwache und Zweifler; im Regelfall halfen der gute Glaube und das Kreuzzeichen gegen die dämonischen Aktivitäten, obwohl Gott manchmal zur Prüfung auch die Schädigung frommer Menschen zuließ (nur die Vertreter der Gerichte waren gegen Zauberei gefeit). Dass die Zauberer sich selbst als Schädiger verstanden, führte Nider auf die Täuschung durch den Dämon zurück. Überhaupt sah er den Grund für die Mitgliedschaft in der Sekte in einer Verführung durch den Dämon, die letztlich in einem Besessensein durch diesen bestand. Doch sah Nider die Möglichkeit dazu in einer besonderen Beschaffenheit der Seele der Betroffenen, nämlich in ihrer auf Freiwilligkeit beruhenden Neigung zum Bösen und ihrer äußersten Gottesferne, die sich in dem Abschluss des Paktes zum Ausdruck brachte. Dabei erwiesen sich die Frauen als leichter zu verführende Subjekte. Nider sah aber auch die Möglichkeit einer Besessenheit von unschuldigen Menschen, die er als geisteskrank betrachtete. Er übte deshalb auch Kritik an manchen Inquisitoren, die auch solche Unschuldige zu Zauberern erklärt und verbrannt hätten.

Den Ausführungen zu dem Zaubereiverbrechen (und auch sonst) im *Formicarius* kam eine sehr große Bedeutung zu. Offensichtlich las Nider selbst bei einem Besuch des Basler Konzils zu Pfingsten 1438 den Teilnehmern seine Thesen dazu vor; eine Zusammenfassung dieser Vorlesung oder des Manuskripts durch einen Hörer oder durch Nider selbst ist unter dem Titel *Tractatus de sompno vetularum et malificiatis editus in concilio Basilensi* erhalten. Von dem Werk selbst sind heute noch 26 Handschriften erhalten; seit 1470 gab es drei Inkunabelausgaben, seit 1516 zahlreiche Druckausgaben. In mehreren Exemplaren finden sich die Ausführungen zu den Zaubereiverbrechen mit dem *Malleus Maleficarum* (Hexenhammer) des Heinrich Institoris (aus 1487) zusammengebunden, was sicherlich zu dem falschen Verständnis geführt hat, dass Nider ein Inquisitor, zumindest der Verfasser eines Hexenbuches gewesen sei.

Martin Le Franc *Le Champion des Dames* (1440/42)

Als letzte Quelle für die frühe Geschichte des Hexereibegriffs ist ein Werk zu nennen, das weder ein Erfahrungsbericht eines Inquisitors oder Richters noch ein theologischer Traktat war, sondern ein umfangreiches (über 24.000 Verse starkes) Gedicht, mit dem sich der Verfasser – Martin Le Franc, 1408 in der Normandie geboren – in die Diskussion der „Querelle des femmes" (die durch den frauenfeindlichen „Roman de la Rose" von Guillaume de Lorris und Jean de Meung [1235 begonnen, 1280 abgeschlossen] hervorgerufen worden war und u. a. Christine de Pizan [1364–1429] zu Gegenschriften bewegt hatte) einmischte. Der Titel „Le Champion des Dames" (d. h. „Der Verteidiger der Frauen")[28] macht die Stoßrichtung deutlich. In dem Streitgespräch mit dem „Adversaire", der die Frauen durch Beispiele und Geschichten abwertet, argumentiert der „Champion" mit dem Hinweis auf bedeutende Frauen in der Geschichte, in den Künsten und in der Philosophie.

Le Franc[29] war nicht nur Poet, sondern studierter Theologe (Magister an der Universität Paris) und seit 1439 Sekretär in der Kanzlei des Herzogs von Savoyen – Amadeus VIII. (1383–1451) – , der unmittelbar danach (noch in demselben Jahr) von den Teilnehmern des Basler Konzils (1431–1449) zum Gegenpapst Felix V. (amtierend bis 1449) gewählt wurde. Deshalb kam auch Le Franc in dieser Position 1440 nach Basel, wo er dieses Gedicht verfasste. Er wusste vielleicht Einiges von den Verfolgungen in Savoyen; jedenfalls waren ihm einige Verfahren in der Dauphiné vertraut; zudem kannte er als Magister die theologische Diskussion um Häresie und Schadenszauberei, wie sie offenbar (auch) unter den Konzilsteilnehmern geführt wurde.

Das Gedicht bringt im vierten Buch den Disput der beiden Gegner. Gegen die Lobpreisungen der Frauen durch den Champion wendet sich der Adversaire mit dem Hinweis auf die Schadenszaubereien der Frauen – die als „faicturieres", „masques", einmal auch als „sorciéres" bezeichnet werden –, wie sie in glaubwürdigen Berichten und Prozessen (mit Geständnissen) offenbar geworden seien (wobei er – der Thematik des Gedichts entsprechend – nur auf die Frauen eingeht, wobei die alten Frauen im Zentrum stehen). Er erhebt schwere Vorwürfe gegen sie. Sie reiten auf Stecken zur Versammlung („synagogue"), wo sie in großer Zahl (2.000 [bei insgesamt 12.000 Täterinnen, die aber nicht als Sekte aufgefasst werden]) dem Teufel – der in Gestalt eines Ziegenbocks oder einer Katze auftritt – huldigen, indem sie ihn auf den Hintern küssen. Dann verleugnen sie Gott und beten den Teufel, den der Adversaire als den gefallenen Engel Luzifer identifiziert, an. Sie tanzen, essen und trinken miteinander, wobei sie auch getötete Kinder verzehren. Mit Hilfe des Teufels wird auch die Glut der fleischlichen Lust befriedigt, was den Adversaire zu der Behauptung bringt,

Abb. 7 Buchmalerei in: J. Tinctor, Tractatus contra sectam Valdensium, ca. 1470, WBG-Archiv.

die Frau sei mit dem Teufel vermählt. Der Teufel lehrt die Neuankömmlinge das Reiten auf einem Stab (Stecken), der dafür mit einer Salbe, aus verschiedenen Giften zubereitet, eingerieben wird. Mit dieser Salbe können sie auch Schaden anrichten, sogar Menschen töten oder Stürme erzeugen. Ganze Landschaften sind auf diese Weise verwüstet worden, auch dadurch, dass sie von Bergen – auf die sie in ihrem Stabritt gelangen – Eishagel machen. Überhaupt können sie auf tausenderlei Weisen über Flüsse und Meere, Felder und Wiesen fahren, auch in Häuser eindringen, ohne die Tür zu öffnen. Dabei führt der Teufel ein strenges Regiment: Wer nicht mehr mitmachen will (vielleicht aus Reue), wird mit Prügeln bestraft. Zusammenfassend sieht der Adversaire in diesen Taten der Häresie

Abb. 8 Buchmalerei, in: M. Le Franc, Le Champion des Dames, Mitte 15. Jh., AKG Images.

und Idolatrie ein gegen Gott verübtes Majestätsverbrechen, das mit dem Feuertod zu bestrafen ist.

Der Champion dagegen vertritt das damals geltende Kirchenrecht (*Decretum Gratiani*, das den *Canon Episcopi* aus dem 10. Jahrhundert eingearbeitet hatte) und erklärt dies alles, vor allem den Ritt durch die Luft, für eine teuflische Vortäuschung. Diejenigen Frauen, die dieser Illusion anhängen, müssten durch pastorale Betreuung geläutert werden. Als Gegenangriff verweist der Champion auf inkompetente, fachlich unausgewiesene, korrupte Kleriker, die solche Thesen in die Welt setzen (welcher Hinweis den kirchenreformatorischen Einsatz des Autors als des päpstlichen Sekretärs und Protonotar zeigt). Im Streitgespräch um den Prozess gegen den 1440 hingerichteten Gilles de Rais zeigt er die Verführung auch von Männern durch den Teufel auf.

Dem Verfasser (auch von einer weiteren Reihe anderer lateinischer und französischer Schriften) wurde im Übrigen 1443 von Papst Felix V. ein Kanonikat und eine Präbende des Lausanner Kapitels übertragen, dann das Amt des Propstes, das er bis zu seinem Tod 1461 behielt. Weitere Kanonikate erhielt er 1444 in Turin und 1447 in Genf; seit 1451 war er im Dienste Herzog Ludwigs I. von Savoyen Administrator der Benediktinerabtei Novalese in Piemont.

Sein Gedicht ist in mehreren Handschriften überliefert, wurde 1485 in Lyon und 1530 in Paris gedruckt. Eine 1451 in Arras geschriebene Handschrift zeigt in einem Marginalbild zwei Frauen, die auf einem Stab (Stecken) bzw. einem Besen durch die Luft reiten und die als „vaudoises" (also Waldenserinnen) bezeichnet werden (wobei anzumerken ist, dass sie recht vergnügt und harmlos – deshalb heute gerne als „Hexlein" in literarische Produkte und Kataloge aufgenommen – auftreten). Eine spätere Handschrift aus 1470/82 illustriert neben anderem die Anbetung der teuflischen Katze durch mehrere Frauen.

Die heutige Forschung sieht – sicherlich gegen die Intention und Darstellung des Verfassers – in diesem Werk die Konzentration des Verbrechens der Schadenszauberei auf die Frau, die als Teufelspartnerin abgewertet werde. Dass damit nur die Vorwürfe des Adversaire übernommen werden, ist bemerkenswert.

Konzil von Basel (1431–1449)

Abschließend sei ein Hinweis auf die Bedeutung des Konzils von Basel gestattet, das von 1431 bis 1449 durchgeführt wurde[30] und das im Zusammenhang mit Johannes Nider und Martin le Franc bereits genannt wurde; auch Ponce Feugeyron, der als Verfasser der *Errores Gazariorum* vermutet wird, war von 1433 bis 1437 Konzilsteilnehmer.

Intensiv diskutiert wurde in Basel die Häresiefrage (Lollarden, Beginen, Beharden, Brigitta von Schweden, Bernhardin von Siena); der chiliastische Schwärmer Nikolaus von Buldesdorf wurde als Ketzer verurteilt und 1446 in Basel verbrannt. Papst Eugen IV. wiederholte 1434 und 1437 die Bullen seiner Vorgänger (erstmals 1409 Alexander V., dann 1418 Martin V.), mit denen die Inquisitoren aufgerufen wurden, auch gegen Loswerfer (*sortilegi*, damals auch in der Bedeutung von Zauberern), Wahrsager (*divinatores*), Dämonenanrufer (*daemonum invocatores*), Zauberer (*carminatores*), Verschwörer (*coniuratores*), Abergläubische (*superstitiose*) und Weissager, die von frevelhaften und verbotenen Künsten Gebrauch machen (*augures utentes artibus nefariis et prohibitis*), vorzugehen.

Noch mehr: die Häresien fand man selbst in der Spitze der Kirche. Denn die Konzilsteilnehmer setzten Eugen IV. nicht nur wegen Ungehorsams gegenüber den Konzilsdekreten und schlechter Amtsführung ab, sondern verurteilten ihn nach einem kurzen Ketzerprozess auch als Häretiker (und Schis-

Abb. 9 Holzschnitt zu Konzil zu Basel, in: H. Schedel, Liber Chronicarum, Nürnberg, 1493.

matiker)[31]. Dieser reagierte mit noch schärferer Munition, indem er 1440 den neuen (Gegen-) Papst Felix V. (Amadeus VIII., Herzog von Savoyen) mit dessen Herkunft konfrontierte[32]: dieser sei der Erstgeborene Satans und habe das nun eingetretene Schisma lange vorausgeplant, weil er in seiner Heimat Savoyen von Männern und Frauen verführt worden sei, die ihrerseits, ihren Erlöser hinter sich lassend und zu Satan bekehrt, durch die Vorspiegelungen von Dämonen verführt worden seien und die in der Volkssprache „stregule" und „stregones" – offensichtlich von dem italienischen „stregoneria" abgeleitet – oder „Waudenses" (also Waldenser) genannt würden; in Savoyen wimmele es nur so von ihnen. Er (Amadeus) habe sein Klosterleben nur heuchlerisch angenommen, um unter der Haut eines Schafes und dem Schein eines Lammes die Wildheit eines reißenden Wolfes anzunehmen; er habe durch Macht, Betrug, Bestechung, Versprechungen und Drohungen die verbliebenen Konzilsteilnehmer verführt, damit sie ihn zum Götzenbild und Belzebub, Anführer ihrer Dämonen, machten. Anzumerken ist dabei, dass der so Verleumdete vielleicht selbst an die Verseuchung seines Savoyens durch diese Täter(-innen) glaubte. Denn als Herzog hatte er 1430 für Savoyen Statuten erlassen, in der er die Verfolgung der „sortilegi" (worunter auch Schadenszauberer verstanden wurden) und der Gotteslästerer durch seine weltlichen Behörden vorsah, und 1432 ein Konkordat mit einigen Bischöfen abgeschlossen, in dem die Zuständigkeit in Fällen von Ketzerei, Zauberei („crimen sortilegii") und die Verfolgung der ketzerischen, wahrsagenden Dämonenbeschwörer („haeretici sortilegii demonum invocatores") geregelt wurden.

Es ist daher sicher, dass den Konzilsteilnehmern die Verfolgungen dieser neuen Ket-

Abb. 10 Holzschnitt zu Stadtansicht Basel, in: H. Schedel, Liber Chronicarum, Nürnberg, 1493.

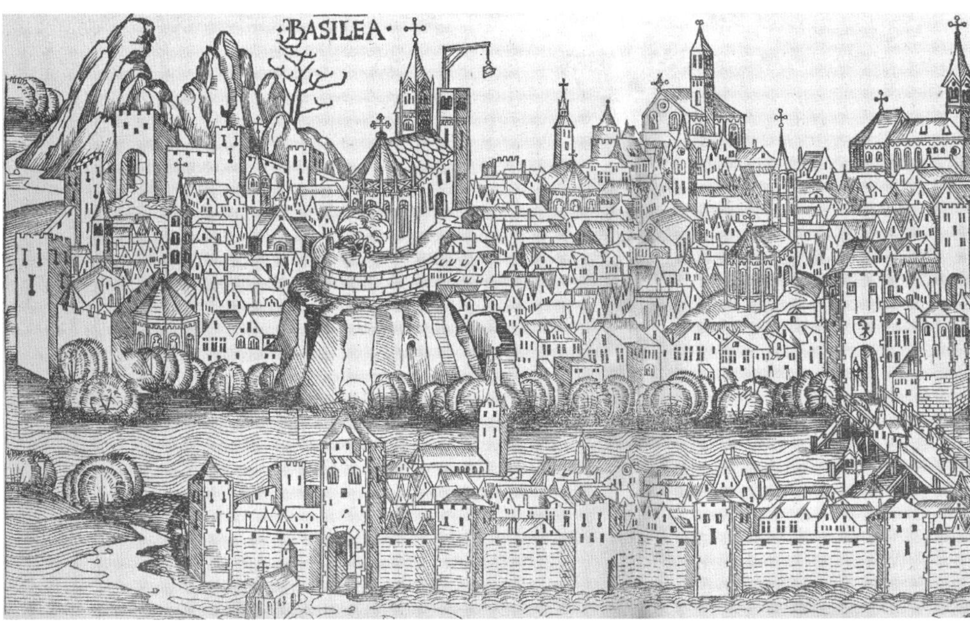

zersekte (zumindest in Savoyen) bekannt waren, die auf Grundlagen beruhten, die theologisch durch die Verbindung von Häresie und Schadenszauberei (die seit Alexander IV. [1258/60] und Johannes XXII. [1320, 1326] mit dem Teufelspakt verbunden gedacht wurde) einerseits und mit der Dämonisierung bzw. Diabolisierung der Häresie (seit Konrad von Marburg [1315: Waldenser als Luziferianer][33]) andererseits bereits Tradition waren. Zwar standen die Verfolgungen nicht auf den Tagesordnungen des Konzils, wurden offiziell nicht erörtert. Aber es ist anzunehmen, dass die in Basel versammelten Inquisitoren außerhalb der offiziellen Beratungen informelle Gespräche über ihre Erfahrungen untereinander und mit den anderen Teilnehmern (immerhin 3.500 korporiert, davon 500 ständig, insgesamt 150.000 Besucher) geführt haben, die dann in die Ausarbeitung des elaborierten Hexereibegriffs mündeten. Allerdings sind die Grundlagen für die weiteren Verfolgungen nicht in Basel gelegt, sondern nur bestärkt worden.

1 Der Deutschordensritter Hugo von Langenstein überlieferte zu Ende des 13. Jahrhunderts in seiner Dichtung „Martina" den oberdeutschen Begriff *hexse*; vgl. Behringer, Wolfgang (Hrsg.): Hexen und Hexenprozesse in Deutschland. 4. Auflage München 2000, Nr. 8.

2 Das Rechnungsbuch im Stadtarchiv Schaffhausen erwähnt für 1402 die Verbrennung von „hägsen" (oder „hegsen") aus Beringen durch den Henker der Stadt, der dafür fünf Schillinge erhielt. Vgl. http://de.wikipedia.org/wiki/Schaffhauser Hexenprozesse (aufgerufen am 5. 9. 2016).

3 Zu den ersten beiden Entwicklungslinien vgl. Utz Tremp, Kathrin: Von der Häresie zur Hexerei. „Wirkliche" und imaginäre Sekten im Spätmittelalter. Hannover 2008. Vgl. auch dies.: Häresie und Hexerei, in: Lexikon zur Geschichte der Hexenverfolgung, hrsg. v. Gersmann, Gudrun/Moeller, Katrin/Schmidt, Jürgen Michael in: historicum.net, URL: https://www.historicum.net/purl/jezq0/ (aufgerufen am 5. 9. 2016).

4 Dazu Tschacher, Werner: Der Flug durch die Luft zwischen Illusionstheorie und Realitätsbeweis. Studien zum sog. Kanon Episcopi und zum Hexenflug, in: Zeitschrift der Savigny-Stiftung für Rechtsgeschichte. Kanonistische Abteilung 85, 1999, S. 225–276. Zum Canon Episcopi vgl. Steinruck, Josef: Zauberei, Hexen- und Dämonenglaube im Sendhandbuch des Regino von Prüm, in: Franz, Gunther/Irsigler, Franz (Hrsg.): Hexenglaube und Hexenprozesse im Raum Rhein-Mosel-Saar. 2. Auflage Trier 1996, S. 3–18. Zum Problem vgl. auch Behringer, Wolfgang: Chonrad Stoeckhlin und die Nachtschar. München 1994; Schild, Wolfgang: Holda zwischen und jenseits von Göttin und Hexengestalt. Eine christliche Geschichte, in: Steppan, Markus/Gebhardt, Helmut (Hrsg.): Zur Geschichte des Rechts. Festschrift für Gernot Kocher zum 65. Geburtstag. Graz 2006, S. 393–406.

5 Zu dieser Dimension des Hexerei*begriffs* vgl. Schild, Wolfgang: Die Dimensionen der Hexerei. Vorstellung – Begriff – Verbrechen – Phantasie, in: Lorenz, Sönke/Schmidt, Jürgen Michael (Hrsg.): Wider alle Hexerei und Teufelswerk. Die europäische Hexenverfolgung und ihre Auswirkungen auf Südwestdeutschland. Ostfildern 2004, S. 1–104, 31 ff.; vgl. auch ders.: Das Magier- und Hexenbild von Hans Schäufelin in Ulrich Tenngler Neu Laienspiegel (1511), in: Deutsch, Andreas (Hrsg.): Ulrich Tenglers Laienspiegel. Ein Rechtsbuch zwischen Humanismus und Hexenwahn. Heidelberg 2011, S. 353–402. Als die drei anderen Dimensionen des Hexereiphänomens werden – wie der Untertitel dieses Aufsatzes zeigt – die Hexereivorstellung, das Hexereiverbrechen und die Hexe in der Kunst (als Hexereiphantasie) unterschieden. – Zu diesem elaborierten Hexereibegriff vgl. jeweils mit weiteren Nachweisen auch Briggs, Robin: Die Hexenmacher. Geschichte der Hexenverfolgung in Europa und der Neuen Welt. Berlin 1998; Clark, Stuart: Thinking with demons: The idea of witchcraft in early modern Europe. Oxford 1997; Cohn, Norman: Europe's Inner Demons. The Demonization of Christians in Medieval Christendom. London 1975; Decker, Rainer: Hexenjagd in Deutschland. Darmstadt 2006; Dillinger, Johannes: Hexen und Magie. Frankfurt a. M. 2007; Frenschkowski, Marco: Die Hexen. Eine kulturgeschichtliche Analyse. Wiesbaden 2012; Gold, Julia: „von den vnholden oder hexen". Studien zu Text und Kontext eines Traktats des Ulrich Molitoris. Hildesheim 2016; Levack, Brian P.: Hexenjagd: Die Geschichte der Hexenverfolgungen in Europa. München 1995; Rummel, Walter/Voltmer, Rita: Hexen und Hexenverfolgung in der Frühen Neuzeit.

Darmstadt 2007. Allgemein immer noch interessant: Hansen, Joseph: Quellen und Untersuchungen zur Geschichte des Hexenwahns und der Hexenverfolgung im Mittelalter. Bonn 1901 (Neudruck Hildesheim 1963).

6 Abgedruckt in Paravy, Pierette: Zur Genesis der Hexenverfolgungen im Mittelalter. Der Traktat des Claude Tholosan, Richter in der Dauphiné (um 1436), in: Blauert, Andreas (Hrsg.): Ketzer, Zauberer, Hexen. Die Anfänge der europäischen Hexenverfolgungen. Frankfurt a. M. 1990, S. 118–159; ebenso in: Ostorero, Martine/Paravicini Bagliani, Agostino/Utz Tremp, Kathrin (Hrsg.): L`imaginaire du sabbat. Edition critique des textes les plus anciens (1430 c.–1440 c.). Lausanne 1999, S. 361–416.

7 Zu ihm vgl. Paravy, Pierette: Introduction, Commentaire, in: OstoreroParavicini Bagliani u. a. (Hrsg.): L`imaginaire (wie Anm. 6), S. 355–438; Ostorero, Martine: Tholosan, Claude (d.–ca 1450), in: Encyclopedia of Witchcraft 4. 2006, Sp. 1114–1115; Utz Tremp: Häresie (wie Anm. 3), S. 18–22.

8 Dazu vgl. Blauert, Andreas: Die Erforschung der Anfänge der europäischen Hexenverfolgungen, in: ders. (Hrsg.): Ketzer (wie Anm. 6), S. 11–42; ders.: Schweizerische Hexenprozesse des frühen 15. Jahrhunderts, in: Lorenz, Sönke (Hrsg.): Hexenverfolgung. Beiträge zur Forschung unter besonderer Berücksichtigung des südwestdeutschen Raumes. Würzburg 1995, S. 65–81; ders.: Frühe Hexenverfolgungen in der Schweiz, am Bodensee und am Oberrhein, in: Lorenz (Hrsg.): Hexerei (wie Anm. 5), S. 119–130; Modestin, Georg/Utz Tremp, Kathrin: Zur spätmittelalterlichen Hexenverfolgung in der heutigen Westschweiz. Ein Forschungsbericht, in: zeitenblicke 1 (2002), Nr. 1 [08.07.2002], URL: http://www.zeitenblicke.historicum.net/2002/01/modestin/modestin.html. (aufgerufen am 5. 9. 2016).

9 Zu ihm vgl. Kirsch, Johann Peter: Nicolas Eymeric, in: The Catholic Encyclopedia V (1909); Peters, Edward: Eymeric, Nicolas (ca 1320–1399), in: Encyclopedia of Witchcraft 2. 2006, Sp. 342–343.

10 Vgl. Seifert, Petra/Pawlik, Manfred: Das Buch der Inquisition. Das Originalhandbuch des Inquisitors Bernard Gui. Hamburg 2008. Zum Autor vgl. Bailey, Michael D.: Gui, Bernard (ca 1261–1331), in: Encyclopedia of Witchcraft 2, 2006, Sp. 465.

11 Zur Ketzerverfolgung vgl. Auffahrt, Christoph: Die Ketzer. Katharer, Waldenser und andere religiöse Bewegungen. München 2005; Fearns, James (Hrsg.): Ketzer und Ketzerbekämpfung im Hochmittelalter. Göttingen 1968; Lambert, Malcolm D.: Ketzerei im Mittelalter. München 1981; ders.: Häresie im Mittelalter. Von den Katharern bis zu den Hussiten. Darmstadt 2001; Müller, Daniela: Inquisitio haereticae pravitatis. Ketzerei und Ketzerbekämpfung vom 11. bis zur Hälfte des 14. Jahrhunderts, in: Heresis 9. 1987, S. 49–63, 10, 1988, S. 27–44; dies.: Ketzer und Ketzerverfolgung, in: Lexikon zur Geschichte der Hexenverfolgung, hrsg. v. Gersmann, Gudrun/Moeller, Katrin/Schmidt, Jürgen Michael in: historicum.net, URL: https://www.historicum.net/purl/jezrn/ (aufgerufen am 5. 9. 2016); Oberste, Jörg: Ketzerei und Inquisition im Mittelalter. Darmstadt 2007; Patschofsky, Alexander: Der Ketzer als Teufelsdiener, in: Mordek, Hubert (Hrsg.): Papsttum, Kirche und Recht im Mittelalter. Festschrift für Horst Fuhrmann zum 65. Geburtstag. Tübingen 1991, S. 317–334; Ragg, Sascha: Ketzer und Recht. Die weltliche Ketzergesetzgebung des Hochmittelalters unter dem Einfluss des römischen und kanonischen Rechts. Hannover 2006; Schwerhoff, Gerd: Die Inquisition. Ketzerverfolgung in Mittelalter und Neuzeit. 2. Auflage München 2006; Segl, Peter (Hrsg.): Die Anfänge der Inquisition im Mittelalter. Köln/Weimar/Wien 1993; Trusen, Winfried: Der Inquisitionsprozess, in: Zeitschrift der Savigny-Stiftung für Rechtsgeschichte. Kanonistische Abteilung 74. 1988, S. 168–230; ders.: Vom Inquisitionsverfahren zum Ketzer- und Hexenprozess, in: Schwab, Dieter (Hrsg.): Staat, Kirche, Wissenschaft in einer pluralistischen Gesellschaft. Festschrift für Paul Mikat. Berlin 1989, S. 435–450; ders.: Rechtliche Grundlagen des Häresiebegriffs und des Ketzerverfahrens, in: Seidel Menchi, Silvana/Guggisberg, Hans Rudolf/Moeller, Bernd (Hrsg.): Ketzerverfolgung im 16. und frühen 17. Jahrhundert. Wiesbaden 1992, S. 1–20.

12 Zum antiken römischen Recht vgl. Fögen, Marie Theres: Die Enteignung der Wahrsager. Frankfurt a. M. 1993; Ragg: Ketzer (wie Anm. 11); Zeddies, Nicole: Religio et sacrilegium. Studien zur Inkriminierung von Magie, Häresie und Heidentum (4.–7. Jahrhundert). Frankfurt a. M. 1999.

13 Zu ihm vgl. Ostorero, Martine: Fründ, Hans (ca. 1400–1469), in: Encyclopedia of Witchcraft 2. 2006, Sp. 397–398; Tschacher, Werner: Der Formicarius des Johannes Nider von 1437/38. Studien zu den Anfängen der europäischen Hexenverfolgungen im Spätmittelalter. Aachen 2000, S. 310–315; Utz Tremp, Kathrin: Introduction, Commentaire, in: Ostorero/Paravicini Bagliani u. a. Hrsg.): L`imaginaire (wie Anm. 6), S. 23-62; dies.: Häresie (wie Anm. 3), S. 13–15, 616.

14 Abgedruckt in: Ostorero/Paravicini Bagliani u. a. (Hrsg.): L`imaginaire (wie Anm. 6), S. 30–51; ebenso in: Behringer: Hexen (wie Anm. 1), Nr. 50. Vgl. auch Modestin, Georg: „Von den hexen, so in Wallis verbrant wurdent". Eine wieder entdeckte Handschrift mit dem Bericht des Chronisten Hans Fründ über eine Hexenverfolgung im Wallis (1428), in: Vallesia 60. 2005, S. 399-09.

15 Dazu vgl. Tschacher: Formicarius (wie Anm. 13), S. 310 f.

16 Vgl. ebd., S. 315.

17 Abgedruckt in: Ostorero /Paravicini Bagliani u. a. (Hrsg.):L`imaginaire (wie Anm. 6), S. 277–300.

18 Vgl. Utz Tremp, Kathrin: Introduction, Commentaire, in: Ostorero/Paravicini Bagliani u. a. (Hrsg.): L`imaginaire (wie Anm. 6), S. 267–338; Tschacher: Formicarius (wie Anm. 13), S. 318–329; Peters, Edward: Errores Gazariorum, in: Encyclopedia of Witchcraft 2. 2006, Sp. 322–323; Utz Tremp: Häresie (wie Anm. 3), S. 5–13, 626.

19 Dazu vgl. Behringer: Stoeckhlin (wie Anm. 4); Schild: Holda (wie Anm. 4), S. 393–406; Tschacher: Formicarius (wie Anm. 13), S. 344 ff.

20 Abgedruckt in Behringer: Hexen (wie Anm. 1), Nr. 54.

21 II. Buch 4. Kapitel, V. Buch, 3., 4., 7. Kapitel abgedruckt in: Ostorero/Paravicini Bagliani u. a. (Hrsg.): L`imaginaire (wie Anm. 6), S. 122–200.

22 Zu ihm vgl. Bailey, Michael D.: Battling Demons. Witchcraft, Heresy, and Reform in the Late Middle Ages. Pennsylvania 2003; ders.: Nider, Johannes (ca. 1380–1438), in: Encyclopedia of Witchcraft 5. 2006, Sp. 826–828; Chène, Catherine: Introduction, Commentaire, in: Ostorero/Paravicini Bagliani u. a. (Hrsg.): L`imaginaire (wie Anm. 6), S. 99–276; dies.: Le Formicarius (1436–1438) de Jean Nider OP, in: Schweizerische Zeitschrift für Geschichte 52. 2002, S. 122–132; Schnyder, André: Nider, Johannes, in: Enzyklopädie des Märchens 10, 2002, Sp. 21–24; Tschacher: Ketzer (wie Anm. 13); ders.: Nider, Johannes, in: Lexikon zur Geschichte der Hexenverfolgung, hrsg. v. Gersmann, Gudrun/Moeller, Kathrin/ Schmidt, Jürgen Michael in: historicum.net, URL: https://www.historicum.net/purl/jezsm/ (aufgerufen am 5. 9. 2016); Utz Tremp: Häresie (wie Anm. 3), S. 15–17.

23 Die moderne Forschung identifiziert diese Person mit dem Berner Bürger Peter von Greyerz, der von 1385 bis 1392 Mitglied des Kleinen Rates der Stadt war, später als Kastellan bzw. Landvogt tätig war; vgl. dazu Tschacher: Ketzer (wie Anm.13), S. 173 ff.

24 Zu ihm vgl. ebd., S. 176 f.

25 Dazu vgl. ebd., S. 177 f.

26 Dazu Schild: Holda (wie Anm. 4), S. 393–406.

27 Dazu vgl. Schild, Wolfgang: Missetäter und Wolf, in: Köbler, Gerhard (Hrsg.): Wirkungen europäischer Rechtskultur. Festschrift für Karl Kroeschell. München 1997, S. 999–1031.

28 Abgedruckt IV. Buch Verse 17377–18200 in: Ostorero/Paravicini Bagliani u. a. (Hrsg.): L`imaginaire (wie Anm. 6), S. 451–482; abgedruckt in englischer Übersetzung in: Taylor, Steven Millen (Hrsg.): The Trial of Womankind. A Rhyming Translation of Book IV of the Fifteenth-Century Le Champion des Dames by Martin Le Franc. Jefferson/London 2005.

29 Zu ihm vgl. Blanc, Agnès/Dang, Virginie/Ostorero, Martine: Commentaire, in: Ostorero/ Paravicini Bagliani u. a. (Hrsg.): L`imaginaire (wie Anm. 6), S. 483–500; Peters, Edward: Le Franc, Martin (1410–1461), in: Encyclopedia of Witchcraft 3. 2006, Sp. 647–648; Tschacher: Ketzer (wie Anm.13), S. 333–338; Taylor, Steven Millen: Introduction, in: ders. (Hrsg.): The Trial (wie Anm. 28), S. 1–13; Utz Tremp: Häresie (wie Anm. 3), S. 22–24.

30 Dazu vgl. Bailey, Michael D./Peters, Edward: A Sabbat of Demonologists: Basel, 1431–1440, in: The Historian 65. 2003, S. 1375–1395; Bailey, Michael D: Basel, Council of, in: Encyclopedia of Witchcraft 1. 2006, Sp. 92-3; Müller, Heribert: Kirche in der Krise II: Die Konzilien von Konstanz und Basel. Am Vorabend der Reformation, in: Herbers, Klaus/ Schuller, Florian (Hrsg.): Europa im 15. Jahrhundert. Herbst des Mittelalters – Frühling der Neuzeit? Regensburg 2012, S. 22–36; Sudmann, Stefan: Das Basler Konzil. Synodale Praxis zwischen Routine und Revolution. Frankfurt a. M. u. a. 2005; ders.: Basler Konzil 1431–1449, in: Lexikon zur Geschichte der Hexenverfolgung, hrsg. v. Gersmann, Gudrun/Moeller, Katrin/Schmidt, Jürgen Michael in: historicum.net, URL: https://www.historicum.net/purl/jfzne/ (aufgerufen am 5. 9. 2016); Tschacher: Ketzer (wie Anm. 13), S. 329–333.

31 Vgl. Tschacher: Ketzer (wie Anm. 13), S. 332.

32 Dazu ebd. S. 316 ff.

33 Dazu vgl. Utz Tremp: Häresie (wie Anm. 3), S. 311 ff.

PROF. DR. DR. H.C. MULT. HEINZ SCHILLING, BERLIN

REFORMATION UND LUTHERS HEXENBILD*

Im Gegensatz zu der geschlossenen kosmischen Sicht der Chinesen oder der kollektiven Unterwerfung der amerikanischen Indios unter die priesterliche Deutung des Götterwillens war das europäische Christentum offen für Reform und Wandel. In der Epoche um 1500 standen bei der Neubestimmung zwei Prinzipien im Vordergrund – die wissenschaftliche, vor allem philologische Bearbeitung der Heiligen Texte einschließlich der historisch-kritischen Auseinandersetzung mit deren Rezeptionsgeschichte und die in der devotio moderna oder der Ergriffenheit der Mystiker ausgebildeten existentiellen Spiritualität, die auf eine ganz persönliche Gotteserfahrung aufbaute und bei aller Hochwertung der Gemeinde den einzelnen Christenmenschen und sein (Seelen-)Heil ins Zentrum stellt. Eine jahrhundertealte Tradition wissenschaftlicher Gottessuche und eine im späten Mittelalter aufblühende Laienfrömmigkeit hatte im lateinischen Europa die Gläubigen vorbereitet, ungeachtet aller Normierungs- und Kontrollbemühungen der Priesterkaste, selbst die Verantwortung für ihr Heil und den Weg dorthin zu übernehmen.

Das um 1500 allenthalben in der Christenheit aufgebrochene Reformverlangen wurde von den Päpsten blockiert, aber nicht ausgelöscht. Den entscheidenden Reformdurchbruch erzielte aber erst der Wittenberger Mönch, als er beide Reformtraditionen, die intellektuell-wissenschaftliche und die spirituell-existentielle, miteinander verknüpfte und auf das persönliche Heil eines jeden Menschen zuspitzte. Inhaltlich konzentrierte er die diffusen Reformansätze auf das Kernproblem der alles entscheidenden göttlichen Gnade – eine Zentrierungsleistung[1], die zugleich die Bedingung seines überwältigenden, die Kirchenhierarchie erdrückenden Erfolges war. In der Fortentwicklung der Ablassthesen zu einer neuen, protestantischen Theologie wurden Papst, Priester und Heilige als Mittler delegitimiert. Das geistige Priestertum sprach Luther als „Priestertum aller Getauften", dem einzelnen Christenmenschen zu. Seine dreifache „solus-Lehre" eröffnete einem Jeden auf rational nachvollziehbarer Weise den Weg zum ewigen Seelenheil – „solus Christus", „sola fide", „sola gratia", allein durch Christus, allein durch den Glauben, allein durch die Gnade. Mit dieser „kopernikanischen" Wende in der Heilstheologie war aus der Gott-Mensch-Beziehung das Numinose und Magische ausgeschaltet.

Das Ende magisch-kosmologischer Weltdeutung bedeutete das aber nicht. Auch die aus der Ablasskritik hervorgegangenen

Abb. 1 V. R. Hedwig, Der Teufel und sein Martin, Frottage, 2014.

evangelischen Kirchen nahmen bis weit ins 18. Jahrhundert hinein Teil an dem magisch-kosmologischen Denken, das den Globus umspannte. Für Luther selbst gehörten auch nach der reformatorischen Wende Gott und der Teufel, Dämonen und Hexen zur alltäglichen Lebensrealität. Er blieb sich sicher, dass er 1505 aus dem Unwetter bei Stotternheim eine direkte, persönliche Botschaft Gottes erhalten hatte. Nur las er nun den Inhalt der göttlichen Willensbekundung anders, nämlich als Ratschluss, ihn im Kloster mit dem verderblichen Irrweg der Papstkirche bekannt zu machen. Erst die dort durchlebte Verzweiflung und Entfremdung von Gott habe ihn auf den Weg zum Heil bringen können, nämlich die Rechtfertigung allein durch die Gnade. Selbst seine, wie er es nun sah, irrige Schutzsuche bei der Heiligen Anna, blieb für ihn Teil der göttlichen Lenkung: Denn, so legte er sich seinen Irrtum philologisch zurecht, „'Anna', das ist durch die Gnade", hergeleitet von dem hebräischen Wort „chen"/„Gnade", das in Channah/Hanna verborgen sei.[2]

Auch Hexen waren und blieben für den Reformator ganz selbstverständlich ein konkreter Teil der sozialen Realität. Er teilte die

Abb. 2 Unbekannt, Nackte Hexe, Federzeichnung, um 1620.

Vorstellungen seiner Zeit über Zauber- und Hexenwesen, und als er Gerüchte „von Hexen und Zäuberinen" hörte, die in der Umgebung Wittenbergs „die Eier aus den Hühnernestern, Milch und Butter stehlen", nahm er das als Realität und forderte, dass man „mit denselben keine Barmherzigkeit haben soll. Ich wolte sie selber verprennen".[3] Ein regelrechter Hexenjäger, wie sie einige Generationen später Deutschland in eine wahre Hexenhysterie stürzen sollten, war er dennoch nicht. Er ließ „im konkreten Fall durchaus Gnade vor Recht ergehen."[4]

Sein Hexenbild stand im Kontext seiner Theologie. Hexen – ganz ähnlich wie Zigeuner, Türken und Juden, die meist in einem Atemzug genannt werden – galten ihm als Helfer Satans in seinem Endkampf gegen Christus. Hexerei ist Abfall von Gott, Hexen und Zauberer begehen mit ihren magischen Praktiken ein „crimen laesae Maiestatis divinae", ein Majestätsverbrechen gegen die alleinige rechtmäßige Souveränität Gottes im Himmel wie auf Erden. Zugleich sind sie aber Teil von Luthers Gesellschaftsbild, und das hatte durchaus Konsequenzen für das gesellschaftliche Zusammenleben. Der Hexenwahn des ausgehenden 16. und der ersten Hälfte des 17. Jahrhunderts erfasste auch und gerade die lutherischen Gebiete des Reiches. Und auch danach führte Luthers Gewissheit, dass der Teufel leibhaftig in der Welt agiert und ständig das neu aufgegangene Licht der evangelischen Wahrheit zu verfinstern droht, dazu, dass lutherische Theologen und die von ihnen beeinflussten Obrigkeiten in jeder magischen Praxis, die damals in Stadt und Land gang und gäbe war, ein Bündnis zwischen den sie ausübenden Personen, meistens Frauen, und dem Teufel sahen, gegen das man mit dem weltlichen Schwert vorzugehen habe.[5]

In diesem magischen Teil, der sich nicht als „Rest" eines vor-rationalen Denkens verharmlosen lässt, ist der Reformator uns zutiefst fremd. Zur Entzauberung der Welt und dem Paradigmawechsel hin zu der uns heute selbstverständlichen rationalen, wissenschaftlichen Erklärung der Welt und ihrer Abläufe hat Luther nur sehr indirekt und langfristig beigetragen. Ihn als Vorläufer der Aufklärung zu feiern, entspricht nicht der historischen Realität, sondern erneuert den Geschichtsmythos.

Luther und die meisten seiner Anhänger waren Lichtjahre von Lessing und seiner Toleranz fordernden Ringparabel entfernt. Neben den Juden galten vor allem Frauen als dafür disponiert, dem Teufel auf den Leim zu gehen und als seine irdischen Akteure mit magisch-dämonischen Kräften die Christenheit vom Weg des Heils abzubringen. Darauf fußt der Argwohn gegen eine von den Frauen ausstrahlende sexuelle Lüsternheit ebenso wie gegen die Zauberpraktiken von Hexen. Den sexuellen Gefahren beugte man mit der Ehe vor – im Protestantismus faktisch mit dem Zwang zur Ehe, jedenfalls für Geistliche. Den Hexenzauber suchte man durch Inquisition und Scheiterhaufen zu bannen – in katholischen wie protestantischen Gebieten, selbst im reformierten Nordamerika mit der berüchtigten Hexenjagd von Salem im letzten Jahrzehnt des 17. Jahrhunderts.

[*] Der Beitrag geht zurück auf die beiden bei C.H. Beck verlegten Monographien: Schilling, Heinz: Martin Luther. Rebell in einer Zeit des Umbruchs. 4. Auflage München 2016 sowie ders.: 1517. Weltgeschichte eines Jahres. München 2017.

[1] Zu diesem Phänomen Hamm, Bernd: Normative Zentrierung im 15. und 16. Jahrhundert. Beobachtungen zu Religiosität, Theologie und Ikonologie, in: Suntrup, Rudolf/Veenstra, Jan R. (Hrsg.): Normative Zentrierung/Normative Centering (Medieval to Early Modern Culture/Kultureller Wandel vom Mittelalter zur Frühen Neuzeit Bd. 2). Frankfurt a. M. u. a. 2002.

[2] Luther, Martin: D. Martin Luthers Werke. Kritische Gesamtausgabe (Weimarer Ausgabe), Tischreden Bd. 4, Nr. 4707 mit Anm. 14. Weimar 1886 (Neuausgabe Stuttgart 2000–2007), S. 440.

[3] Luther: Werke (wie Anm. 2), Nr. 3979, S. 51, lateinisch bis auf „Ich wolte sie selber verprennen."

[4] Zu den Zigeunern Solms, Wilhelm: Zigeunerbilder: Ein dunkles Kapitel der deutschen Literaturgeschichte. Von der frühen Neuzeit bis zur Romantik. Würzburg 2008, Zitat dort S. 47; zum Hexenbild Haustein, Jörg: Martin Luthers Stellung zum Zauber- und Hexenwesen. Stuttgart 1990 (Zitat S. 182); ebd.: Zwischen Aberglaube und Wissenschaft: Zauberei und Hexen in der Sicht Martin Luthers, in: Knape, Rosemarie (Hrsg.): Martin Luther und der Bergbau im Mansfelder Land: Aufsätze. Lutherstadt Eisleben 2000.

[5] Zur Situation in lutherischen Gebieten vgl. etwa Rowlands, Alison: Witchcraft narratives in Germany. Rothenburg, 1561–1652, Manchester/New York 2003 und ebd.: Eine Reichsstadt ohne Hexenwahn. Hexenprozesse, Gerichtspraxis und Herrschaft im 16. und 17. Jahrhundert in Rothenburg ob der Tauber. Rothenburg 2013. Zu den berüchtigten Hexenprozessen in der lutherischen Enklave Lemgo: Meier, Karl: Lemgo, eine Hochburg der Hexeninquisition, in: Naturwissenschaftlicher und Historischer Verein für das Land Lippe e.V. (Hrsg.): Lippische Mitteilungen aus Geschichte und Landeskunde, Bd. 16. Detmold 1938 und Schilling, Heinz: Konfessionskonflikt und Staatsbildung. Eine Fallstudie über das Verhältnis von religiösem und sozialem Wandel in der Frühneuzeit am Beispiel der Grafschaft Lippe, Gütersloh, in: Benrath, Gustav Adolf (Hrsg.): Quellen und Forschungen zur Reformationsgeschichte, Bd. 48. Gütersloh 1981, S. 362 f. (zu den religionssoziologischen Zusammenhängen).

PROF. DR. DR. DR. H.C. GÜNTER JEROUSCHEK, UNIVERSITÄT JENA

LUTHERS HEXENGLAUBE UND DIE HEXENVERFOLGUNG*

Die mittelalterliche Herkunft des Hexenglaubens

Hexenforschung im Kulturkampf

Luthers Hexenglauben und seine Einstellung zur Hexenverfolgung historisch zu würdigen, ist kein ganz einfaches Unterfangen. Figuriert er nach protestantischer Lesart als Heiliger „made in Germany“[1], so ist er für die altgläubige Fraktion als Inbegriff der Glaubensspaltung ein Abtrünniger, ein Werkzeug diabolischer Mächte. Es muss uns nachdenklich stimmen, wenn gewisse Züge in Luthers Wesen an Adolf Hitler erinnern und sich die Frage aufgeworfen sieht, ob nicht die Luther zuteil gewordene Bewunderung zugleich die Anerkennung des nachmaligen „Führers“ vorbereitet hat.[2] Da auch die Wissenschaft nie interesselos ist, darf es uns nicht wundern, wenn diese konträren Sichtweisen auch in die Geschichtsschreibung Eingang gefunden haben. Im sogenannten Kulturkampf in der zweiten Hälfte des 19. Jahrhunderts geriet die Frage ‚Wie hältst Du's mit den Hexen?‘ zu einer Art Gretchenfrage, nach der die beiden großen Konfessionen als fortschrittlich oder rückschrittlich, als vernünftig oder abergläubisch, kurz zur besseren stilisiert oder als schlechtere denunziert werden konnten. Eine ganze Forschungsepoche hat sich so selbstverschuldet unter Ideologieverdacht begeben. So beklagte etwa der protestantische Historiker Riezler, hätte Innozenz VIII. seine berühmte Hexenbulle drei, vier Jahrzehnte später erlassen, hätte Luther den Hexenglauben als papistischen Aberglauben entlarvt und verdammt.[3] Der Kulturhistoriker Max Bauer wiederum begründet seine 1911 veranstaltete Überarbeitung des seinerzeitigen Standardwerkes von Soldan/Heppe zur Geschichte der Hexenprozesse damit, die inzwischen erschienene Literatur nötige dazu, die Tendenz zur Verharmlosung der protestantischen Hexenverfolgungen aufzugeben.[4]

Wittenwilers fliegendes Hexenbataillon und frühe Verfolgungen

Eine weitere Schwierigkeit besteht darin, dass es nicht damit getan ist, Luthers Hexenglauben und seine Haltung zu den Verfolgungen herauszupräparieren, denn der Historiker muss ihn in seiner Zeitgebundenheit sehen, um von da aus eine Positionsbestimmung vorzunehmen. Luther und die Reformation haben weder den Hexenglauben noch die Hexenverfolgung erfunden. Deshalb müssen wir zunächst einen

Abb. 1 *Nach protestantischer Lesart figurierte Martin Luther als Heiliger „made in Germany“, vergleiche etwa: Lutherbildnis, in: J. J. Baumgartner, Augspurgisches Jubel-Gedächtnis, Kupferstich, 1730.*

Blick zurückwerfen in die Geschichte des sog. Hexenwahns.

Erstmals greifbar wird der Begriff Hexe im deutschen Sprachraum 1293 in Hugo von Langensteins Versepos Martina und dann, spezifischer, um 1400, als ein Bauernschwank-Zyklus von „häxen“ und ihren Feinden, den Zwergen spricht, die auf bzw. im „Höperg“[5] hausten. Die Hexen flögen auf Geißen, hätten des Teufels Hakennase, also ein Phallussymbol, als ihr Wappen auf dem Hemd sowie Salbenbüchsen. Als Verfasser des Zyklus gilt der Konstanzer Bürger Heinrich Wittenwiler, der allerdings aus der Schweiz nach Konstanz zugewandert war. Im juristischen Verfolgungskontext taucht die „hexerye“ schon wenig später, 1419, im Rahmen von ratsgerichtlichen Inquisitionen gegen „hechsen“ zu Luzern auf.[6] Schon diese frühesten Zeugnisse für den Hexenbegriff weisen darauf hin, was sich in der Forschung auch bestätigen sollte, dass der Ursprung der Hexen in den südwestlichen Gebieten der heutigen Schweiz zu suchen ist, von wo er sich nach Osten ausbreitete. In Südwestdeutschland blieb allerdings der Begriff der Unholden vorherrschend, und erst im späteren 16. Jahrhundert trat der Begriff der Hexerei hinzu, um oft in der Paarformel ‚Unholden und Hexen‘ verwandt zu werden.

Die überkommenen Quellen zu den frühen Hexenverfolgungen auf dem Gebiet der heutigen Schweiz im ersten Drittel des 15. Jahrhunderts verweisen für die Konstituierung der ‚neuen‘ Hexensekte auf das letzte Viertel des 14. Jahrhunderts.[7] Im 15. Jahrhundert zeichnen sich bereits zwei Traditionslinien ab, die zunächst nur lose miteinander verbunden die Grundlage der frühen Hexenverfolgungen bildeten. Die vor allem den frankophonen Raum tangierenden Hexentraktate rückten den sogenannten Hexensabbat in den Mittelpunkt.[8] Dieser war als Topos aus den Ketzerverfolgungen übernommen worden, vor allem im Zuge der Verfolgung der Waldenser, deren Name mitunter sogar als Synonym für die Hexen gebraucht wurde.[9] Der Sabbat sorgte dabei für das expansive Potential der Verfolgungen.

Die Schadenszauber-Tradition: Fiktionalisten und Realisten

Eine andere Traditionslinie führte von Johannes Nider mit seinen Hauptwerken, dem *Formicarius*, d. h. Ameisenhaufen, und dem *Praeceptorium*, einem Kommentar zu den zehn Geboten, zu Heinrich Kramer, der sich lateinisch Institoris nannte, mit seinem berühmt-berüchtigten Buch *Malleus Maleficarum*, dem *Hexenhammer.*

Abb. 2 S. Dalí (nach F. de Goya), Oreja mojada, Radierung mit Aquatinta, 1977.

Sowohl Nider wie auch Kramer kannten zwar die Konvente, maßen ihnen aber für die Hexerei keine sonderliche Bedeutung zu.[10] Für Heinrich Kramer stand der alltägliche Schadenszauber ganz im Vordergrund. Nach ihm konnten Frauen Milchzauber verüben, indem sie ein Messer in ein Türgebälk stießen und das Heft molken. Krankheiten an Mensch und Vieh konnte man dadurch bewirken, dass man zauberische Gegenstände unter Türschwellen vergrub. Frauen konnte man so um den Kindersegen bringen, Wöchnerinnen um die Milch und Männer um ihre Potenz. Mittels Anrühren von Wasser, notfalls auch Urin, in einem Grübchen konnte man Unwetter herbeizaubern. Am verbreitetsten waren aber angezauberte Krankheiten, Lähmungen, Hexenschuss, Ausschlag und Tod.[11] Die wichtigsten Indizien dafür waren einmal das Versagen der ärztlichen Heilkunst und dann, wenn sich eine Krankheit auf sogenannte „trog wort“[12], Drohworte hin einstellte. Da es bei Nachbarkeitsstreitigkeiten oder gescheiterten Verkaufsverhandlungen[13] zum normalen Umgangston gehörte, seinem Kontrahenten alles Unglück an den Hals zu wünschen, war dieses Indiz immer gegeben, wenn einer der Akteure hinterher krank wurde. Oft handelte es sich dabei übrigens um hysterische Symptome. Besonders gefährdet waren ältere Frauen und Witwen, die nach dem *Hexenhammer* besonders verdächtig waren, ihrer Mitwelt übel zu wollen.[14] Dies mag angesichts des prekären sozialen Status älterer, unverheirateter Frauen eine nicht einmal unrealistische Annahme gewesen sein.

Um es noch etwas komplizierter zu machen: Neben diesen beiden Hexereikonzeptionen gab es noch zwei weitere. Deren eine resultierte aus dem mittelalterlichen Kirchenrecht und folgte dem sogenannten *Canon Episcopi*, demzufolge der Hexenflug Illusion und die angerichteten Schäden eine reine Fiktion seien.[15] Diese traditionelle Meinungsfraktion kann man als Fiktionalisten bezeichnen, während die Realisten darauf abstellten, dass sowohl Flug wie auch die Schäden real und nicht nur eingebildet seien.[16] Dies wären sodann die Realisten. Heinrich Kramer mit seinem *Hexenhammer* war der Wortführer der letzteren, schadensrealistischen Ansicht.

Das Delikt der Hexerei

Hexerei als Apostasie: Teufelspakt und Hexensabbat

Erst um die Wende vom 15. zum 16. Jahrhundert verschmolzen die beiden Traditionsstränge des Schadenszaubers und des Sabbats zu einem einheitlichen Hexereidelikt, das in der Wissenschaft als kumulatives bezeichnet wird. Der Flug zum Sabbat, der Abschwur von Gott und der dem Teufel geleistete Treueeid, sexuelle Promiskuität auf dem Sabbat sowie der Schadenszauber waren die Tatbestandsmerkmale, die erfüllt sein mussten, um wegen Hexerei bestraft zu werden. Umstritten blieb, ob die Teilnahme am Hexensabbat real oder nur in der Phantasie erfolge. Von der Todesstrafe wollten aber auch die meisten Fiktionalisten nicht abstehen, da sie den Deliktsschwerpunkt auf die Apostasie, die Ableugnung des katholischen Glaubens legten. Die *Kursächsischen Konstitutionen* von 1572 positivierten diese ‚spiritualisierte‘ Deutung des Hexereiverbrechens unter Berufung auf die *Sachsenspiegel*-Tradition.[17]

Justizkritik: „me zwibeln".

Wie diese heterogenen Traditionslinien zu einem schlagkräftigen Verfolgungskonzept verknüpft werden konnten, möchte ich kurz an dem vorreformatorischen Prediger Geiler von Kaisersberg demonstrieren. Für unseren Zusammenhang ist er umso bedeutsamer, als er einer der wichtigsten Gewährsmänner für Luthers Auffassung vom Hexenwesen war.[18] 41 seiner Fastenpredigten wurden 1516 unter dem Titel *Die Emeis. Dies ist das Buch von der Omeissen.* zu Straßburg veröffentlicht. Er war wortgewaltiger Münsterprediger zu Straßburg, wo er 1510 auch verstarb. Geboren zu Schaffhausen, genoss er seine Erziehung in Kaisersberg im Elsass, der Heimat Heinrich Kramers, dessen Zeitgenosse er war. Schon der Titel des Buches verweist auf Niders *Formicarius.*

Die letzten 26 Predigten handeln vom Zauber- und Hexenwesen. Obwohl Geiler die Ausfahrt auf den legendären „Fraw Venusberck" als „Phantasey"[19] ausgibt, kritisiert er vehement das sog. kaiserliche Recht, d. i. das römische Recht. Wollte man der Hexenplage Herr werden, „so müst man me zwibeln an den Stockfisch machen".[20] Das geltende gemeine Recht war ihm also zu nachsichtig, insbesondere deshalb, weil es einen real angerichteten Schaden erforderte und damit die sogenannte weiße Magie straflos ließ.

Die Hexensammelsplätze, auf die die Hexen zum Sabbat ausfuhren, waren unterschiedlicher Güte: Wie bei den Wallfahrtsorten gab es lokale, regionale und überregionale. Der legendäre Venusberg war ein überregionaler, von dem niemand so genau wusste, wo er sich befand. Regionale Sammelplätze waren im Südwesten des Reichs vor allem der bereits erwähnte Heuberg, dem in Mitteldeutschland der Blocksberg auf dem Brocken entsprach. Luther hat Geiler gelesen und geschätzt.

Der hexengläubige Reformator

Luthers Kindheitserinnerung an Hexen

Wenn wir uns nun Luther und der Reformation zuwenden, so kommt uns zugute, dass wir, wie dies auch Haustein in seinem Buch über Martin Luthers Stellung zum Zauber- und Hexenwesen schreibt,[21] über keinen anderen Menschen des 16. Jahrhunderts so viel wissen wie über den großen Reformator. Vor allem über die im Druck ausgegangenen Tischgespräche sind wir auch über Luthers Alltagsanschauungen gut informiert. Ihre Breitenwirkung auf die Bevölkerung in den der Reformation zugewandten Gebieten Deutschlands ist überdies nicht zu unterschätzen.

Um es vorwegzunehmen: Für mich kann es keinen Zweifel leiden, dass Luther den landläufigen Zauber- und Hexenglauben in vollem Umfang geteilt hat. Worauf vor allem Erik Erikson abgehoben hat, ist Luther in einem durch und durch hexereigeschwängerten familiären Umfeld aufgewachsen.[22] Der Reformator erinnert sich, wie seine Mutter unter einer Nachbarin, einer Zauberin, die auf ihre Kinder – Martin und seine Geschwister – so geschossen hätte – gemeint sind Hexenschüsse –, dass sie sich zu Tode schrien, sehr gelitten habe.[23] Der magieträchtige Beruf seines Vaters, eines Bergmanns, dürfte ein übriges getan haben. Wie Heinrich Kramer und Geiler von Kaisersberg schilt auch Luther das Recht und die Juristen, sie wollten zu viel Beweise haben[24], wo das Verbrechen der Hexen doch offenkundig sei. Auch kennt er den Schweigezauber, der bewirke, dass die Hexen sogar unter der Tortur nicht gestehen.[25] Das Gesetz mit der Todesstrafe auf die Hexerei ist für ihn eine „justissima lex“[26], ein überaus gerechtes Gesetz. Leuten, die nicht an die Realität der Hexerei glaubten, hält er das Exempel entgegen, demgemäß ein Prediger, der nicht gegen die Malefizien gepredigt habe, weil er nicht daran glauben wollte, durch Hexenwerk starb. Luther gibt vor, diesen Prediger zu kennen.[27] Der Grund für die Todesstrafe ist für Luther nicht allein der Schadenszauber, sondern vor allem der, dass sie sich mit dem Satan einließen.[28]

Abb. 3 J. G. von Kaysersberg, Die Emeis – Dis ist das büch von der Omeissen, Straßburg, 1517.

Am dem Freitag nach mitfasten

An dem Freitag nach mittfasten Da prediget Doctor Keysersperg/ Wie das die Hexen milch auß einem Axthelm melcken.

Un wolan du fragest/ Was sol ich daruff halten/ kün nit die Hexen die küe verseihen vnd inen die milch nemen das sie nicht mer milch geben/ vñ künnen sie milch auß einer alen oder auß einer Axthelmen melcken. Ich sprich ia/ durch hilff des teuffels/ so künnen sie es wol/ wie gat das zů/ das ist ein gewisse regel in der matery/ das der teuffel kan ein ding von einem ort an das ander tragen das leiplich ist (Per motum localem.) Durch die angeschöpffte stercke die er hat von got dem almechtigen. Da her kummet es das ein böser geist kan einen grossen felsen tragē als ein fögelin. Ein anderer böser geist der mag einen berg vmb stossen/ vnd also vermag einer mer dann der ander/ wan einer stercker ist dan d' ander/ ein ding von einem ort bewegē zů dē andern. Da her kummet es/ wan ein Hex vff ein gabel sitzt vnd salbet die selbig vñ spricht die wort die sie sprechē sol/ so fert sie dan da hin wahin sie numen wil/ daz hat die gabel nit von ir selber. Die salb thůt es auch nit sunst wann sie ein gürterlin salbete/ das selb für auch daruon/ darüb so thůt es der teuffel/ der fürt sie vff der gabblen hinweg/ wan er sein sacramēt vñ sein zeichen sicht von der hexin. Also ist es mit dē küen auch/ die milch ist ein leiplich ding/ vnd wie gesagt ist/ So mag der teufel ein yeglich leiplich ding/ wan es im got verhengt/ tragē von einem ort an das ander. Also der milch in einer kü/ thůt er auch also/ die mag er auß ir nemē/ auß irem leib ziehen/ vnd an ander ort tragen/ wan er das zeichen sicht der Hexen vnd wan

Volksmagie: Milchzauber, verhextes Gemächt und Kielkröpfe

Wie Kramer und Geiler mokiert er sich über den Milchzauber, bei dem Frauen durch Melken von ins Gebälk eingeschlagenen Messern den Nachbarn die Milch stahlen.[29] Einem Mann wurde durch Gaukelwerk sein Glied geraubt, wovon auch der *Hexenhammer* einig skurrile Exempel zu berichten weiß.[30] Kinder sind bevorzugte Angriffsobjekte der Hexen, und obwohl die Dämonen wie im *Hexenhammer* nicht regulär zu zeugen vermögen, kennt er doch Dämonenkinder, die als Kielkröpfe oder Wechselkinder ihre Mütter und Ammen regelrecht aussaugten, ohne selbst zu wachsen.[31] Einem Vater rät er, einen solchen Kielkropf einfach ins Wasser zu werfen.[32] Des Ruhmes voll ist er über seinen Freund und Glaubensgenossen ‚Pomeranus‘ Bugenhagen, der ins Butterfass geschissen hatte, als er den Teufel beim Milchzauber am Werk wähnte. Dieses Vorgehen empfiehlt er als „D. Pommers Kunst“ weiter.[33]

Verbrennen oder Bekehren?

Widersprüche

Wie Haustein zu Recht vermerkt, ist für die späten 30er Jahre eine deutliche Kulmination von Luthers Wüten gegen die Hexen zu verzeichnen.[34] Dabei fällt aber auf, dass Luthers Haltung zum Hexenglauben und zur Hexenverfolgung durchaus schwankt. Rät er das eine Mal, „Meister Hans der sol Stroh etc. machen“,[35] d. h. man soll den Scheiterhaufen herrichten, und will er selber zum Verbrennen schreiten, so sind ihm das andere Mal Ermahnung, gemäß der biblischen denunciatio evangelica[36], Buße und Bekehrung die Mittel der Wahl, die Hexe und den Zauberer wieder auf den rechten Weg zu bringen. Er tröstet sich dann damit, dass, „wo der Teufel einen erwürget, bleiben yber hunderttausent und abermal hunderttausent lebendig.“[37] Wegen des Engelsregiments seien die Hexen eine Strafe Gottes in dessen gottväterlichem Hausregiment.

Solche Widersprüche finden sich noch öfter: Wähnt er sich das eine Mal unablässig von Hexen mit Zauberei angegriffen, so fühlt er sich das andere Mal kaum verfolgt. Was den Hexenflug anlangt, so hält er das eine Mal dafür, es handele sich dabei um schiere Einbildungen. Dafür beruft er sich auf ein bei Geiler dokumentiertes Experiment, demzufolge Hexen ausgesagt hätten, sie seien auf den Venusberg ausgefahren und hätten am Hexensabbat teilgenommen, währenddessen sie aber, wie Zeugen bekundeten, in ihren Betten geschlafen hätten.[38] Als er später auf die Frage zurückkommt, ob die Hexen auf Mänteln oder Fassböden ausführen, hält er es aber für möglich, dass sie eine kleine Strecke fliegen. Ob sie auch eine große Entfernung zurücklegen, und das auch noch, wie gesagt werde, in so kurzer Zeit, wisse er nicht zu sagen.[39] Wie im *Hexenhammer* sind für ihn die alten Frauen diejenigen, die besonders häufig „gelübdnuß“[40] mit dem Teufel machen.[41]

Es ist in der Tat schwer, sich auf solche Widersprüche einen Reim zu machen. Für die Frage, ob die Hexen geringere oder größere Entfernungen zurücklegen können, um zum „wirtschaften“,[42] wie Luther die notorischen Sabbatgelage nennt, zu gelangen, für diese Frage mag es noch angehen zu erwägen, ob Luther damit die Flüge zum näheren Blocksberg einräumen wollte, nicht aber die zum weit entfernten Venusberg. Dass dies das eine Mal aber real sein sollte, das andere Mal ein bloßes Hirngespinst, wird hiermit nicht erklärt.

Ungebändigte Affekte

Ich denke, man muss hierfür die Gründe in Luthers Persönlichkeit suchen, wie dies Erikson sehr einfühlsam nachgezeichnet hat. In seinem Buch über den jungen Mann Luther hat der deutschstämmige und ins amerikanische Exil vertriebene Psychologe besonders auf Luthers unbändigen Jähzorn und sprichwörtlichen Grobianismus abgehoben, der drastisch in Luthers Fäkalsprache und seinem fast schon zwanghaften Hang zum Obszönen zum Ausdruck gelangt.[43] Bei Luthers lebenslangem Kampf mit dem Leibhaftigen bedurfte es nicht viel, um ihn in eine maßlose Empörung über das perfide Walten des Teufels und seiner Helfershelferinnen, der Hexen, zu versetzen. In solchen Momenten und Phasen konnte es für ihn der Scheiterhaufen nicht genug geben. War er mit sich und der Welt mehr im Reinen, dann konnte er gemäßigtere Töne anschlagen.

Dass Luthers Hexenglaube mit seinen Kindheitserfahrungen nichts zu tun habe, wie dies Haustein behauptet, und dass dieser das Ergebnis seiner theologischen Exegese sei,[44] ist eine absurde These. Vom Messermelken, Fahren auf Mänteln und Fassdauben, Hexenschuss und so weiter steht in der ganzen Bibel kein Wort. Luther kannte das gesamte Repertoire an magischem Alltagsbrauchtum, wie es sich bereits im *Malleus Maleficarum* dokumentiert findet. In diese realistische Magietradition reiht sich auch Luther ein. Der empörte Luther war auch ein gleichermaßen unnachsichtiger Verfolger. Seine protestantischen Nacheiferer konnten sich aber aus seinem Werk je nach Gusto bedienen und sich sowohl für eine scharfe wie auch für eine gemäßigte Gangart in der Verfolgung vermeintlicher Hexen darauf berufen.

Abb. 4 *F. Cremer, Hexensabbat, Radierung, 1929.*

Konfession und Verfolgungseifer

Verfolgungsgegner

Ein homogenes Bild kann man für den Protestantismus und seine Einstellung zur Hexenverfolgung nicht zeichnen. Zur selben Zeit, als Luther gegen die Hexen wütete und Obrigkeiten mit mangelnder Verfolgungsbereitschaft mahnte, sie verdürben es sich mit Gott,[45] hielten Nürnberg – dessen Reformator Osiander das Hexenwerk für Lug und Trug ausgab[46] – und Ulm, zwei prominente protestantische Reichsstädte im Süden Deutschlands, dafür, solchem „Truttenwerk" keinen Glauben zu schenken und solcherlei Hexen allenfalls des Landes zu verweisen.[47] Mit Witekind, einem Reformierten,[48] und Weyer, wohl einem Protestanten, wie dies jetzt Erik Midelfort wahrscheinlich gemacht hat,[49] waren es zwei Angehörige der Reformation, die im 16. Jahrhundert zu den bedeutendsten Kritikern der Hexenverfolgung zählten. Im 17. Jahrhundert gebührt dieser Rang mit Friedrich von Spee einem Jesuiten.[50]

Für einen weiteren Prozessgegner, den Kitzinger Arzt Pleier, muss dies allerdings offen bleiben.[51] Er hat zwischen 1627 und 1629 einen *Malleus Judicum* geschrieben, der bereits dem Titel nach als Gegenschrift zum *Malleus Maleficarum* verfasst worden war. Er war Protestant, ist aber im Zuge der Gegenreformation rekatholisiert worden. Zu welchem Zeitpunkt er sein Buch, in dem er

Abb. 5 H. Kramer, Hexenhammer – Malleus Maleficarum, Speyer, 1490.

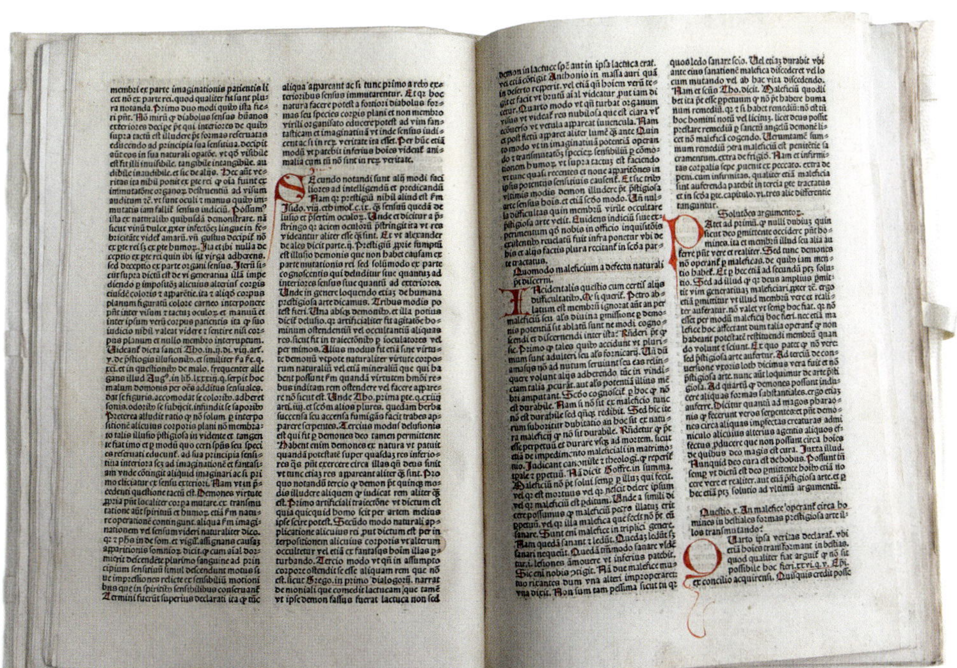

sich auf protestantische Autoren wie Witekind stützt, geschrieben hat, ist nicht bekannt.[52] Ob wir es bei ihm also mit einem katholischen oder protestantischen Gegner des Hexenwahns zu tun haben, wissen wir nicht. Ihn, wie dies Gunther Franz tut, aufgrund der angenommenen Zwangskonversion für einen Protestanten zu halten, auch wenn er schon wieder katholisch geworden sein sollte,[53] geht nicht an, da man so die Mentalreservation zum Kriterium machen müsste, ob jemand Protestant oder Katholik ist. Christian Thomasius hat, solange Friedrich Spees *Cautio Criminalis* noch anonym war, nicht den geringsten Zweifel gehabt, dass das Buch aus der Feder eines Protestanten stammen müsse und die Verwendung katholischer Literatur und der Hinweis auf einen katholischen Autor lediglich geschickte Tarnung wären.[54] Wie, wenn es bei Pleier ebenso gewesen wäre, wie dies Thomasius im Falle Friedrich Spees unterstellt?

Für Südwestdeutschland gibt es immerhin Anhaltspunkte dafür, dass die Angabe von Dr. Fleiner, dem Syndikus der protestantischen Reichsstadt Esslingen, aus dem Jahre 1604, in evangelischen Gebieten foltere man der Hexereiverdächtige „nicht leuchtlich"[55], zutrifft. Wie Midelfort herausgearbeitet hat, sind für das 16. Jahrhundert Unterschiede, was die Verfolgungsintensität anlangt, zwischen protestantischen und altgläubigen Herrschaften nicht zu verzeichnen. Das änderte sich jedoch im 17. Jahrhundert, wo die Verfolgungen protestantischerseits zurückgingen, katholischerseits jedoch anstiegen.[56] Dr. Fleiner jedoch, der protestantische Syndikus, erkannte trotzdem auf die Folter, und im Erzstift Magdeburg, einem protestantischen Kernland, vertraten die Schöppen zu Halle noch in den 60er Jahren des 17. Jahrhunderts Positionen, die andernorts bereits obsolet waren und die ich einmal als den „Abgrund des Hexenwahns par excellence"[57] bezeichnet habe. Verallgemeinern lassen sich die Midelfortschen Differenzierungen aber nicht, denn Thüringen mit mehr als 1.600[58] und Mecklenburg mit mehr als 3.200 Opfern[59] zählen zu den verfolgungsstärksten Territorien, Kursachsen hingegen bleibt verfolgungsschwach.[60]

Hexenverfolgung und obrigkeitlicher Machtkampf

Wie wenig aussagekräftig aber mitunter der Versuch einer Konfessionalisierung der Hexenverfolgung ist, möchte ich anhand eines Beispiels demonstrieren. Die Hexenprozesse waren nämlich multifunktional, wie dies Walter Rummel zurecht betont.[61] Dienten sie einmal zur Demonstration hochgerichtlicher Herrschaftsbefugnisse, so konnten sie das andere Mal einen Part in einem obrigkeitlichen Machtkampf spielen. Der wüste Esslinger Pogrom von 1662–1665 verdankte sich im Wesentlichen einem Mann: dem fanatischen und gnadenlosen Hexenrichter Daniel Hauff. Der junge Jurist war ein Emporkömmling, heiratete in eine ratsfähige Esslinger Familie ein und erlangte als Ratsadvokat die Stabführung in einem für Hexenprozesse eingerichteten Sondergericht.[62] Dort standen drei Prozessbefürworter einem Kritiker gegenüber, dem Stadtschreiber Walliser, der im Laufe der Prozessserie durch eine gezielte Indiskretion die anrüchige Praxis der Mehrfachkonsilisierung zu unterlaufen suchte. Diese Praxis bestand darin, ein missliebiges Gutachten im Rahmen der nach Artikel 219 der *Peinlichen Gerichtsordnung Kaiser Karls V.* von 1532 vorgeschriebenen Ratsuche einfach durch die Einholung eines weiteren, gefälligeren zu umgehen.

Hauff nutzte die im Zuge der Verfolgung erlangten Denunziationen zur Einschüchterung der herrschenden Ratsoligarchie und rückte selber als Geheimer in die Führungsspitze der Reichsstadt auf. Sein plötzlicher Tod 1665 nach einer „Leibsunpäßlichkeit" war von so mysteriösen Umständen begleitet, daß man Grund hat zu spekulieren, ob er nicht einer Giftmordattacke seiner Ratskollegen zum Opfer gefallen war.[63]

Zu seinem Nachfolger im Sondergericht wurde Johann Philipp Weickersreuter, ein Vertreter der prozesskritischen Fraktion, bestimmt, womit im Gremium eine Pattsituation eintrat. Im Verein mit dem ebenfalls prozesskritisch eingestellten Ratskonsulten-ten Johann Dat schlug er 1666 die Prozesse nieder, wobei sie vom Regierenden Bürgermeister Johann Friedrich Becht und Jacob Beurlin, der im Gericht die Fronten gewechselt hatte, Rückendeckung erhielten. Letzterer konnte sich 1666 noch als Bürgermeister halten, Weickersreuter rückte zum Geheimen auf, 1669 sogar zum Bürgermeister. Von 1669 an firmiert auch Walliser als Geheimer, von 1676 an bis zu seinem Tod auch Johann Dat. Damit übernahm die prozesskritische Partei die wichtigsten Ämter im Stadtregiment, die Partei hingegen, die kurzfristig die Hexenverfolgung mehrheitsfähig gemacht hatte, musste abdanken, um hinfürder keine Rolle mehr in den Führungsgremien der Stadt zu spielen.[64] Diese Hexenprozesse hatten viel mit Machtpolitik, umso weniger aber mit der Konfessionszugehörigkeit zu tun. Das braucht freilich nicht zu heißen, dass die Verfolger nicht an die Existenz und Schuld der verfolgten Hexen glaubten.

* Überarbeitete Fassung eines Vortrages, gehalten am 20. 6. 2002 zu Halle zum 500. Gründungsjubiläum der Universität Wittenberg auf Einladung von H. Lück und H. de Wall.; ursprünglich erschienen in: Lück, Heiner/de Wall, Heinrich (Hrsg.): Wittenberg. Ein Zentrum europäischer Rechtsgeschichte und Rechtskultur. Köln u. a. 2006.

1 Erikson, Erik H.: Der junge Mann Luther. Frankfurt a. M. 1975, S. 175.

2 Ebd., S. 118.

3 (von) Riezler, Sigmund: Geschichte der Hexenprozesse in Bayern. Stuttgart 1896 (Nachdruck Aalen 1968), S. 127.

4 Soldan, Wilhelm Gottlieb/Heppe, Heinrich/Bauer, Max: Geschichte der Hexenprozesse. Hanau o.J. (Nachdruck der 3. Auflage 1911), S. XV.

5 Sowinski, Bernhard (Hrsg.): Heinrich Wittenwiler: Der Ring. Stuttgart 1988, Z. 7899 f.

6 Vgl. Blauert, Andreas: Frühe Hexenverfolgungen. Hamburg 1989, S. 56.

7 Ginzburg, Carlo: Hexensabbat. Berlin 1990, S. 77 u. ö.

8 Ebd., S. 77.

9 Ebd., S. 82 ff.; Blauert: Hexenverfolgungen (wie Anm. 6), S. 30, 32.

10 Ginzburg: Hexensabbat (wie Anm. 7), S. 75.

11 Jerouschek, Günter: Malleus Maleficarum 1487 von Heinrich Kramer (Institoris). Hildesheim/Zürich/New York 1992; in deutscher Übersetzung jetzt Jerouschek, Günter/ Behringer, Wolfgang (Hrsg.): Heinrich Kramer (Institoris): Der Hexenhammer Malleus Maleficarum. München 2000.

12 Jerouschek, Günter (Hrsg.): Nürnberger Hexenhammer 1491 von Heinrich Kramer (Institoris). Hildesheim/Zürich/New York 1992, fol. 9v, 11 v. u. ö.

13 Vgl. etwa Walz, Rainer: Der Hexenwahn vor dem Hintergrund dörflicher Kommunikation, in: Zeitschrift für Volkskunde 82 (1986), S. 1 ff.; weitere Nachweise bei Jerouschek, Günter: Die Hexenverfolgungen als Problem der Rechtsgeschichte, in: Zeitschrift für Neuere Rechtsgeschichte 15 (1993), S. 202 ff., 222 mit Fn. 112.

14 Vgl. Jerouschek/Behringer: Hexenhammer (wie Anm. 11), S. 167, 366 u. ö.

15 Vgl. hierzu Jerouschek: Hexenverfolgungen (wie Anm. 13), S. 214.

16 Ebd., S. 211 ff.

17 Jerouschek, Günter: Die Hexen und ihr Prozeß, Esslingen/Sigmaringen 1992, S. 38; Schmidt, Jürgen Michael: Das Hexereidelikt in den kursächsischen Konstitutionen von 1572, in: Jerouschek, Günter/ Schild, Wolfgang/Gropp, Walter (Hrsg.): Benedict Carpzov. Neue Perspektiven zu einem umstrittenen sächsischen Juristen. Tübingen 2000, S. 111 ff.

18 Haustein, Jörg: Martin Luthers Stellung zum Zauber- und Hexenwesen. Stuttgart/Berlin/Köln 1990, S. 60 f., 65, 126.

19 Jerouschek: Die Hexen (wie Anm. 17), S. 172 mit Fn. 72.

20 Haustein: Luthers Stellung (wie Anm. 18), S. 65, 126.

21 Ebd., S. 129.

[22] Ebd., S. 130; Erikson: Mann Luther (wie Anm. 1), S. 133.

[23] Janssen, Johannes/Pastor, Ludwig: Geschichte des deutschen Volkes seit dem Ausgang des Mittelalters, Bd. 8. Freiburg i. Br. 1903, S. 570 f.

[24] Haustein: Luthers Stellung (wie Anm. 18), S. 139.

[25] Ebd.

[26] Ebd., S. 123.

[27] Ebd., S. 124.

[28] Ebd., S. 54, 124.

[29] Ebd., S. 51.

[30] Ebd., S. 87; Jerouschek / Behringer: Hexenhammer (wie Anm. 11), S. 265 ff. u. ö.

[31] Haustein: Luthers Stellung (wie Anm. 18), S. 87, 177.

[32] Janssen /Pastor: Geschichte (wie Anm. 23), S. 570 Fn. 1.

[33] Haustein: Luthers Stellung (wie Anm. 18), S. 135 ff.

[34] Ebd., S. 139.

[35] Ebd., S. 89.

[36] Ebd., S. 167 führt Haustein die correctio des Mitchristen auf den Grundsatz „de occultis non judicat ecclesia" zurück. Zur denunciatio evangelica vgl. Jerouschek, Günter/ Müller, Daniela: Die Ursprünge der Denunziation im kanonischen Recht, in: Lück, Heiner/Schildt, Bernd (Hrsg.): Festschrift für H. Lieberwirth zum 80. Geburtstag. Köln/Weimar/Wien 2000, S. 3–24, 5 ff.

[37] Ebd., S. 107.

[38] Ebd., S. 60, 154.

[39] Ebd., S. 61. Das Mantelfahren scheint eine mitteldeutsche Spezialität zu sein, das noch 1632 in einer gegen vier Buben geführten Coburger Inquisition aktennotorisch wurde, vgl. Füssel, Ronald: Hexen und Hexenverfolgung in Thüringen. Erfurt 2001, S. 76. Womöglich wirkten hier Luthers Tischgespräche nach.

[40] Ebd., S. 38.

[41] Dem Grundsatz nach erklärt er sich das Zustandekommen des Schadenszaubers nicht einmal wie Geiler oder auch der württembergische Reformator Brenz: Der Teufel wisse um das kommende Unwetter, die schwärende Krankheit früher als der Mensch, veranlasse seine Teufelsbündnerinnen dazu, ihn zu zitieren, er hieße sie dann, Schaden zu stiften und gaukle ihnen vor, sie hätten ihn verursacht. Im Ergebnis gelangte Brenz freilich zum gleichen Ergebnis wie Luther: Für ihn rechtfertigte bereits der Versuch zu schaden die Todesstrafe. Vgl. hierzu Jerouschek: Hexenverfolgungen (wie Anm. 13), S. 213; ders.: Die Hexen (wie Anm. 17), S. 35.

[42] Haustein: Luthers Stellung (wie Anm. 18), S. 57.

[43] Erikson: Mann Luther (wie Anm. 1), S. 134, 272.

[44] Haustein: Luthers Stellung (wie Anm. 18), S. 131.

[45] Ebd., S. 152.

[46] Ebd., S. 127 f.

[47] Vgl. Jerouschek: Nürnberger Hexenhammer (wie Anm. 12), S. VIII b.

[48] Ulbricht, Otto: Der Sozialkritische unter den Gegnern: Hermann Witekind und sein Christlich bedencken und erjnnerung von Zauberey von 1585. in: Lehmann, Hartmut/ Ulbricht, Otto (Hrsg.): Vom Unfug des Hexen-Processes. Wiesbaden 1992, S. 99–128.

[49] Midelfort, Hans Christian Erik: Johann Weyer in medizinischer, theologischer und rechtsgeschichtlicher Hinsicht, in: Lehmann /Ulbricht: Vom Unfug (wie Anm. 48), S. 53–64, 58.

[50] Vgl. hierzu Jerouschek, Günter: Friedrich von Spee als Justizkritiker, in: ZStW 108 (1996), Heft 2, S. 243–265.

[51] Zu ihm vgl. Franz, Gunther: Der Malleus Judicum, Das ist: Gesetzhammer der unbarmherzigen Hexenrichter von Cornelius Pleier im Vergleich mit Friedrich Spees Cautio Criminalis, in: Lehmann/ Ulbricht: Vom Unfug (wie Anm. 48), S. 199–222.

[52] Ebd., S. 202.

[53] Ebd.

[54] Vgl. Jerouschek, Günter: Christian Thomasius, Halle und die Hexenverfolgungen, in: JuS 1995, Heft 7, S. 576–581, 577.

[55] Jerouschek: Die Hexen (wie Anm. 17), S. 109.

[56] Midelfort, Hans Christian Erik: The Witch Hunting in Southwestern Germany 1562-1684, Stanford (Cal.) 1972, S. 32 f., 64 ff. Hierzu vgl. Jerouschek: Die Hexen (wie Anm. 17), S. 46.

[57] Jerouschek, Günter: Juristen am Abgrund: Die Schöppen zu Halle und der Hexenwahn, in: Festschrift für W. Remmers, Köln/Berlin/Bonn/ München 1995, S. 703–713, 713.

[58] Füssel, Ronald: Hexen und Hexenverfolgung in Thüringen. Erfurt 2001.

[59] Moeller, Katrin: Dass Willkür über Recht ginge. Hexenverfolgung in Mecklenburg im 16. und 17. Jahrhundert. Gütersloh 2007.

[60] Wilde, Manfred: Die Zauberei- und Hexenprozesse in Kursachsen. Köln/Weimar/Wien 2003.

[61] Walter Rummel in einem Vortrag beim Wittlicher Symposion „Hexenverfolgung und Herrschaftspraxis" vom 11.–13. 10. 2001 zum Thema ‚So mögte auch eine darzu kommen, so mich belädiget! Zur Sozialen Motivation von Hexereianklagen.'

[62] Jerouschek: Die Hexen (wie Anm. 17), S. 179.

[63] Ebd., S. 253 f.

[64] Für die diesbezüglichen Archivrecherchen bedanke ich mich bei Dipl.-Arch. Iris Sonnenstuhl-Fekete, Stadtarchiv Esslingen a. N.

PD DR. WOLFGANG BEUTIN, UNIVERSITÄT BREMEN

LUTHERS GRÖSSE – EIN TIEFENPSYCHOLOGISCHER VERSUCH

Bevorzugt wird die Größe eines Menschen an einem Tun und dessen Erfolg gemessen, wodurch er sich über seine Zeitgenossenschaft weit emporhebt, selbst um den Preis, dass er „seine Macht über die Vielen nur durch Leugnung sämtlicher ethischen Verpflichtungen, durch schrankenlose Gewalttätigkeit und Egoismus erhalten kann"[1]. Sie wird nicht selten aber auch an einer hohen Leistung in der Gedanken- oder Geisteswelt gemessen, an Innovationen in der Philosophie oder in der Wissenschaft, dazu häufig an einem herausragenden Schöpfertum in der Kunst. In der folgenden Abhandlung soll an der Person des Reformators Luthers nachgewiesen werden, wie seine eigentümliche Größe sich aus einer bedrohlichen persönlichen Krise entwickelte, durch deren Überwindung in qualvollem Ringen er eine psychische Struktur von besonderer Stärke erwarb, die ihn befähigte, auf die krisenhafte Situation seiner Epoche prägend einzuwirken.

Die Untersuchung wird wesentlich auf Erkenntnisse der Tiefenpsychologie gestützt sein, dies in den einzelnen Abschnitten in je verschiedenem Maße. Es sind:

- einleitende Überlegungen zum Maßstab für Größe und zur Möglichkeit biographischer Wahrheit,
- Ausführungen über Luthers Elternhaus und Klosterleben, wobei Ergebnisse der behutsamen psychoanalytischen Darstellung von Erikson einbezogen werden,
- ein Abschnitt über die supernaturalen Mächte sowie Menschen, die in der damaligen Alltagswelt mit supernaturalen Kräften ausgestattet halluziniert wurden und mit denen Luther sich herumzuschlagen hatte (Phänomene, die noch im 19. Jahrhundert einen Heinrich Heine faszinierten und wie sie, zu psychotischen Zerrbildern gesteigert, z. T. selbst im 20. Jahrhundert ihre schreckliche Wirkung entfalteten),
- endlich abschließende Ausführungen, worin Luthers besondere Leistung zu umreißen ist.

Größe

Woran zu messen?

Der sozialdemokratische Publizist der Kaiserzeit, Franz Mehring (1846–1919), zog die Person Martin Luthers als Beispiel heran, um die populäre Ansicht des Historikers Heinrich von Treitschke (1834–1896) zurückzuweisen, wonach die „großen Männer" die Geschichte machen. Sei jedoch „Heldenverehrung überhaupt berechtigt", so würde Luther „immerhin der größte unter den ‚großen Männern' der deutschen Geschichte sein".

Weshalb? Mehring sah in ihm zwar nicht schon den Schöpfer einer „weltgeschichtlichen Rolle", jedoch deren wesentlichen Träger, einen Reformator der Kirche und zugleich damit den Anfänger der „allgemeinen Reform". Wie erläuterte er den Zusammenhang von Reformation und „allgemeiner Reform"? Er schrieb:

„Die kirchliche Reformation war vielmehr nur ein Teil und vielleicht nicht einmal der wichtigste Teil der allgemeinen Reform; die nationale und (die) soziale Reform standen mindestens ebenbürtig neben ihr, aber sie war allerdings der archimedische Punkt, an welchem allein der Hebel angesetzt werden konnte, um die verrottete Welt der mittelalterlichen Gesellschafts- und Staatsordnung aus den Angeln zu heben. Die Abschüttlung der römischen Herrschaft, welche Deutschland wirtschaftlich plünderte, geistig verdummte und sittlich verwüstete, war das eine gemeinsame Lebensinteresse, in welchem die große Masse der Nation, trotz ihrer sonstigen Zersplitterung in Staaten und Stämme, Klassen und Stände, einig war und einig sein mußte. […] Nur in kirchlich-theologischen Formen war deshalb die geistige Befreiung der Massen von Rom überhaupt denkbar und möglich"[2].

In Mehrings Sicht blieb Luther, was er bereits in den Augen seiner Zeitgenossen gewesen war: der Reformator. Vom 16. Jahrhundert an hielt die Geschichtsschreibung bis zur Gegenwart – seit langem auch bis in die Schullehrbücher hinein – an dieser Einschätzung fest. Zu Recht. Doch welcher Umstand, welches Moment seines Wirkens lässt einen Reformator „groß" erscheinen? Das, was gemeinhin „der Erfolg" genannt wird? Sigmund Freud merkte einmal an: „Der energische und erfolgreiche Mensch ist der, dem es gelingt, durch Arbeit seine Wunschphantasien in Realität umzusetzen."[3] Wenn man mit dieser Definition weiterkommen wollte, müsste man den Einzelfall prüfen und die Beschaffenheit der Wunschphantasien erforschen, ohne die gewiss kein Reformator seine Arbeit beginnt. Mehring schlug vor, die spezifische Leistung des Reformators darin zu sehen, dass er etwas Wichtiges herausfand. Was er entdeckte, sei der „archimedische Punkt" gewesen, wo „der Hebel" anzusetzen war.[4] – Die aufmerksame Leserschaft Mehrings verstand, dass der aufmerksame Finder zugleich den Mut aufgebracht hatte, selber den Hebel zu betätigen.

In der Regel werden zu den großen Persönlichkeiten der Geschichte herausragende Herrscher gerechnet, zuweilen auch eine Herrscherin hohen Ranges, so die Zarin Katharina II. Als Merkzeichen der Wertschätzung, wenn von ihnen die Rede ist, dient dann gewöhnlich das Beiwort „der Große" oder „die Große". Ferner zählen dazu Gesetzgeber, Feldherren, Entdecker, Erfinder, herausragende Denker und Künstler (sowie Künstlerinnen). Unter Klerikern sind es zwei Päpste, die als „Große" gewürdigt werden: Leo I. (5. Jahrhundert) und Gregor I. (an der Wende vom 6. zum 7. Jahrhundert), manchmal auch Ordens-

Abb. 1 V. Eriksen, Katharina die Große in ihrem Krönungsornat, Öl auf Leinwand, 1778–79, gemeinfrei.

gründer und – nämlich seit der Reformation – Reformatoren, außer Luther etwa noch Zwingli und vor allem Calvin. Unter den geistlichen Frauen wird nur eine, eine Nonne und Mystikerin, als „Große“ geehrt: Gertrud von Helfta (1256–[mutmaßlich]1302). Der spanische Moralphilosoph Balthasar Gracian (1601–1658) erklärte in seinem *Handorakel*, „das ausgezeichnet Große“ sei „selten in jeder Hinsicht“: „Es wird desselben nicht viel seyn: ein Phönix in einer ganzen Welt, ein großer Feldherr, ein vollkommner Redner, ein Weiser in einem ganzen Jahrhundert, ein großer König in vielen.“[5]

Im 19. Jahrhundert trug ein Verfasser historischer Romane, Willibald Alexis, zur Kritik an der Redeweise von den ‚großen Männern‘ bei. Sein Beispiel war der Preußenherrscher Friedrich II., „der Große“. Er legte einer seiner Figuren, der russischen Fürstin Gargazin, die folgende Reminiszenz in den Mund: „Ich sah zufällig als Kind, man führte mich dahin, die Leiche des großen Königs. Oh, schauderhafte Erinnerung. Dieser Größte der Großen, den sie in ihrer Vermessenheit in einem Stern an den Himmel versetzt, war eine kleine, zusammengeschrumpfte Mumie, ein Kinderbalg, ein verkrummtes [!] Zwerglein. Man mußte mich fortreißen, denn ich lachte laut, draußen schrie ich noch auf. Das ist kein großer Mann, das ist ja eine häßliche Puppe!“ So 1852 in dem Roman *Ruhe ist die erste Bürgerpflicht*[6].

Abb. 2 Jan Hus auf dem Scheiterhaufen, in: Neue Bildergallerie für die Jugend, Gotha, 1832.

Wenn es richtig ist, den Reformator Luther in die Reihe überragender Gestalten der Geschichte einzugliedern, wäre die Frage, worauf seine Größe beruhe – da er als Theologe wirkte: auf seiner Theologie, also auf einem Gedankengebäude oder einer Erkenntnis? Und wo hätte jener archimedische Punkt gelegen? Bei seinem Hervortreten mit den Ablassthesen? Erwies sich seine Größe im tatkräftigen Handeln in der geistlichen Sphäre, dem Veränderungen im weltlichen zur Seite gingen? Oder gründete sie sich auf einen Umstand anderer Art?

Freud sann bei Gelegenheit darüber nach, ob die sexuelle Enthaltsamkeit bedeutsam eingreifende Persönlichkeiten und „originelle Denker" „heranbilden helfe" oder ob sie „brave Schwächlinge" erzeuge, und unter seiner Hand entstand dabei eine dualistische Typologie von Schwächlingen und „von starken Individuen": „Im allgemeinen habe ich nicht den Eindruck gewonnen, daß die sexuelle Abstinenz energische, selbständige Männer der Tat oder originelle Denker, kühne Befreier und Reformer heranbilden helfe, weit häufiger brave Schwächlinge, welche später in die große Masse eintauchen, die den von starken Individuen gegebenen Impulsen widerstrebend zu folgen pflegt."[7]

Starkes Individuum oder braver Schwächling, welcher der beiden Kategorien der Reformator Luther zuzuzählen wäre, dürfte kaum strittig sein, und übrigens auch nicht, welcher Freud selber. Luther, der „kühne Befreier": Mehrere Jahrhunderte haben ihn so sehen wollen. Er selber zog einstmals die Parallele: Arminius[8]. Indessen jenes feindselige Widerstreben erfuhr jeder von beiden, Luther nicht anders als Freud. Der Erste in stärkstem Grade seit 1517. Von da an erwartete er zeit seines Lebens bis zu seinem Ende, unter der Bedingung, dass seine Feinde ihn dingfest machten, die Verbrennung auf dem Scheiterhaufen (das Warnzeichen bildete der Feuertod des tschechischen Reformators Hus, 1415). Der Zweite erfuhr, vier Jahrhunderte nach Luther, die aufflammende Gegnerschaft in Form sehr grotesker Verfälschungen seiner Forschungsergebnisse. Allen Richtigstellungen zum Trotz musste er unablässig die Feindseligkeit registrieren, so besonders in dem Anwurf, er wäre von der Zwangsvorstellung besessen, das gesamte Triebleben der Menschen aus dem einzigen Gesichtspunkte erklären zu müssen: aus der Sexualität. Die Anklage lautete dann: „Pansexualismus". Eine Sinnwidrigkeit, wie selbst die flüchtigste Lektüre von Freuds Schriften ergibt. Die Ankläger verkannten den Boden vollkommen, worauf er die Konstruktion seiner neuartigen Psychologie errichtete. Ungeachtet mancher Modifikationen, die er daran vornahm, blieb doch das Fundament erhalten.

Es ist dieselbe Grundeinsicht, die der Verfasser des vorliegenden Aufsatzes übernimmt in dem Bemühen, das Wesen von Luthers geschichtlicher Größe noch einmal – ein gutes Jahrhundert nach Mehring – zu umreißen, jetzt unter Zuhilfenahme der Tiefenpsychologie. Welche Grundeinsicht?

Der „Konflikt widerstreitender Seelenkräfte"

In der 2. seiner Vorlesungen „Über Psychoanalyse" in den USA (1909) besprach Freud „den Vorgang der Verdrängung und deren notwendige Beziehung zum Widerstand"[9] und interpretierte den Konflikt des „Bewussten" und des „Unbewussten" als Gegensätzlichkeit zweier innerer Wirkungsmächte:

„Wir leiten die psychische Spaltung nicht von einer angeborenen Unzulänglichkeit des seelischen Apparates zur Synthese ab, sondern erklären sie dynamisch durch den Konflikt widerstreitender Seelenkräfte, erkennen in ihr das Ergebnis eines aktiven Sträubens der beiden seelischen Gruppierungen gegeneinander."[10]

Von dieser Aussage kann bei einer Untersuchung über Luthers Größe idealerweise ausgegangen werden. Inwiefern? Luther litt von Jugend auf schmerzlich „durch den Konflikt widerstreitender Seelenkräfte" und erlebte diesen in einer Dynamik von solchem Übermaß, wie sie nicht leicht ihresgleichen findet.

(1) Es bezeichnete die außerordentliche Zähigkeit seiner mentalen Konstitution, dass es ihm gelang, trotz alledem seine geistige Gesundheit zu bewahren, obschon er die Folgen des Konflikts nie vollständig zu überwinden vermochte, der seine gesamte Existenz hätte ruinieren können. Es geschah nicht. Vielmehr bezog er aus dem gefährlichen Strudel die Energie, die es ihm ermöglichte, von der Theologie ausgehend ungemein Bedeutendes in der Lehre und seiner daraus folgenden, auch weltlichen Tätigkeit zu verwirklichen.

(2) Die Besonderheit von Luthers Lebensweg besteht darin, dass er mit seiner überlegenen Seelenverfassung in die politische, zunächst vor allem aber geistliche Krise des Zeitraums eintrat und ihm erfolgreich diese seine eigene Psychologie aufprägte. Voraussetzung dafür war, dass die Massenpsyche der Epoche eine strukturell vergleichbare Konstellation aufwies wie die Psyche des Reformators, so dass diese im Kleinen die der umfassenden Massenpsyche abspiegelte, und umgekehrt: dass die Struktur der Massenpsyche sich in extremer Reduktion, aber unverkennbar in der Psyche des einzelnen wiederfand.

(3) Analoges im Verhältnis Luthers zur Vergangenheit: Er vollzog in seinem Inneren einen Entwicklungsprozess in Entsprechung zu demjenigen der Kirche seit ihren Anfängen. Den seinigen dokumentierte er eindrucksvoll in einem Bekenntnislied (s.u., Abschnitt „Christus"). Er war überzeugt, dass die Geschichte des Christentums in anderthalb Jahrtausenden im Großen denselben Verlauf genommen hatte wie im Kleinen seine persönliche Seelengeschichte, und wiederum umgekehrt: seine Seelengeschichte bildete mit ihren Komplikationen in Miniatur den Verlauf der Kirchengeschichte in anderthalb Jahrtausenden nach.

Die Vorgänge in Luthers Psyche erwiesen sich damit als Index der Geschichte der christlichen Kirche, und zugleich ergaben sie den Index der Probleme, die das seelische Leben der Religionsgemeinschaft seiner Tage verstörten. In der Kirche fand sich während jener anderthalb Jahrtausende sowie in der Gegenwart der Epoche mit dem Umsturz in der Massenpsyche also derselbe psychische Prozess, nur in einem unvergleichlich vergrößerten Ausmaß wie im Seelenleben des herausgehobenen Ausnahmegeistlichen.[11]

Biographische Wahrheit?

Obwohl die Psychologie der Moderne sich, wie bekannt, in unterschiedliche Richtungen zerteilt, ist in ihnen allen die Einsicht weithin Gemeingut, dass die psychische Konstitution jedes Menschen und dessen Charakter ihre wesentliche Formung in der Kindheit erfahren.

Da wiederum die seelische Konstitution und der Charakter des Menschen sich bei der Gestaltung seines Lebenswegs auswirken – seines ‚Schicksals', wie es in der Terminologie des Schicksalsglaubens, des Fatalismus heißt –, diesen vielfach mit bedingend, wird der Geschichtswissenschaftler, der sich dem Vorhaben widmet, die Biographie einer historischen Persönlichkeit zu verfassen, in seiner Forschung den Blick stark auch auf deren Jugendzeit richten: auf ihr Elternhaus, dessen Erziehungsmethoden, die Erlebnisse

Abb. 3 M. Triegel, Tischreden – betende Hände, Mischtechnik auf Pergament, 2016, Bild: © VG Bild-Kunst, Bonn 2016.

des jungen Heranwachsenden, dessen Stellung zu den Eltern und vielleicht zu übrigen Verwandten und Einfluss nehmenden Autoritätspersonen. Mit der Biographie verbindet sich allerdings eine erhebliche Fragwürdigkeit: Kann sie entstehen, so verlässlich, dass sie die Wahrheit über den Lebensgang und vor allem das innere Werden der beschriebenen Person bietet? Freud meinte, nein. Dem Freunde Arnold Zweig teilte er sehr apodiktisch mit: „Wer Biograph wird, verpflichtet sich zur Lüge … die biographische Wahrheit ist nicht zu haben.“[12] Das ist jedoch eine allgemeine Behauptung, die sicher partiell eine Revision erfordert. Die Literaturen vieler Nationen enthalten eine Fülle von biographischen Darstellungen; dazu zu nehmen sind außerdem die zahlreichen Autobiographien, die teils von Urhebern herrühren, die außerdem Schöpfer eines umfangreichen literarischen Œuvres waren, teils von Autoren, die – ohne ‚Berufsschriftsteller' zu sein – eine Selbstlebensbeschreibung als ihr einziges literarisches Zeugnis hinterließen. Sollten alle diese Bücher des Wahrheitswerts gänzlich entbehren? Vielmehr dürfte eine Skala angenommen werden, auf der die Titel der Biographien und Autobiographien angeordnet wären, an der Spitze diejenigen, die der Wahrheit zumindest sehr nahekommen, bis hin zu solchen, denen diese vollständig abgeht. Es lassen sich unschwer Höchstleistungen auf dem Gebiet der Biographie und Selbstbiographie benennen; darunter: Rousseaus *Bekenntnisse (Confessions*, postum); Goethes Beschreibung (soweit nicht Erdichtung) *Aus meinem Leben*, meist zitiert als *Dichtung und Wahrheit*. Oder das vielleicht vorzüglichste Beispiel aus dem 20. Jahrhundert: die *Autobiographie* von John Cowper Powys (1872–1963), die als Titel die Gattungsbezeichnung führt (1934). Als aller Kennzeichen erscheint die innige Verbindung der Darstellung äußerer Erlebnisse und Begebenheiten mit derjenigen von inneren Erfahrungen, die der Autor jeweils mit Tiefenschärfe erfasste.

Von Luther gibt es keine Selbstbiographie. Doch existiert eine ganze Reihe von Biographien (wie übrigens auch eine Anzahl von Biographien Freuds vorhanden ist; keine Selbstbiographie, versteht sich!). Es kam jedes Mal darauf an, ob die Verfasser genügend Material vorfanden. Das war hier wie dort der Fall. Es ist sogar nicht falsch zu sagen, dass Luther und Freud zu denjenigen Persönlichkeiten der Geschichte zählen, deren Leben zu den am besten dokumentierten aller Epochen gehören. Zu den Materialien, die instruktive Fakten sowie wertvolle persönliche Zeugnisse und gedankenreiche Argumentationen des Reformators bieten, rechnen seine eigenen Bemerkungen, wie sie verstreut in seinen Werken enthalten sind, gelegentlich in den Dichtungen (Liedern), rechnen seine vielen Briefe und Predigten, dann aber auch die überlieferte Menge seiner Tischreden. Zu dieser Fülle kommen noch die wiederum reichlichen Äußerungen anderer über ihn, die sich, wie die schriftliche Hinterlassenschaft Luthers, ebenfalls über die Jahrhunderte hinweg erhalten haben und der Forschung – viele von ihnen gedruckt – zur Verfügung stehen.

Für den vorliegenden Aufsatz war unter den vielfältigen Zeugnissen auf wichtige Äußerungen Luthers zurückzugreifen, die sich auf Schlüsselerfahrungen seines Daseins und zentrale Inhalte seiner Glaubenswelt beziehen: die Herkunftsfamilie, der Eintritt ins Kloster und der Austritt daraus, Gott, Christus, der Papst, der Teufel, die Geister usw.

Elternhaus und Kloster

Erziehungspraxis

Es gibt von Luther eine Handvoll Kindheitserinnerungen[13], die erweisen, dass er selber den engen Zusammenhang zwischen den Demütigungen, denen er in seinem Elternhaus ausgesetzt war, und einer seiner hauptsächlichen Entscheidungen erkannte, die er für seine Zukunft zu treffen hatte. Für seinen Entschluss, im Alter von 22 Jahren ins Kloster einzutreten, machte er die elterliche Erziehungspraxis verantwortlich. Über diese klagte er in mehreren Tischreden[14]:

„Meine Eltern haben mich in strengster Ordnung gehalten bis zur Verschüchterung. Meine Mutter stäupte mich um einer einzigen Nuß willen, bis Blut floß. Und durch diese harte Zucht trieben sie mich ins Kloster."[15]

„Mein Vater stäupte mich einmal so sehr, daß ich vor ihm floh und er Mühe hatte, bis er mich wieder an sich gewöhnte."[16]

Dass es die Härte der elterlichen Erziehung war, die seinen Entschluss zum Klosterleben bewirkte, wiederholte er: „Solch strenge Zucht trieb mich in die Möncherei, aber sie meintens herzlich gut."[17] Im originalen Wortlaut heißt es ohne Umschweife: „stricta disciplina" im Elternhaus habe ihn „ad monasterium" getrieben[18].

Dass auch die Schule nicht ohne Körperstrafen auskam, daran erinnerte er sich ebenfalls; so etwa, er sei einmal an einem Vormittag „fünfzehn Mal geschlagen worden ohne alle Schuld".[19] Oder die Schuld war allzu gering: er hatte eine Lektion nicht gelernt.

Will man den authentischen Äußerungen des Sohns Glauben schenken, waren die Erziehungsmethoden beider Elternteile in ihrer Härte wesentlich dieselben, was er nicht ohne Bitterkeit registrierte. Und doch scheint er nicht zu ihnen beiden dasselbe problematische Verhältnis gehabt zu haben. Das zum Vater, Hans Luder, mündete für Jahre in einen Konflikt, der sich allenfalls temporär beilegen ließ und deshalb den Sohn vor die immerwährende Pein stellte, die Gefühle der Abneigung, so gut es gehen wollte, niederzukämpfen – die Spuren des Kampfs sind bis heute sichtbar, wir können sie in den Aussagen Luthers und in den von diesem überlieferten seines Vaters studieren. Und wie stand er mit der Mutter, Margarete (auch: Margrethe)? – Unzuträglichkeiten, gewiss, doch jedenfalls mündeten sie nicht ebenfalls in einen Dauerkonflikt; wenigstens hört man von einem solchen nichts. Erikson differenzierte: „Wenn er auch Gefühle des Zorns oder der Ablehnung gegen sie empfunden haben mag, kamen sie jedoch niemals so dra-

Abb. 4 H. Aldegrever, Der strenge Vater, Kupferstich, 1553.

matisch zum Ausdruck wie sein Vaterhaß, der die Gestalt brennenden Zweifels an der göttlichen Gerechtigkeit annahm."[20] Und er formulierte eine Hypothese: „Die Doppelrolle der Mutter als wehrloses Opfer des brutalen Vaters und als gehorsame Gehilfin beim Strafen der Kinder könnte einen eigentümlichen Bruch in Martins Mutterbild erklären. Die Mutter war vielleicht nur deswegen grausam, weil man sie dazu zwang, der Vater aber wollte es sein."[21] Dies spräche alles in allem dafür, dass in seinem Leben die Mutter, ebenso wie die mütterliche Wesensart nur von mäßiger Bedeutung gewesen wären (aber s. u.!). Über die Beziehung des Sohns zum Vater versichert Erikson, dass „Martin seinem Vater keinen aufrichtigen Haß entgegenbringen konnte", und zwar deshalb nicht, weil er sich seiner wirklichen Einstellung zu ihm nicht bewusst zu werden vermochte. Die Wahrheit sei aber, dass er ihn mit großer Energie „unbewußt haßte". Den Beweis sieht Erikson in einer Eigenart des Reformators: „im verzögerten Handeln", einem so lange aufgeschobenen, dass „die endliche Explosion Unbeteiligte traf". D. h.: Die eigentlich dem Vater geltende Aggression verschiebt er von Mal zu Mal auf eine andere Person oder ein Personenkollektiv. „Diese Fähigkeit zu hassen ebenso wie seine Unfähigkeit, denen zu vergeben, die ihm seiner Meinung nach in seinen schwächeren Jahren Hindernisse in den Weg gelegt hatten, teilt er mit anderen großen Männern."[22]

Ein später geändertes Elternbild

Später begriff er durchaus, dass in früherer Zeit seine Beziehung zu den Eltern, besonders zum Vater, nicht die Bewandtnis gehabt hatte, wie es die biblische Vorschrift gebot. Einstmals hegte er z. B. die Vorstellung, dass ein geistlicher Vater dem leiblichen an Würde unbedingt überlegen wäre, indem er dem natürlichen Vater lediglich physische und auch gesetzliche Bedeutung zugestand. Am Ende der zwanziger Jahre des Jahrhunderts widerrief er diese Auffassung und räumte ein, ein hoher – nämlich doch geistlicher – Rang eigne gemäß den Zehn Geboten auch den natürlichen Eltern.

Man könnte sagen: In seinem *Großen Katechismus* von 1529 reparierte der Theologe Luther das Bild der leiblichen Eltern, insofern es durch ihn gelitten haben musste, und sprach ihnen den höchsten geistlichen Rang nächst Gott zu, ihnen und übrigens im selben Gedankengang der Obrigkeit. So schon im Kommentar über das 1. Gebot. Eltern üben eine Tätigkeit aus in ihrer Rolle als Agenten Gottes. Sie bilden eine mittlere Instanz zwischen diesem und der kindlichen Empfängerin und dem Empfänger von allem Guten: „Denn unsere Eltern und alle Obrigkeit, dazu ein jeglicher gegen seinen Nächsten, haben den Befehl, daß sie uns alle Arten Gutes tun sollen, also, daß wirs nicht von ihnen, sondern durch sie von Gott empfangen."[23] Im Abschnitt über das 4. Gebot („Du sollst deinen Vater und Mutter ehren") lehrt er: „Wichtig also, daß man dem jungen Volk einpräge, ihre Eltern an Gottes Statt vor Augen zu haben und immer daran zu denken, auch wenn sie vielleicht gering, arm, gebrechlich oder dement seien, daß sie dennoch Vater und Mutter sind, von Gott gegeben. Ihres Wandels oder Fehls halben sind sie der Ehren nicht beraubt. Darum ist nicht ihre Erscheinung der Maßstab, die Gestalt, wie sie sind, sondern es zählt allein Gottes Wille, der es so einrichtet und anordnet. Sonst sind wir zwar vor seinen Augen alle gleich; aber ohne eine gewisse Ungleichheit und solche Unterschiede kann menschliches Leben keinen Bestand haben."[24]

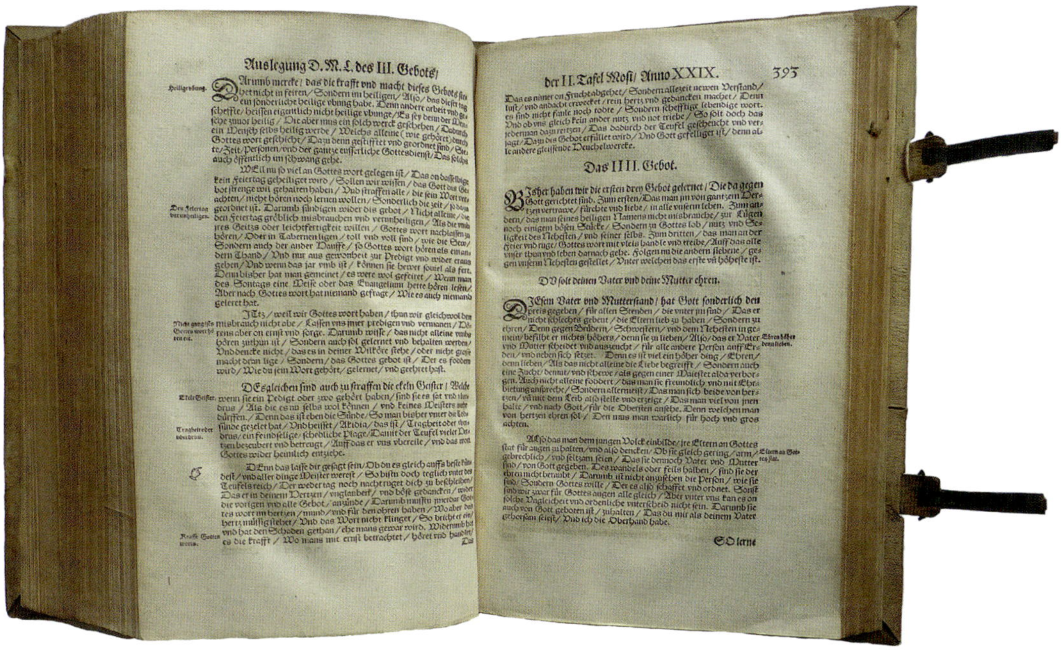

Abb. 5 M. Luther, Großer Katechismus, in: ders., Alle Bücher und Schriften, Band IV, Jena, 1566, Stadtarchiv Rothenburg.

„Der klassische Fall der Ambivalenz menschlicher Gefühlsregungen“

Um die Strebungen im Gefühlshaushalt des jungen Martin beschreiben zu können, ist der tiefenpsychologische Ausdruck „Ambivalenz“ unentbehrlich, den ursprünglich der Zürcher Psychiater Eugen Bleuler (1857–1939) in die Wissenschaft einführte. Er besagt, dass eine Person einer anderen – selbst einem engen Verwandten – zugleich Liebe und Feindseligkeit entgegenbringen wird, d. h. also, dass in der Grundhaltung der ersten Person beides auf einmal existiere, womit ihre Gefühlslage tief gespalten, zweiwertig sei; dies jedoch, ohne dass die liebende und hassende Person beides in ihrem Bewusstsein auffindet. Gewöhnlich müsste es der Hass sein, der verdeckt bleibt. Freud schrieb: „Solche im Unbewußten versteckte Feindseligkeit hinter zärtlicher Liebe gibt es nun in fast allen Fällen von intensiver Bindung des Gefühls an eine bestimmte Person, es ist der klassische Fall, das Vorbild, der Ambivalenz menschlicher Gefühlsregungen.“[25]

Ein weiterer Ausdruck, ohne welchen das seelische Geschehen in einem Menschen kaum angemessen wiederzugeben wäre, ist: „Imago“. So z. B. in der Kombination „Vater-Imago“, „Mutter-Imago“. Bedeutung: ‚zuvor erworbenes Bild des Vaters bzw. Bild der Mutter, welches jeweils auf eine andere – väterliche oder mütterliche Züge aufweisende – Person übertragen werden kann‘. Im Seelenleben eines Individuums formt sich der Eindruck der übrigen Menschen seiner Umgebung, und sehr zu beachten: die gegebene Ambivalenz bewirkt, dass etwa das Vaterbild, die Vater-Imago, in zwei gegensätzliche Bestandteile zerlegt wird. Jedem liegt eine Gefühlsregung zugrunde. Die Liebe inspiriert das Bild des ‚guten Vaters', die Feindseligkeit dasjenige des ‚bösen Vaters', beide existieren in der Psyche einer Person, obschon dem ‚guten' oder ‚bösen' Vater nicht unbedingt eine reale Wesenheit in der Alltagswelt zukommen muss. In klassischer Weise hat Goethe das zerstörerische Gegeneinander von zwei Vater-Imagines in seiner Ballade vom „Erlkönig" veranschaulicht, in der ein liebend-schützender Vater und ein hassend-mordender zugegen sind, wobei der zweite den Sieg davonträgt.

Wie entstehen die Bilder (lat.: *imagines*)? Indem die Gefühlsregungen einer Person nach außen geworfen werden; das ist der Vorgang der „Projektion". Was dann auf der seelischen ‚Bühne' – die Psyche einmal als Fläche gedacht – in Erscheinung tritt, ist die „Personifikation". Es geschieht danach leicht, dass auf diesem inwendigen Theater zwei konträre Personifikationen einander bekämpfen, etwa „ein erhöhter Vater", in dem man „Gott" wiedererkennen könnte[26], und auf der anderen Seite der Satan. Gelegentlich lässt ein Dichter beide, Gott und den Teufel, in einem Szenario miteinander diskutieren; so Goethe in seiner Tragödie *Faust*, wo im „Prolog im Himmel" „der Herr" und Mephistopheles aufeinander treffen. Sehr häufig gibt es die triviale Variante im Film. Ein Western zeigt z. B. den Todkampf – gern zum Schluss in einer Arena – zwischen einem Guten und einem Bösen, das Finale, welches „the good" und „the bad" gegeneinander bestreiten. Was liegt zugrunde, wenn man den Sachverhalt entmythologisierend betrachtet? Vorhanden sind in einem Individuum einmal eine liebende Strebung und gleichzeitig eine hassende, die miteinander ringen. Entsprechend verglich Freud die „Projektionsschöpfungen der Primitiven" mit den „Personifikationen, durch welche der Dichter die in ihm ringenden entgegengesetzten Triebregungen als gesonderte Individuen aus sich herausstellt."[27]

Die Krise und die Notwendigkeit des Austritts aus dem Kloster

Es konnte nicht anders sein. Die „harte Zucht" im Elternhaus verstärkte in Martin die wie in fast jedem Heranwachsenden ohnehin vorhandene Ambivalenz im Verhältnis zu den Eltern in bedenklichem Maß.

Sie veranlasste ihn zu Fluchtbewegungen, als deren folgenreichste er künftig den Eintritt ins Kloster erkennen sollte. Dieser stellte in seiner Lebensgeschichte einen ersten tiefgreifenden Bruch dar (1505). Otto Scheel ordnete in seinem Luther-Buch den gesamten Vorgang in einem Kapitel ein, dem er die Überschrift gab: „Die Katastrophe"[28]. Wie immer Luther ihn in seinen Überlegungen begründete, es gab ein unbedingtes Motiv dafür, das er selber nicht sofort zu durchschauen wusste: Im Kloster suchte er die Nähe einer väterlichen Instanz, Gottes. Und was bezweckte er mit der Annäherung an Gottvater? Er suchte die Unterordnung unter ihn. Sie gestattete es ihm, sich des Jochs des natürlichen Vaters, Hans Luders, zu entledigen. Dazu musste, schreibt Erikson, Gottvater in Luthers Seele gegen den leiblichen Vater „aufkommen". Dem gesuchten Gottvater fiel die Funktion einer Gegeninstanz zu:

„Es war notwendig, daß Gott in Martin gegen Hans aufkam, damit Martin unfolgsam sein und die ganze Sache des Gehorchens und Verwerfens auf eine höhere Ebene heben konnte. Es mußte etwas geschehen, das sich überzeugend als von außen und von oben kommend auswies, damit entweder Hans sich genötigt fühlte, den Sohn ziehen zu lassen (was er, wohlgemerkt, niemals getan hätte), oder Martin seinem

Vater und der Vaterschaft abschwören konnte. Denn das endgültige Gelübde bedeutete, daß Martin künftig einem anderen Vater diente und daß er auch niemals Vater von Hans Luders Enkelkindern werden würde. Die Priesterweihe verlieh dem Sohn das Amt eines geistlichen Vaters, eines Hüters der Seele und Führers zur Ewigkeit, und wies dem natürlichen Vater lediglich physische und gesetzliche Bedeutung zu."[29]

Das Kloster versammelte eine Anzahl von Mönchen, die als Gemeinschaft von Brüdern organisiert war und einer Vaterfigur, dem Abt (von „abba[s]" = ‚Vater'), unterstand. Es erlaubte dem einzelnen, sich selber zum Pater (auch = ‚Vater') hochzudienen, also sich in der Hierarchie als ‚väterliche' Persönlichkeit zu etablieren. So Martin. Er war nun der Höhergestellte, durch dessen neue Rolle als geistlicher Vater sein eigener leiblicher Vater geringer schätzbar erschien.

Freilich das ihm bewusste, von seiner Seite offen eingestandene Motiv war erst einmal ein anderes. So verzeichnet es überwiegend auch die Forschungsliteratur: Den jungen Martin hätte ein der heiligen Anna bei einem Unwetter abgelegtes Gelübde ins Kloster in Erfurt getrieben. Sein Klostereintritt also die Wirkung eines in einer Notsituation einmal schnell hervorgestoßenen Gelübdes, und dies entscheidend für die Zukunft dessen, der es ablegte? Konnte er dem nicht getrost zuwider handeln? Das lag nicht in den Möglichkeiten eines Christen damals. Ein Heiliger oder eine Heilige stellte für ihn immer eine unwiderstehliche Instanz dar. Die hl. Anna, daran gab es nicht den geringsten Zweifel, würde unweigerlich auf der Einhaltung des ihr zugeschworenen Worts bestanden haben. Man kannte sie, war mit ihrem Wesen vertraut. Sie zählte zum inneren Kreis der Familie Luder, eine Heilige, die im Alltag des Elternhauses ständig zugegen und aus ihm nicht wegzudenken war, in der Gedankenwelt aller verankert: die Heilige der Bergleute, und Hans Luder betätigte sich im Bergbau, sogar als kleiner Unternehmer in diesem Gewerbe. Zugleich wussten alle, dieselbe Heilige sei die Mutter der Mutter Gottes, Marias Mutter, und damit noch wieder eine mütterliche Instanz, eine Repräsentantin der Mutter-Imago[30], in der Christenheit die vornehmste gleich nach der hl. Jungfrau selber. Diese mütterliche Frau würde kaum darauf verzichtet haben, dass Martin sich gemäß seinem Gelübde von seinen leiblichen Eltern trenne, um sich dem Konvent anzuvertrauen.

Den Eintritt ins Kloster vollzog der junge Mann Luther keinesfalls etwa, um in dieser geistlichen Stätte der in seiner Herkunftsfamilie verehrten hl. Anna neuerlich zu begegnen. Ein junger Student entfernte sich aus dem Umkreis des tyrannischen leiblichen Vaters, um Distanz zu gewinnen und sich einem gottgefälligen Leben zu widmen. Was er nicht voraussah, nicht hatte voraussehen können: dass er, zwar im Konvent untergekommen, seine Probleme nicht wirklich hinter sich ließ. Sie begleiteten ihn hierher. In der Erfurter Augustinergemeinschaft setzte er sich erneut dem Zwist aus, der ihn im Elternhaus so lange quälte, nur dass dieser jetzt geistlich verkleidet daher kam, doch im Kern – ihm nicht bewusst – nichts anderes war als die Fortsetzung des ihm nur zu gut bekannten alten. Denn „Gott in die Rolle des gefürchteten Vaters" versetzt, was erreichte der Mönch damit? Erikson gab die Antwort: „Damit schloß sich der Kreis, und das Verdrängte kehrte mit ganzer Macht zurück; denn nun entsprach die Stellung Gottes genau der, die der Vater eingenommen hatte, als Martin versuchte, sich mit Hilfe des Gewitters in die Theologie zu flüchten."[31] – Was war im Seelenleben des jungen Mönchs das Verdrängte? Sich selber darüber Rechenschaft abzulegen vermochte er nicht, auch nicht, es anderen zu bekennen, weil man kein Bekenntnis über das ablegt, was man nicht im Bewusstsein vorfindet. Was lediglich im Unbewussten rumort, bleibt davon ausgeschlossen.

Das im Unbewussten Verbleibende war die Vaterablehnung, der Vaterhass.

Denn die Zwiespältigkeit im Verhältnis des jungen Mönchs zur Vater-Imago hatte nicht nur nicht nachgelassen, sondern es trat das Gegenteil ein: sie verstärkte sich noch, weil sich der Durchbruch des Verdrängten häufig mit um so mehr Dynamik vollzieht. Infolge Verlagerung seiner Feindseligkeit auf den unirdischen, auf Gottvater, geriet Martin in furchtbare Anspannung: „das Herz zitterte und zappelte sich ab, auf welche Weise Gott mir gnädig würde“[32]. Erikson schlägt die Deutung vor, es habe sich das eine im anderen gespiegelt, in der theologischen Rastlosigkeit die Verzweiflung aus seinem Verhältnis zum Vater: „Die theologischen Fragen, die er als junger Erwachsener angriff, spiegelten natürlich die besonderen Schwierigkeiten der Beziehung zu seinem eigenen Vater.“[33] In Martins Haltung gegenüber beiden, dem irdischen Vater wie dem überirdischen, sei daraus eine komplizierte Verschachtelung, ein kurioses Ineinander von Ungehorsam und Gehorsam entstanden, oder wie derselbe Autor angibt, „eine der Geheimwaffen seiner Zwangshal-

Abb. 6
A. Dürer, Christus am Kreuz (aus „Die kleine Passion“), Holzschnitt, um 1509.

tung“: „die Verwandlung des offenen Ungehorsams gegen den Vater (weil er überhaupt Mönch war) in einen verborgenen Gehorsam gegenüber dessen Vorhersage (daß er ein schlechter Mönch sein werde) unter der Maske des Gehorsams gegenüber Gott (indem er ein mehr als nur leidlich guter Mönch sein wollte).“[34] Er verlor nicht nur das Vertrauen in die Güte Gottes, sondern in ihm keimte sogar die Ahnung auf, dass „irgend etwas mit jenem ersten Blitzschlag … nicht gestimmt hatte“. Entsetzlich durchfuhr es ihn, „wenn er Christi Namen nennen hörte oder unvermutet den Heiland am Kreuz wahrnahm. Während seiner ersten Messe hatte er das Empfinden gehabt, ohne Christi Vermittlung zu sein, jetzt begann er die Opfertat des Gottessohns zu hassen.“[35] In den kommenden Vorlesungen über mehrere Bücher der Bibel entwickelte sich daraus Luthers Interpretation, dass „im inneren Ringen eines jeden Menschen“ in diesem nichts Geringeres als „Christi Passion“ sich aufs neue abspiele[36].

Ihn rettete nur die Erkenntnis: nicht durch sein noch so verzweifeltes Ringen, sondern einzig als Geschenk Gottes werde ihm Gnade zuteil, Ausdruck dafür: die „Rechtfertigung“. Nicht so, dass ihm auferlegt gewesen wäre, sich etwa wegen eines Vorwurfs zu verteidigen, sich gegen ihn behauptend. Denn wie muss „Rechtfertigung“ im heutigen Deutsch wiedergegeben werden? Es ist: die ‚Richtigmachung‘ des Menschen als Verschmelzung mit der Lehre und Gestalt Jesu. In der Erscheinung des Heilands ist sie dem Getauften zugesichert. Luther spricht es aus: „Ja, ich war vom Glauben abgewichen, und ließ michs nicht anders bedünken, als daß ich Gott erzürnt hätte und ihn mir mit meinen frommen Bemühungen wieder versöhnen müßte. Aber Gott sei Lob und Dank, daß wir sein Wort wiederhaben. In der Darstellung des Evangeliums werden wir über Christus dergestalt unterrichtet, daß wir in ihm unsere Rechtfertigung haben.“[37]

Die Gründe seines Klostereintritts beschäftigten ihn noch geraume Zeit, in Verbindung damit die Frage oder Fraglichkeit eines Mönchsgelübdes. Rückblickend durchdachte er sie in den Monaten nach dem Reichstag zu Worms abermals aufs gründlichste. Er verfasste die Expertise *De votis monasticis iudicium* (Gutachten über die Klostergelübde, 1521). Die Vorrede richtete er – und dies will viel besagen – an einen ausgesuchten Adressaten, seinen Vater Hans Luder.

Im *Großen Katechismus*[38] von 1529 beschäftigte ihn das hinter ihm liegende Klosterleben ein weiteres Mal. Darin häufte er starke Argumente dafür auf, dass es mit Gottes Anweisungen übereinstimme, wenn er auf das Mönchsdasein Verzicht geleistet habe, der selbstgerechten Existenz im Konvent absagend. Nicht der Eintritt hätte gute Gründe für sich gehabt, sondern der Austritt hatte sie; nicht das Abtun des Gelübdes war falsch, sondern falsch gewesen war, es einstmals abzulegen. Er lehnte sich überhaupt gegen das unleugbare Faktum auf, dass in der christlichen Welt Klöster und Mönchsgelübde immer weiter existierten, und strengte sich an, beiden die theologische Legitimation zu entziehen.

War es erlaubt, hatte ihn jene „harte Zucht“ ins Kloster treiben dürfen, überlegte er. Nein, und seine Eltern waren im Recht, ihm zu grollen. Personen, die „an Gottes Statt“ sitzen, haben die Freiheit zu „zürnen“. Solche Personen seien Eltern und Obrigkeit. Dem Zorn der Eltern mit eigenem Zürnen zu entgegnen, ist ein Verstoß des Kindes gegen den Grundsatz, dass hier nicht ein Gleiches mit Gleichem zu vergelten sei, weil Gott zwischen Eltern und ihren Kindern kein Verhältnis der Gleichheit haben will, ebenso wenig wie zwischen Obrigkeit und ihren Untergebenen. So lehrt Luther es in seiner Auslegung des 5. Gebots („Du sollst nicht töten"):

„Dies Gebot schließt ein, daß es jedem Menschen untersagt ist zu zürnen. Eine Ausnahme bilden nur diejenigen Personen, die an Gottes Statt sitzen, das sind die Eltern und die Obrigkeit. Denn Gott sowie den Menschen in einem durch Gott verordneten Stand gebührt es zu zürnen, schelten und strafen. Das verschulden immer diejenigen, die dies und andere Gebote übertreten."[39]

Da die Eltern ihn ausdrücklich verboten hatten, verstieß der Klostereintritt gegen das 4. Gebot. Würden die Menschen stets bedenken, dass, wie alle Gebote das 4. von Gott herrühre, entnähmen sie daraus auch, dass es entsprechend „heilige Leute" (‚Gläubige, Fromme') geben müsse, „die nach diesen Worten lebten". Und was müsste das bedeuten? – Entsprechend „hätte man niemals das Klosterleben noch geistliche Stände einführen dürfen …"[40] Hier sprach aus Luther der Reformator, ein geistlicher Revolutionär, der folgerte: das Klosterwesen und die kirchliche Hierarchie können dort keinerlei Legitimität beanspruchen, wo man Gottes Wort achte wie erforderlich. Sind sie trotzdem eingerichtet worden, historisch eine erwiesene Gegebenheit, so ja der schlagende Beweis, dass das 4. Gebot unter die Füße getreten werde.

Und bei Auslegung desselben Gebots erläuterte Luther, es sei besser, „wenn du deine tägliche Hausarbeit verrichtest, … als aller Mönche Heiligkeit und strenges Leben"[41]

In seinen Ausführungen zum 6. Gebot kommt der Verfasser noch einmal darauf zurück, dass die Klostergelübde falsch seien, wohingegen richtig, weil von Gott verordnet, der eheliche Stand:

„Darum ist durch dies Gebot jegliches Gelübde verdammt, das zur Keuschheit verpflichtet, ohne die Ehe zu gestatten. Es erlaubt, ja befiehlt allen armen gefangenen Gewissen, die durch ihre Klostergelübde getäuscht worden sind, aus dem unkeuschen Stand aus- und ins eheliche Leben zu treten …"[42].

Zu alledem fällt das Klostergelübde mit einer Entweihung des Sakraments der Taufe in eins. Einem getauften Gläubigen sei durch den Akt der Taufe die Seligkeit bereits zugesagt. Dies habe er selber zum Unglück außer Acht gelassen, so dass er, in Verzweiflung fallend, im Kloster selber ihre Wirkung einstweilen zunichte machte:

„Denn kam nur eine winzige Anfechtung vonwegen Tod oder Sünde, so verlor ich den Boden unter den Füßen und hatte weder an meiner ‚Taufe' noch überhaupt an der Möncherei eine Stütze. Auf der anderen Seite hatte ich Christus und die wahre Taufe auch längst verloren. Da war ich der elendeste Mensch auf Erden."[43]

Die zwei Taufen, die Luther hier erwähnte, sind die ursprüngliche Taufe, „die wahre", wodurch dem Täufling die Seligkeit verheißen ist, und die sogenannte ‚Mönchstaufe'. Diese zweite, spätere war im Klosterwesen aufgekommen, wo sie üblicherweise zur Bekräftigung des Standes des Insassen vorgenommen wurde und die Luther inzwischen als schädlich verwarf, weil ohne Nachweis in der Bibel.

In autobiographischen Bekenntnissen kam er später oftmals auf sein Klosterleben zu sprechen:

„Dennoch bin ich selbst fünfzehn Jahre lang Mönch gewesen – von den Jahren davor rede ich nicht –. Ich habe fleißig ihre sämtlichen Bücher gelesen und alles getan, was in meiner Macht lag. Trotzdem war ich nie imstande, mich damit zu beruhigen, daß ich christlich getauft bin. Immer dachte ich: O wann wirst du endlich gut werden und genug tun, daß du einen gnädigen Gott kriegst? Und durch Skrupel dieserart bin ich in die Möncherei getrieben, habe mich zermartert und zerquält mit Fasten, Kälteleiden und asketischem Leben, damit aber nichts weiter ausgerichtet, als daß ich um die Früchte der Taufe gekommen bin, ja half, sie zu verleugnen."[44]

„Dem Doktor Staupitz habe ich oft gebeichtet. Nichts von Frauen, sondern schwerwiegende Wirrungen. Da antwortete er: ‚Ich verstehe das nicht.' Das heißt recht getröstet! Kam ich danach zu einem anderen, so ging mirs auch ebenso. Kurz und gut, kein Beichtvater wollte davon etwas wissen. Da dachte ich: Diese furchtbare Anfechtung hat niemand denn du. Da starb ich ab in mir. Zuletzt, als ich so völlig zu Boden gedrückt war, fing Doktor Staupitz bei Tische an und sagte zu mir: ‚Warum seid Ihr so niedergeschlagen, Bruder Martin?' Ich entgegnete: Ach, wie soll es mit mir weitergehen? Er antwortete: ‚Oh, Ihr wißt nicht, daß Euch solche Anfechtung gut und notwendig ist, sonst würde nichts Gescheites aus Euch.' Das verstand er offenbar selber nicht, denn er vermutete: gelehrt wie ich war, würde ich stolz und hoffärtig werden, wenn ich keine Anfechtung hätte. Ich aber nahm es auf, wie Paulus sagt (2. Ko. 12,7): ‚Mir ist ein Pfahl ins Fleisch gegeben, damit ich mich der hohen Offenbarung wegen nicht überhöbe.' Deshalb begriff ichs als ein Wort und die Stimme des heiligen Geistes. Ich war sehr

Abb. 7 P. Thumann, Luthers Trauung, Öl auf Leinwand, um 1870, Bild: Wartburg-Stiftung Eisenach, Inv. Nr. M 0182.

‚fromm' im Papsttum, als ich ein Mönch war, und doch so völlig niedergeschlagen, indem ich wähnte, Gott wäre mir nicht gnädig. Ich hielt da Messe und betete und hab, wie sichs gehört im Kloster, keine Frau um es so auszudrücken – angesehen, geschweige gehabt."[45]

„Daß aber die Mönche die Taufe Christi mit ihrer Möncherei verglichen haben, können sie nicht leugnen. Denn sie habens von Anfang bis Ende auf der ganzen Erde so gelehrt und davon profitiert. Und auf dieselbe Art wurde auch ich vom Prior, Konvent und Beichtvater beglückwünscht, als ich das Gelübde abgelegt hatte. Ich wäre nun wie ein unschuldiges Kind, das soeben rein aus der Taufe käme. Und wirklich, ich würde mich gern über die herrliche Verwandlung gefreut haben sowie darüber, ein solch vortrefflicher Mensch geworden zu sein, der sich durch seine eigene Bemühung unerachtet des Blutes Christi selber so prächtig und heilig macht, ohne Schwierigkeit und rasch. Aber obgleich ich solch frommes Lob, Prunkworte dieserart über meine eigene Zurüstung mit Wonne anhörte und mich solchermaßen als einen feiern ließ, der Wunder tun, nämlich sich selbst auf so einfache Weise heilig machen und den Tod nebst Teufel fressen kann usw., so wollte das Ganze doch leider nicht vorhalten. Denn kam nur eine winzige Anfechtung vonwegen Tod oder Sünde, so verlor ich den Boden unter den Füßen und hatte weder an meiner ‚Taufe' noch überhaupt an der Möncherei eine Stütze. Auf der anderen Seite hatte ich inzwischen Christus und die wahre Taufe auch längst verloren. Da war ich der elendeste Mensch auf Erden. Tag und Nacht war da eitel Heulen und Verzweiflungsausbrüche, so daß mir niemand helfen konnte. Auf diese Weise wurde ich gebadet und ‚getauft' in meiner Möncherei, badete nämlich in meinem eigenen Angstschweiß. Gott sei Lob, daß ich mich nicht zu Tode geschwitzt habe. Ich wäre sonst längst im Abgrund der Hölle mit meiner ‚Mönchstaufe'. Denn ich erkannte in Christus nichts weiter als den strengen Richter, vor dem ich fliehen wollte und doch nicht fliehen konnte."[46]

„Im Kloster hatten wir genug zu essen und trinken. Aber das Herz und Gewissen litten da Unglück und Martern, und das seelische Unglück ist das allergrößte. Ich bin oft vor dem Namen Jesu erschrocken, und wenn ich ihn anblickte am Kreuz, so dünkte mich, er war mir wie ein Blitz, und wenn sein Name genannt wurde, so hätte ich lieber den Teufel nennen hören. Denn ich wähnte: Ich müßte so lange fromme Zeremonien vollführen, bis mir Christus dadurch zum Erlöser und gnädig gemacht würde. Im Kloster dachte ich nicht an Frauen, Geld oder Gut, sondern das Herz zitterte und zappelte sich ab, auf welche Weise Gott mir gnädig würde. Ja, ich war vom Glauben abgewichen und ließ michs nicht anders bedünken, als daß ich Gott erzürnt hätte und ihn mir mit meinen frommen Bemühungen wieder versöhnen müßte. Aber Gott sei Lob und Dank, daß wir sein Wort wiederhaben. In der Darstellung des Evangeliums werden wir über Christus dergestalt unterrichtet, daß wir in ihm unsere Rechtfertigung haben."[47]

„Ich habe meine Theologie nicht auf einmal gelernt, sondern hab immer tiefer und tiefer graben müssen. Da haben mich meine Anfechtungen hingebracht, weil man nicht lernt, was nicht die Seelennot erzwingt."[48]

Die Zerlegung des Bildes der Eltern

In Luthers Gedankenwelt ist die Vielfalt der Abspaltungen von den Bildern der Eltern eigentümlich und insbesondere, welche Dramatik sich damit im Kampf seiner psychischen Kräfte entband. Die Abspaltungen unterschieden sich qualitativ. So konnte immer eine bestimmte Person der realen oder Alltagswelt eines Individuums Züge eines Elternteils gewinnen, womit sie sich dann als Spaltungsprodukt der Mutter- oder Vater-Imago erwies. Luther deutete gelegentlich auch eine gesellschaftliche Einrichtung der realen Welt im Sinne einer elterlichen Imago. Endlich erschienen noch oft sehr mächtige supernaturale Wesen als Abspaltungen dieser oder jener Imago, dem Volksglauben nach als unbedingt immaterielle „Geister".

Die Mutter-Imago

Wie sich eine Aufspaltung des Vaterbilds ergeben kann – neben dem natürlichen, irdischen Vater erscheint dann z. B. der allmächtige himmlische oder Gottvater –, so geschieht vergleichbar häufig auch diejenige des Bilds der Mutter. Zur leiblichen tritt dann regelmäßig die Mutter Gottes, die Madonna. Erikson vermerkt über Luthers Einstellung zur Jungfrau Maria: „Die Madonna wurde mehr oder weniger sanft beiseitegeschoben."[49] Wie weit tatsächlich? – Luther widmete ihr in seiner *Weihnachtspostille* (1522) eine liebevolle Betrachtung: „ein armes, junges Weible", – die allergeringste Magd, aber ausersehen, der Welt das höchste Heil zu gebären![50]

Forscht man weiter in Luthers Biographie und dringt in seine Denkweise ein, wird man alsbald gewahr werden, dass in seinem Leben der Mutter-Imago keine unwesentliche Rolle zufällt. Ja, die Doublierung – leibliche Mutter / in den Himmel aufgestiegene Gebärerin des Erlösers – weitet sich aus zur Vervielfältigung der Mutterfiguren. In Eisenach wurde er „mit einer zweiten Mutter" beglückt, Ursula Cotta. In ihr fand er „eine ihm freundschaftlich gesinnte Matrone ..., die seine Musikalität und Frömmigkeit schätzte, sich des Jungen ohne Bleibe (denn seine Verwandten hatten ihn nicht aufgenommen) erbarmte und ihm tatkräftiges mütterliches Interesse, vielleicht auch noch eine andere Art weiblichen Gefühls entgegenbrachte."[51]

Über die Einzelperson hinaus war in Martins Vorstellung ein Kollektiv – zusammengesetzt aus einer nicht präzis angegebenen Anzahl von zeitgenössischen Menschen – mit mütterlicher Aura versehen. Daher sagt er vom Christen: „Denn zum ersten hat er eine eigene Gemein[d]e in der Welt. Sie ist die Mutter, die einen jeglichen Christen gebiert und erzieht kraft des Wortes Gottes. Dieser offenbart es und läßt es wirken, so daß es die Herzen erleuchtet und anzündet, damit sie es begreifen, überhaupt auch annehmen, daran hängen und dabei bleiben."[52]

Die – feminin aufgefasste – Gemeinde, so stellt er es sich vor, ist also als Entsprechung zur leiblichen die geistliche Erzeugerin eines „jeglichen Christen". Darüber hinaus kommt, wie Erikson darlegt, Luther einmal mit Verwendung des Terminus matrix „dem Begriff ‚mater' so nahe, wie er es überhaupt vermag." Es geschieht bei Diskussion des Sachverhalts „Gebet": „Die Neugeburt durch das Gebet ist in zweifacher Art passiv: Sie bedeutet Hingabe an Gott den Vater, aber auch Wiedergeburt aus dem Muttergrund der Heiligen Schrift (‚ex matrice scripture nati')."[53]

Als Abspaltung von der Mutter-Imago könnte auch ‚die Hexe' verdächtigt werden, jenes Bild einer feindseligen weiblichen Gestalt, die mit übernatürlichen Kräften und Fähigkeiten ausgestattet geargwöhnt wird. Zusammen mit disparaten Zügen beider Eltern, so Erikson, müsste Martin es ebenfalls im Elternhaus übernommen haben[54].

Die Vater-Imago

Wie es in Luthers Sicht an Abspaltungen der Mutter-Imago nicht mangelt, so erst recht

Abb. 8
A. Dürer, Titelblatt des Zyklus „Das Marienleben“, Holzschnitt, um 1511.

nicht an solchen der Vater-Imago. Diese waren die hauptsächlichen Personifikationen auf seiner inneren Bühne, und das Drama, das sie miteinander aufführten, bildete die entscheidende Voraussetzung für die Reformation, die Ursache dafür, dass der Reformator den archimedischen Punkt traf, um mitzuwirken, die drängenden Probleme seines Zeitalters, soviel es in seinen Möglichkeiten lag, zu lösen.

Einmal vom natürlichen Vater, Hans Luder, abgesehen, säumten höchst verschiedenartige Vatergestalten seinen Weg. Dabei eine sehr konkrete: unter den geistlichen Vätern Martins ein besonders begabter Seelenführer, der ihn im Kloster einfühlsam beriet: der Generalvikar und Provinzial Johann von Staupitz. Ein kluger Theologieprofessor, freundschaftlicher Helfer Luthers, „der ihm gegen Ende seiner Zwanziger Jahre väterlich fördernd zur Seite stand“. Er hatte Martin für einen der beiden Lehrstühle ins Auge gefasst, „deren Dozenten von den Augustinern gestellt wurden. … Indem er so die Bedürfnisse eines hervorragenden, aber gefährdeten Mitglieds seines Ordens mit den Erfordernissen des Gemeinwesens verband, erwies er sich als pädagogisch begabter, echter Therapeut. … Vielleicht fand er deshalb Freude daran, etwas echt Religiöses in Martin zu fördern, während Martin seinerseits mit einer vollständigen und positiven Vaterübertragung antwortete.“[55] Luther bezeichnete diesen älteren Ordensbruder als seinen theologischen Anleiter, was lebensgeschichtlich nicht unbedingt korrekt ist, aber aufschlussreich dennoch die Formulierung, die er dafür wählte. Er klassifizierte ihn nämlich als seinen „Vater im Evangelium“[56]. Erikson resümiert, Staupitz sei „die beste Vatergestalt, die Luther jemals getroffen und anerkannt hat.“[57]

Vermehrt zeigt sich die Gruppe der ‚Väter‘ dadurch dann, dass Luther die weltliche Obrigkeit und die geistliche ihr zuzählt, Instanzen, die, wie er meint, „alle in den Vaterstand“ gehören. Für ihn sind also an Vätern vorhanden: die leiblichen oder Hausväter, die Landes- sowie die geistlichen Väter (‚Kirchenväter‘). (Die Sprache begleitet die Aufspaltung der Vater-Imago schmiegsam!) Bei solcher Herleitung der Staatsgewalt fußt Luther auf einer archaischen Lehre, wonach die Autorität der Machthaber sich von der väterlichen herleitet oder von den „Patres et matres familias“, gemeint: von den Hausvätern und -müttern.[58] Diese Theorie blieb bis zur Aufklärung gültig, ehe sie widerlegt wurde (u. a. von John Locke). Und wie es keine Gleichheit im Ansehen zwischen den Eltern und ihren Kindern geben konnte, so auch keine zwischen den Fürsten und ihren Untertanen: Vielmehr bestehe Ungleichheit im Verhältnis der einfachen Menschen zu sämtlichen Personen, die „an Gottes Statt“ seien, und dies sind „alle, die man Herrn heißet, an der Eltern Statt sind, und von ihnen Kraft und Macht zu regieren nehmen müssen.“[59]

War dies so, handelten die Fürsten „an Gottes Statt“, wie konnten sich denn die Bauern im Bauernkrieg gegen sie erheben?

Supernaturale Mächte und Personen mit supernatural gedachten Kräften

„Himmlische“ und „böse Geister“

Nach einem oft zitierten Wort Max Webers ist die Geschichte der Religiosität – im Zusammenhang mit der Weltanschauung, der Mentalität – im neuzeitlichen Europa die Geschichte ihrer Entmythologisierung, ein „Entzauberungprozeß“.[60] In Luthers Jahrhundert sind frühe Zeugnisse für ihn vorhanden, etwa bei dem Dichter Johann Fischart, doch vollendet war er noch keinesfalls. So konnte es immerfort geschehen, dass ein Mensch, der sich im Hochgebirge in Lebensgefahr befand, dadurch vor dem Absturz bewahrt wurde, dass Gott aus einer Felsspalte trat, um ihn zu warnen und zu retten. Stets noch ist der „Zauber“ vorhanden, wirksam als Stimulans, das – so schrieb Nietzsche – den wachen „Tag eines mythisch erregten Volkes“ erfüllt.[61] Die mythisch stimulierten Menschen fühlten sich in einer Welt zusammen mit konkret anwesenden, häufig sehr aktiven Geistern mehrerer Kategorien, von deren Eingreifen sie vollkommen überzeugt waren. Luther hegte dieselbe Gewissheit ebenfalls, benannte auch die Quelle, welche über das Geisterwesen unterrichtet. Im *Großen Katechismus* schrieb er:

„Denn es sind sonst mancherlei Geister in der Schrift, solche wie Menschen-Geist, himmlische Geister und böse Geister.“[62]

Also aus der Bibel wusste er von ihnen. Dazu entnahm er ihr die Möglichkeit der Einteilung: Erstens den „Menschen-Geist“, zweitens die himmlischen Geister, die dem Menschen hilfreich zur Seite stehen, sich ihm in allerlei Situationen als nützlich erweisen und in jeglicher Gefahr beschützen, und außerdem – drittens – die bösen, die in allem das Gegenteil tun, dem Menschen in jeder Weise zu schaden suchen und ihn tatsächlich in höchste Not bringen, sowohl körperlich wie auch seelisch.

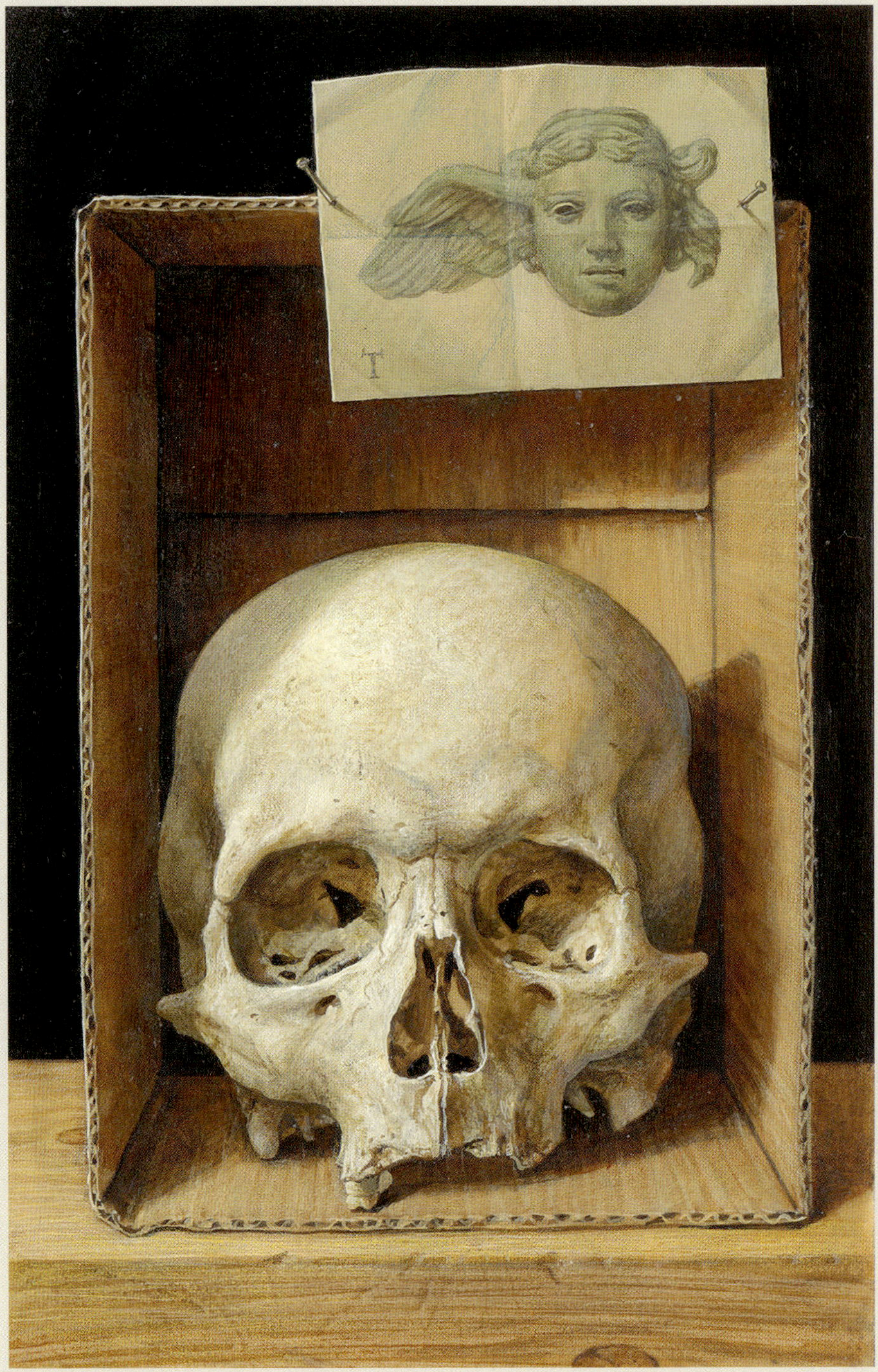

Abb. 9 M. Triegel, Tischreden – Schlaf und Tod, Mischtechnik auf Pergament, Bild: © VG Bild-Kunst, Bonn 2016.

Die Menschen des Zeitalters erlebten, dass ihre Welt und ihr Alltag an supernaturalen Vorgängen keineswegs arm waren. Und die Sphäre ihrer Gedanken und Vorstellungen erwies sich als überreich gefüllt von Personifikationen, Abspaltungen von den Eltern-Imagines und dazu Projektionen unterschiedlicher Art. So ist in der religionsgeschichtlichen Literatur z. B. die These aufgestellt worden, in älteren Jahrhunderten habe bei den Lebenden eine andere Einstellung dem Toten gegenüber geherrscht als in der neueren Neuzeit. Bei unbestrittenem Wissen, ein Toter sei tot, wäre er doch im Umkreis der Hinterbliebenen in merkwürdiger Weise ‚lebendig' geblieben – in einer anderen Art von Lebendigkeit als die in der Alltagswelt Lebenden freilich – was ein Forscher in dem Wort ausdrückte: „Die Toten machen mit." Das zeigte sich z. B. in dem Brauch, dass auf ihren Gräbern unbekümmert Feste gefeiert wurden, mit der Bereitstellung von Speise und Trank auch für die Abgelebten. (Noch heute etwa in Mexiko während bedeutender Feiertage.)[63]

Und genauso galt: „Die Heiligen machen mit." Sie betätigten sich mit den Lebenden zusammen sowohl im Alltag als auch bei Festlichkeiten, erwarteten dafür jedoch, dass ihnen zukam, was sie beanspruchen durften, und die Lebenden hegten die Überzeugung, daß die Heiligen genau im Bilde seien, auf welche Privilegien sie pochen konnten.

Wie die hl. Anna in der Familie Luder waren die übrigen heiligen Frauen und Männer im Alltagsleben der Menschen des Zeitraums häuslich. Heilige gab es in fünfstelliger Zahl.

Alle Angehörigen Hans Luders trugen biblische oder Heiligennamen; Hans – von Johannes –; Martins Mutter hieß nach einer der drei Nothelferinnen. Martins spätere Ehefrau nach einer anderen von ihnen. Martin selber war nach einem Heiligen benannt.

So weit wagte Luther sich doch nicht vor, an der Spitze der „himmlischen Geister" jetzt Gott, Christus, Maria zu erwähnen, sondern er dachte zunächst vor allem wohl an die Erzengel und Engel. Ebenfalls in der Nähe hier ordnete er die Heiligen und die Märtyrer ein. Unter den bösen Geistern verstand er die Dämonen und die Teufel; in deren Nähe gehörten die Zauberinnen und Zauberer, Hexen und Hexer.

An dieser Stelle ist nun eine Sonderbarkeit auffällig:

Luther sprach über die Menschen, die sich dem Kult der Heiligen widmeten, wofür er Beispiele anführte und wonach er fortfuhr: „und des Greuels unzählig viel mehr, da ein jeglicher seinen Heiligen wählt, anbetet und anrufet, in Nöten zu helfen", und er stellte die Heiligenverehrer unmittelbar neben diejenigen, „die es gar zu grob treiben und mit dem Teufel einen Bund machen …, als die Zauberer und Schwarzkünstler."[64]

Heiligenkult und Teufelspakt auf einer Stufe? – Wie gelangte er zu dieser Angleichung?

Zur Beantwortung zunächst einiges über Luthers Gottesbild.

Das Gottesbild

Neben den natürlichen Vätern und realen kollektiven Ersatzvätern – einer Gruppe oder einem sozialen Gremium, in Vaterrolle gesehen – existierten im Seelenleben Luthers wie in demjenigen seiner Mitwelt allerlei sehr mächtige supernaturale Wesenheiten entweder mit ‚Vater'-antlitz oder auch mit -fratze, jeweils mit einem Anteil der Vater-Imago ausgestattet. Besonders potente dabei waren (1.) eine positiv bewertete Vaterrepräsentanz: Gott, sowie (2.) eine negativ bewertete: Satan, der Teufel. Die Zusammenstöße mit Hans Luder, dem natürlichen Vater, bewogen wie gesehen Martin „endlich dazu, Gott in die Rolle des gefürchteten Vaters einzusetzen“[65]. Allerdings nicht ohne eine schwerwiegende Folge: die Krise, die sich von ihm erst nach leidenschaftlichem Ringen durch die ‚Rechtfertigung‘ lösen ließ. Von nun an gab es für ihn den einen absoluten Herrscher: Gott, den niemals zu kritisierenden, allezeit zu liebenden wie zu fürchtenden Herrn des Himmels und der Erde.

War Martin anfangs so gesinnt, dass er den leiblichen Vater unter die geistlichen Väter erniedrigte, so nachmals völlig anders, indem er ihn – wie die Eltern beide – im Rang unglaublich erhöhte, ihm gleich zu Füßen des Vatergotts seine Position anweisend, wobei er den thronenden Gott selber erhöhte. Doch bleibt richtig, dass er diesen nach dem Bilde des (leiblichen) Vaters erschuf. Freud schrieb: „Allein die psychoanalytische Erforschung des einzelnen Menschen lehrt mit einer ganz besonderen Nachdrücklichkeit, daß für jeden der Gott nach dem Vater gebildet ist, daß sein persönliches Verhältnis zu Gott von seinem Verhältnis zum leiblichen Vater abhängt, mit ihm schwankt und sich verwandelt und daß Gott im Grunde nichts anderes ist als ein erhöhter Vater.“ Es müsse „unbeschadet aller anderen Ursprünge und Bedeutungen Gottes, auf welche die Psychoanalyse kein Licht werfen kann, der Vateranteil an der Gottesidee ein sehr gewichtiger sein.“[66] Nahm aber nicht Luther selber wiederum eine bedenkliche Beeinträchtigung des Gottesbilds in Kauf? Er glaubte, die Frage nach dem Ursprung des „Bösen“ auf Erden beantworten zu müssen: woher die Übel kämen (Fachbegriff: „Theodizee“), wenn doch der Allmächtige sie verhindern oder beseitigen könnte, – und weshalb er es nicht täte. Um Gott, soweit die Menschheit ihn kannte, zu entlasten, präsentierte er seine wohl kühnste theologische Konstruktion. Er entwickelte in seiner Schrift *De servo arbitrio* (Vom unfreien Willen, 1525) die Vorstellung von den zwei Gesichtern Gottes, methodologisch abermals eine Zerlegung. Ein Gesicht davon ist das des offenbarten Gottes (*deus revelatus*), das zweite das des verborgenen Gottes (*deus absconditus*):

„Anders ist über Gott oder Gottes Willen zu disputieren, uns gepredigt, offenbart, angeboten und verehrt, und anders über Gott, der nicht gepredigt, nicht offenbart, nicht angeboten und nicht verehrt wird. Insofern Gott sich in Dunkel hüllt und nicht von uns erkannt werden will, geht er uns nichts an. … Wir müssen also Gott in seiner Majestät und in seinem Wesen lassen, denn so haben wir nichts mit ihm zu schaffen, und er hat auch nicht gewollt, daß von uns so an ihm gehandelt werde. … Im übrigen beklagt weder der in seiner Majestät verhüllte Gott den Tod noch beseitigt er ihn, sondern er wirkt Leben, Tod und alles in allem (1. Kor. 12,6).“[67]

Wie schroff seine Gottesvorstellung ausfiel und wie sehr sie die Gläubigen erschrecken würde, verbarg Luther sich nicht, hatte er sich doch selber durch sie manchmal bis an den Rand der äußersten Verzweiflung gedrängt gefühlt:

„Freilich erregt nichts so sehr Anstoß bei dem gesunden Menschenverstand oder der natürlichen Vernunft, als daß Gott, dessen so große Barmherzigkeit und Güte gepredigt wird, aus freiem Willen die Menschen im Stich läßt, verstockt, verdammt, gleichsam als fände er Gefallen an den Sünden und den ewigen Qualen der Elenden. Es erscheint ungerecht, grausam, unerträglich, so über Gott zu denken, und deshalb haben auch so viele bedeutende Männer zu allen Zeiten daran Anstoß genommen. Und wer sollte es nicht? Ich selbst bin mehr als einmal bis zum Abgrund und zur Hölle der Verzweiflung erschüttert gewesen, so daß ich sogar wünschte, ich wäre nie als Mensch geschaffen worden.“[68]

Abb. 10 Michelangelo, Die Erschaffung Adams, Fresko, ca. 1511, gemeinfrei.

Seine Einstellung zu den Geistern, himmlischen wie bösen, leitete sich aus nur einem einzigen Prinzip ab, aus dem Gottesglauben, wie er ihn in der Kommentierung des 1. Gebots darlegte, welches er wiedergab: „du sollst mich allein für deinen Gott halten". Wer sprach da jedoch? – Erst einmal Gott selber. Luther erkundigte sich weiter dann: Was aber heiße einen Gott haben, was sei Gott? – Und antwortet: „Einen Gott nennen wir das Wesen, worauf man seine Zuversicht setzen soll, daß uns alles Gute zuteil werde, und wozu wir Zuflucht nehmen in allen Nöten. So bedeutet einen Gott haben also nichts anderes, als ihm von Herzen zu trauen. Auch: zu glauben, wie ich oft gesagt habe, daß allein vom Trauen und Glauben des Herzens abhängt, ob man Gott oder Abgott anbete." – „Denn die zwei bilden eines, Glaube und Gott. Woran du nun (sage ich) dein Herz hängst und worauf du dich verläßt, das ist eigentlich dein Gott."[69]

Er legte hier keineswegs dar, was Gott sei, sondern konzentrierte sich eingangs auf den Modus des Umgangs mit ihm: ‚Zuversichtlichkeit', ‚ihm trauen', ‚ihn glauben'. Zum Modus musste indessen noch der Gegenstand treten, denn ist es der falsche, ein Abgott, so entsteht Abgötterei, keinesfalls der erwünschte Gottesglaube. Daher: falsch sein kann der Modus – kein rechtes Vertrauen, kein rechter Glaube –, falsch sein kann aber auch der Gegenstand.

Wäre denn nun jeder Gegenstand, welchen der Mensch als göttlich verklärt, ein Gott? – Wiederum bleibt eines aus: die Beschreibung des Wesens Gottes oder was Gott sei. Stattdessen schickte Luther sich an, Belege des „Widerspiels" zu geben; des Gegensatzes, wenn ein Mensch sich zwar nicht im Modus irrt – er vertraut rechtschaffen, er glaubt –, doch im Gegenstand fehlgreift, den falschen wie etwas betrachtet, auf was er vertrauen darf. Das kann unter Umständen der Mammon sein, das Geld, die Kapitalanlage …:

„Es gibt so manchen, der wähnt, er hätte Gott und alles genug, wenn er nur Geld und Gut hat, er verläßt sich darauf und brüstet sich damit so steif und sicher … Sieh, dieser hat auch einen Gott, der allerdings Mammon heißt (Mt. 6,24), und genau darauf setzt er sein Herz, nämlich auf Geld und Gut – und dies ist auch der verbreitetste Abgott auf Erden."[70]

Und er fügte noch den Vergleich mit der Gläubigkeit der Heiden hinzu. Es sei an dem, dass „nach aller Heiden Meinung, einen Gott haben bedeutet: trauen und glauben." Dies der Modus, so gut. Doch weiter: Steckt darin nicht ein Fehler? Richtig, ihr Trauen ist falsch und unrecht, weshalb? Es baut nicht auf „den einen, den einigen Gott, außer welchem es wahrhaftig keinen Gott gibt, weder im Himmel noch auf Erden".[71]

An die Stelle einer Wesenserklärung, die weiterhin ausbleibt, tritt Luthers Versicherung, dass der richtige Gott der „einige" sei, der ‚einzige'. Wo nicht dieser, sei auch kein echtes Vertrauen vorhanden; nämlich der falsche Gegenstand bewirke, dass das auf ihn gesetzte Vertrauen ebenso unecht werde. Und hier folgt jetzt der Gesichtspunkt, aus dem Luther den Heiligenkult und den Teufelspakt gleichermaßen verurteilt – eine Einrichtung und ein Vorkommnis, die beide sträflich seien, weil sie Gott etwas entziehen, das einzig und allein ihm gebühre: das Vertrauen. Ist Vertrauen ein Synonym für ‚Glaube', so hat, wer es auf einen anderen als den einzigen Gott setzt, nicht den richtigen Glauben, sondern lebt in der Abgötterei:

„So ist also alle Abgötterei beschaffen: denn sie besteht nicht allein darin, daß man ein Bild aufrichtet und anbetet, sondern ist vornehmlich innerlich im Herzen, das dann anderswohin gafft, Hilfe und Trost bei den Kreaturen suchend, Heiligen oder Teufeln …"[72]

Die Heiligen und der Animismus

1530 hielt er sich auf der Veste Coburg auf, zum selben Zeitpunkt, als in Augsburg der Reichstag stattfand, an dem er nicht teilnehmen durfte, da er ja unter der Drohung von Acht und Bann lebte. In seiner Einsamkeit verfasste er neben anderen Schriften den *Sendbrief vom Dolmetschen*, an dessen Ende er nach Darlegung des Übersetzungsproblems einige Abschnitte über die Heiligenverehrung anfügte. Sein Vorhaben war es, diese einzuschränken oder besser noch ganz aufzuheben, was ihm nicht leicht fiel, wie er eingestand: „Mir selber ist es über alle Maßen schwer gefallen, mich von den Heiligen loszureißen, denn ich habe überaus tief im Heiligenkult gesteckt, bin darin förmlich ersoffen gewesen." Doch betonte er die Notwendigkeit: „Man übertrage nur getrost die Zuversicht und das Vertrauen von den Heiligen auf Christus, beide in der Lehre und in der Praxis …"[73] Indem „Vertrauen" für Luther das Synonym für ‚Glaube' darstellte, ist an dieser Stelle seine Bemühung erkennbar, die einzigartige Stellung Christi im Glauben, im Unterricht hervorzuheben und in der christlichen Lebensgestaltung wirksam werden zu lassen.

In diesem Zusammenhang resümierte er die mehrfachen Funktionen, die bis dahin den Heiligen zugeschrieben worden waren:

„Erstens wißt ihr, daß im Papsttum nicht allein gelehrt wird, daß die Heiligen im Himmel für uns bitten, was wir gar nicht wissen können, weil die Schrift uns darüber nichts sagt, sondern auch, daß man die Heiligen zu Göttern gemacht hat. Sie haben unsere Schutzpatrone sein müssen, die wir anrufen sollen, darunter auch etliche, die nie existiert haben, und man hat jedem Heiligen eine besondere Kraft und Macht zugeschrieben, dem einem über das Feuer, dem anderen über das Wasser, dem dritten über Pest, das Fieber und allerlei Krankheiten, so daß Gott selber hat ganz untätig sein und die Heiligen an seiner Statt wirken und schaffen lassen müssen.

Zweitens, daß Gott mit keinem Wort angeordnet hat, Engel und Heilige um Fürbitte anzurufen."[74]

Unter Luthers Einwänden ist einer bereits ein entmythologisierender, die Erkenntnis: einige als heilig Verehrte waren bloß fiktiv. Derartige gab es wirklich: z. B. sogenannte „Papierheilige", von beauftragten Schreibern auf dem Papier fingierte Personen (unter Umständen zum Zwecke der Werbung für einen bestimmten Wallfahrtsort). Zwei beziehen sich darauf, dass der Schriftbeweis fehlt: in Sachen Fürbitte, sektorale Kompetenzen; der dritte – für Luther ersichtlich primäre – darauf, dass ihre Macht so übersteigert wurde, dass sie selber zu Göttern umgewandelt worden seien. Eben das ist die „Abgötterei", die er im Katechismus anprangert: ein jeder Heilige zum Patron (‚Schutzgott') erhöht, womit man eine faktische Absetzung Gottes vollbringe.

Die Entmachtung der Heiligen gehörte zu Luthers Programm der Restauration der Alleinherrschaft Gottes mit Entfernung der Zwischeninstanzen, die sich zwischen Gott und die Gläubigen einschoben. Das war einmal schon das Priestertum, die geistliche Hierarchie (weil mit Öl gesalbt, von ihm verspottet als „Ölgötzen"). Die älteren Jahrhunderte hatten dem Priester eine übernatürliche Wesensart zuerkannt, ihm verliehen in der Weihe. Luther bestritt die unverlierbare Wesensart und Legitimität des Sakraments der Weihe. Noch 300 Jahre später rühmte Hegel: „… es gibt jetzt keinen Unterschied mehr zwischen Priestern und Laien, es ist nicht eine Klasse ausschließlich im Besitz des Inhalts der Wahrheit wie aller geistigen und zeitlichen Schätze der Kirche; sondern es ist das Herz, die empfindende Geistigkeit des Menschen, die in den Besitz der Wahrheit kommen kann und soll, und diese Subjektivität ist die aller Menschen."[75]

Eine zweite aber, weniger kompakte, weil nicht im Alltagsleben anzutreffende Zwischeninstanz bildeten die in einer ebenfalls hierarchischen Ordnung gedachten Engel und die Menge der im Himmel anwesenden Heiligen. Deshalb sieht der Reformator sich veranlasst, deren Wirkungsbereich zu begrenzen oder aufzuheben. Mit dem Terminus „Entmythologisierung" ist vorausgesetzt, dass ein Mythos oder eine Mythologie vorhanden seien, deren Auflösung eingeleitet würde – die Lehre von den Heiligen also eine Mythologie, ihre Reduzierung das Beispiel für eine Entmythologisierung?

Bei aller Mannigfaltigkeit der Definitionen von „Mythos" und demzufolge von „Mythologie", schrieb Richard Cavendish, sei doch zutreffend, „daß viele Mythen Heldentaten von Gottheiten und übernatürlichen Wesen zum Inhalt haben". Vielleicht sollte man nuancierend sagen: Taten von übernatürlichen Wesen, insbesondere Göttinnen und Göttern, sowie von Helden, von denen ein Teil von Anfang an mit übernatürlichen Kräften ausgestattet gedacht wird (dann vielfach: Halbgötter, z. B. Herakles), ein anderer Teil auf zauberische Weise übernatürliche Fähigkeiten erlangt (etwa Siegfried), ein dritter in den Augen der Menschen übermenschlich Erscheinendes vollbringt (der Roland des „Rolandsliedes" u. a.). In einer menschlichen Gegenwart, die dem Mythos Raum gebe, wäre nach Cavendish ein dominanter „Grundzug, der sich durch die Mythen weit voneinander entfernt lebender Völker zieht, …das Bewußtsein, in einer Welt zu leben, die von seltsamen, außermenschlichen Kräften, Göttern, Geistern und übernatürlichen Wesen beherrscht wird".[76]

Sollten die Heiligen, weibliche und männliche, ebenfalls zu derartigen „außermensch-

Abb. 11
M. Schwind fec. E. Schulz, Sankt Elisabeths Leiche wird feierlich in den Dom übertragen. Wartburg Elisabeth-Galerie, 19. Jh., gemeinfrei.

lichen Kräften“ zu zählen sein? – Zu bedenken ist einmal schon, dass sie keine einheitliche Gruppe bildeten. Einige waren erweislich nur zu weltlichen Zwecken fingiert worden, von anderen, besonders aus der Frühzeit, sind keine historischen Nachrichten vorhanden, wohingegen die Überlieferung hinsichtlich einer dritten Gruppe verlässlich ist, so dass man die Lebensgeschichten der ihr angehörigen Personen ausreichend rekonstruieren kann. Beispiele sind etwa: Elisabeth von Thüringen, Theresia von Avila, die vom amtierenden Papst Franziskus in seiner Ökologie-Enzyklika *Laudato si'* 2015 gewürdigte Therese von Lisieux, Johannes vom Kreuz, die Lübecker Märtyrer-Geistlichen der Ära des 2. Weltkriegs, Pater Maximilian Kolbe. Von frühesten und früheren Heiligen wäre eine Anzahl zu den Märtyrern zu zählen – doch erlitten keineswegs sämtliche Heiligen das Martyrium –. Hinzu kommt der eigentümliche Status der Heiligen der Gruppen 2 und 3: Zwar haben sie ihre Heiligmäßigkeit bereits bei Lebzeiten bewiesen, vielfach gerade in ihrer Passion; doch die Wunder, die sie nach ihrem Tode vollbringen, sind häufig in höherem Maße aufsehenerregend. Die Verehrung, die sie erfahren, oft über Jahrhunderte oder gar Jahrtausende, beginnt vielfach erst nach ihrem Tode. Die Periode ihrer Wirksamkeit fällt dann nicht zusammen mit ihrem Dasein auf Erden, aber umso mehr mit der Zeit ihrer vermuteten Existenz in den unirdischen Regionen, wo sie dann als zwar aus dem irdischen Leben Abberufene imaginiert werden, indessen als überirdisch fortdauernd. Nicht nur ist es ihnen nicht verboten, auf die Welt der Lebenden einzuwirken, sondern im Gegenteil: sie sind gehalten, sich in diese einzumischen, und das mit auffallender Energie. Manchmal lediglich durch Eingreifen aus der oberen Sphäre, manchmal aber sogar durch ihr Erscheinen und real gewähntes Handeln auf der Erde. Das kann für die davon Betroffenen eine kräftige Unterstützung sein, sie jedoch unter Umständen auch aufs höchste gefährden.

Nehmen Heilige das eine Mal Angeschuldigte oder Verdächtigte unter ihren Schutz und springen ihnen bei, so klagen sie ein anderes Mal auch selber Lebende an, schädigen sie grausam oder töten sie gar. Als treffliches Beispiel für die Rachsucht zweier Heiligen notiert der Chronist Thietmar von Merseburg einen Vorfall, den ihm sein Bruder Brun (nicht identisch mit dem Erzbischof von Köln; er war Abt von Nienburg und Berge, später Bischof von Verden) einstmals mitteilte: In Corvey/Weser lebte ein junger Mönch, der die Reliquien der hl. Märtyrer Stephanus und Veit unachtsam behandelte. Folge war, dass die beiden eines Nachts seinen Vorgesetzten, den Abt, der die Kirche verließ, am Portal erwarteten, um ihm zu eröffnen, dass der junge Mann nicht unbestraft davonkomme – nämlich dass er sein Leben einbüße. Tatsächlich erschien bald darauf ein Bote, der den Tod des Mönchs bestätigte und meldete, schon werde die Leiche des Missetäters gebracht. Die Moral formulierte Thietmar in diesen Worten: „Muß doch im Fleische sterben, wer es unterläßt, den Heiligen Gottes im Geiste zu dienen.“[77] Eine Bekundung, die gewiss Luthers Widerspruch provoziert hätte! Dass die Heiligen aber, die fallweise kraftvoll eingriffen, bei anderer Gelegenheit sich auch als kraftlos erwiesen, gehört zu den Widersprüchen, die sich mit der Erscheinung der Heiligen verbanden.

Ein weiteres wichtiges Moment war im Mittelalter das Vorhandensein der Reliquien, der Überreste des Erdenlebens der Heiligen. Deren Verehrung hatte den Kult ihrer Reliquien zur Folge. Nüchtern betrachtet, waren es: die unvergangenen Bestandteile des Körpers, dessen einstmaliges Zubehör, wie vor allem das Skelett oder Teile davon, die Knochen, das Haar und die Zähne. Hinzu kommen aufbewahrte Teile der Folterinstrumente usw., kaum authentisch, im Gegensatz zu den im Mittelalterlichen Kriminalmuseum in Rothenburg ob der Tauber ausgestellten. Doch Nüchternheit der Betrachtung lag den Frommen des Mittelalters nicht. Sie waren überzeugt von der himmlischen Existenz der Heiligen, die in der ewigen Seligkeit anwesend geglaubt wurden. Was stellten aber die Reliquien dar? – Zur himmlischen Existenz ein irdisches Pendant, geheiligt wie jene, in die Aura der Heiligmäßigkeit einbegriffene Gegenstände. Somit lokalisierte man das Andenken der Heiligen zwiefach, im Himmel, wo sie an der Seite Gottes weilten, sowie auf Erden, an den Orten, wo ihre Reliquien aufbewahrt und verehrt wurden (Kirchen, Kapellen, Heiligengräber). Anders als die meisten seiner Zeitgenossen war Luther ein Gegner des Reliquienkults und sprach sich entschieden gegen die Wallfahrten zu Orten der Heiligenverehrung aus.

Der mittelalterlichen Denkweise, wie sie sich im Heiligenkult bezeugt, kann man ein bedeutendes Stück weit auf den Grund kommen, wenn man auf eine Argumentation Sigmund Freuds zurückgreift. In seiner Schrift *Totem und Tabu* (1912/13) geht er aus von der Aufeinanderfolge dreier „Denksysteme“: „Die Menschheit hat … drei solcher Denksysteme, drei große Weltanschauungen im Laufe der Zeiten hervorgebracht: die animistische (mythologische), die religiöse und die wissenschaftliche.“ Unter diesen sei die erste „selbst noch keine Religion“, enthalte „aber die Vorbedingungen …, auf denen sich später die Religionen aufbauen“. Auch der Mythos ruhe auf „animistischen Voraussetzungen“ (obwohl „die Einzelheiten“ seiner Beziehung zum Animismus in wesentlichen Punkten noch „ungeklärt“ erschienen). Die erstgeschaffene Weltanschauung sei „vielleicht die folgerichtigste und erschöpfendste, eine, die das Wesen der Welt restlos erklärt“, „eine psychologische Theorie“[78].

Was ist Animismus? „Animismus im engeren Sinne heißt die Lehre von den Seelen-

Abb. 12
Kellergewölbe mit Exponaten zu Folter und Gefängnis im Mittelalterlichen Kriminalmuseum.

vorstellungen, im weiteren die von geistigen Wesen überhaupt." Was zur Aufstellung dieses und anderer Begriffe in der Wissenschaft Anlass gegeben habe, sei die Einsicht „in die höchst merkwürdige Natur- und Weltauffassung der uns bekannten primitiven Völker … Diese bevölkern die Welt mit einer Unzahl von geistigen Wesen, die ihnen wohlwollend oder übelgesinnt sind; sie schreiben diesen Geistern und Dämonen die Verursachung der Naturvorgänge zu und halten nicht nur die Tiere und Pflanzen, sondern auch die unbelebten Dinge der Welt für durch sie belebt."[79]

Um das animistische Denksystem zu verstehen, bedarf es noch einiger näherer Erläuterungen. Da die Menschen nicht „aus reiner spekulativer Wißbegierde" zu dessen Schöpfung gelangten, muss „das praktische Bedürfnis, sich der Welt zu bemächtigen, … seinen Anteil an dieser Bemühung haben". Zu dem animistischen System gehöre „eine Anweisung", „wie man verfahren müsse, um der Menschen, Tiere und Dinge, respektive ihrer Geister, Herr zu werden"[80]. Diese Verfahren subsumiert Freud unter dem Begriff der animistischen „Technik". Eine ist die Zauberei: „im wesentlichen die Kunst, die Geister zu beeinflussen"; eine andere, ältere, die Magie. „Die Magie muß den mannigfaltigsten Absichten dienen, die Naturvorgänge dem Willen des Menschen unterwerfen, das Individuum gegen Feinde und Gefahren schützen und ihm die Macht geben, seine Feinde zu schädigen."[81] Das „Prinzip der Magie" sei dabei (mit einem Zitat von E. B. Tylor): „mistaking an ideal connexion for a real one"[82]. „Die Technik des Animismus, die Magie, zeigt uns am deutlichsten und unvermengtesten die Absicht, den realen Dingen die Gesetze des Seelenlebens aufzuzwingen, wobei Geister noch keine Rolle spielen müssen, während auch Geister zu Objekten magischer Behandlung genommen werden können. Die Voraussetzungen der Magie sind also ursprünglicher und älter als die Geisterlehre, die den Kern des Animismus bildet."[83]

Zusätzliche Erläuterung: Im „animistischen Stadium" schreibt sich der Mensch selber die „Allmacht" zu, die durch gedankliche Gebilde ausgeübt wird („Allmacht der Gedanken"). Es bezeichnet dann den Schritt zur nächsten Stufe, dem religiösen Stadium, dass „er sie den Göttern abgetreten" habe[84].

Und eine kleine, aber entscheidende Ergänzung:

„… abgetreten, aber nicht ernstlich auf sie verzichtet, denn er behält sich vor, die Götter durch mannigfache Beeinflussungen nach seinen Wünschen zu lenken"[85].

Der Anfang zur Abtretung wurde im Animismus gemacht, so dass der „Weg zur Bildung einer Religion" bereits in ihm eingeschlagen wurde[86].

Was könnte nun aber den Menschen zu dieser Verzichtleistung bewogen haben? Freud schrieb:

„Die Geister und Dämonen sind … nichts als die Projektionen seiner Gefühlsregungen; er macht seine Affektbesetzungen zu Personen, bevölkert mit ihnen die Welt, und findet nun seine inneren seelischen Vorgänge außer seiner wieder …"[87]

Die Neigung, zu projizieren, verstärkt sich besonders dann, wenn zwei nach Allmacht strebende Regungen aufeinanderprallen, so dass im Seelenleben ein Konflikt entsteht. Freuds Beispiel ist hier die Trauer wegen des Todes eines nahen Verwandten. Dem Überlebenden wird damit ein Problem aufgegeben, denn er hat den Verstorbenen geliebt und zugleich auch gehasst. Hier zuerst entwickelten sich wahrscheinlich die „Seelenvorstellungen", die erstmalige Schöpfung der „Geister" begann. Diese müssen es dann sein, an die vom Menschen ein Teil seiner eigenen Allmacht abgegeben wird[88].

Unbezweifelt kannte man in der realen Welt des frühen Christentums historische Märtyrerinnen und Märtyrer, die Gegenstand der Verehrung werden konnten. Im Heiligenkult der späteren Jahrhunderte aber schufen sich die Christen ein Instrumentarium, um die an die Gottheit abgetretene Macht wenigstens in gewissem Maße zurückzuerlangen. Verweist Freud darauf, der Mensch habe „…nicht ernstlich auf sie verzichtet, denn er behält sich vor, die Götter durch mannigfache Beeinflussungen nach seinen Wünschen zu lenken“[89], so kann gefolgert werden: Der menschliche Vorbehalt fand eine geeignete Vertretung im Ensemble der Heiligen. Hiermit verfügte man über ein wirksames Mittlertum, die Gottheit für sich günstig zu stimmen – falls man es denn erlangte, die Heilige, den Heiligen oder mehrere Heilige für sich einzuspannen –. Durch deren Fürbitte konnte der Mensch die Gottheit nach seinen Wünschen lenken, beispielsweise um Gesundheit zu erringen, Macht auszuüben, sich Grund und Boden anzueignen usw. In den Heiligen fand man jene Geister, von denen man wähnte, dass sie der Gottheit besonders nahestanden. Ihre Gotteskindschaft hatten sie durch ihre Leidensgeschichte erwiesen, durch die Standhaftigkeit, mit der sie ihren irdischen Folterern trotzten, Kaisern oder Statthaltern, dem Teufel oder

Abb. 13 Kupferstich zum Märtyrertod Johannes des Täufers, in: J. Luyken, Theatre des Martyrs, um 1700.

teuflischen Instanzen. Vor allem die Märtyrer waren bewährte Gottesstreiter. Der Wert ihrer „Fürbitte", der Intervention, mit der sie die oberste Gottheit zu beeinflussen vermochten, wurde von den Christenmenschen daher hochgeschätzt.

Kaum der Gottheit die Allmacht abgetreten, wurde sie ihm von seinen Anbetern bereits wieder geschmälert.[90] So müsste Luther empfunden, diese Empfindung ihn geleitet haben.

Zauberer und Hexen

Das eine waren die „himmlischen" Gestalten, die Luther verehrte: Gott, der Gottessohn, der Heilige Geist und die Gottesmutter Maria. Darüber hinaus rechneten dazu in der Sicht seiner Epoche noch die Heiligen und die Engel, Projektionen auch sie, verdichteten sich in ihnen doch die den Menschen eigenen Wünsche und Vorlieben in der Gestalt von ihnen zugetanen supernaturalen Wesen.

Hingegen ihre Abneigungen und Hassgefühle verdichteten sie bevorzugt in Form von ihnen feindlich gesinnten Erscheinungen, in den „bösen Geistern" und von diesen Besessenen. Das waren: in erster Linie der Teufel (Satan), dann die Zauberer und Hexen, auf die Luther seinen Blick im Zorn richtete und die er hart verurteilte. Außer diesen existierte in der damaligen Vorstellungswelt der Bevölkerung noch eine überraschende Vielfalt von „Elementargeistern", wie der Dichter Heinrich Heine sie nannte[91], von denen Luther weniger Notiz nahm. Anders als sein Zeitgenosse, der Naturforscher, Medizinreformer, Theologe und große Utopist Paracelsus, der gerade darüber eine Untersuchung anstellte, so dass er – worauf Heine nachdrücklich hinwies – eine „Hauptquelle für Erforschung des altgermanischen Volksglaubens" darstellt.[92]

Abb. 14 C. Rohlfs, Hexe, Holzschnitt, um 1910.

Paracelsus berichtete allerdings über Erscheinungen, die nicht sämtlich einen Bestandteil des Volksglaubens in Deutschland gebildet haben müssen – seine Terminologie lehnt sich an die antike an –, nämlich über Nymphen, Undinen, Silvanen und Salamander. Heine selber reflektierte dazu über die Kobolde („ein Gemisch von verstorbenen Menschen und Teufeln"), die man „von den eigentlichen Erdgeistern" unterscheiden müsse; dies seien: Wichtelmänner, Gnomen, Metallarii, kleines Volk, Zwerge. Die Riesen wären inzwischen schon „auf immer verschwunden"[93]. Von den Erdgeistern wiederum unterschied er die Luftgeister oder Elfen, angeblich die Nachkommen von Hexen, die sich mit dem Teufel vermischt hätten. Ausführlich schilderte er die Nixen[94], darunter auch die Melusine des ,Volksbuchs', und Wassermänner. Damit noch nicht genug, diskutiert wurden auch: die Schwanenjungfrauen, Walküren, Nornen oder Parzen, vor allem aber zudem die Hexen.

Seinen eigenen Beitrag zu den Dichtungen um Faust, Titel: *Der Doktor Faust* (verfasst 1847, EA 1851), versah Heine mit der Gattungsbezeichnung: „ein Tanzpoem", dazu mit dem Versprechen: „nebst kuriosen Berichten über Teufel, Hexen und Dichtkunst"[95]. Hier finden sich ausführliche Reflexionen zu den versprochenen Gegenständen (Teufel – Mephisto – der Teufel in Frauengestalt, à la Mephistophela im Tanzpoem).

Heine nahm Erkenntnisse der Psychoanalyse vorweg, wenn er die Geistererscheinungen aller Art als Personifikationen aus der Psyche der Menschen zu verstehen suchte: „Diesen beiden Gestalten, Christus und dem Teufel, hat das gleiche Volk zwei weitere, ebenso unsterbliche, ebenso unzerstörbare Figuren hinzugefügt: den Tod und den Ewigen Juden. Das Mittelalter hat der modernen Kunst diese vier Typen als gewaltige Verkörperungen des Guten, des Bösen, der Zerstörung und des Menschengeschlechts hinterlassen."[96] Den ewigen Juden bezeichnete er als „wehmütiges Symbol des Menschengeschlechts" (ebd.). Zur Erscheinung der „Dämonen" lieferte Heine an mehreren Stellen in seinen Schriften die – jedoch allenfalls auf eine Handvoll Heiliger zutreffende – Erklärung, sie seien durch die „Umwandlung" entstanden, „welche die griechisch-römischen Gottheiten erlitten haben, als das Christentum zur Oberherrschaft in der Welt gelangte."[97]

Neben dem Teufel sind es die Zauberer, Zauberinnen und Hexen, denen Luther mit erheblichen Aggressionen begegnete. Seine eindeutige Anweisung lautete, sie sollten getötet werden: „Occidantur" bzw. „occidantur magae", so heißt es fünfmal in einem einzigen Text.[98] ,Die Hexe' bildete für ihn also nach dem Teufel ein bevorzugtes Hassobjekt. Aus welcher Ursache? – Martins Mutter soll von Hexenfurcht befallen gewesen sein. Von ihr könnte der Sohn sie übernommen haben. Zu ihrer und Martins Zeit hatte die Verfolgung und Ermordung der (vorgeblichen) Hexen noch nicht das epidemische Ausmaß erreicht, den Gipfel nicht erklommen, der erst ein Jahrhundert später liegt. Bereits im 15. Jahrhundert aber entstand ein „,kumulatives' Hexenbild"[99]. Es fand eine Grundlage zwar im Volksglauben. Entscheidend ist aber, dass geistliche Würdenträger und Intellektuelle, vor allem Juristen, sich der Ausgestaltung annahmen. 1484 erließ Papst Innozenz VIII. die berüchtigte Hexenbulle[100], 1487 erscheint der *Hexenhammer* des deutschen Dominikaners Heinrich Institoris. Er systematisierte den Wahn – man muss es deutlich sagen: seinen Wahn, in dem er befangen war gleich vielen Menschen mehrerer Jahrhunderte, obwohl sie alle ihn jedoch nicht als ihren eigenen erkannten –, wobei der *Hexenhammer* „einen neuen Ton" in das Wahnsystem hineinbrachte: „es richtet sich vor allem gegen Frauen."[101] Diese Wendung wird für viele zehntausende unschuldige Frauen und Kinder, für viele tausend Männer das Todesurteil bedeuten. Der Hexenprozess erwuchs aus dem Ketzerprozess[102]. Das den ,Hexen' zugeschriebene Vergehen bestand im „maleficium", wie dies auch für Luthers Hexenbild „konstitutiv" war[103]. Der Hexenwahn der Verfolger verlangte stets, eine Frau oder eine sonstige Person zu bezichtigen, sie hätte mit dem Teufel einen Pakt geschlossen – wie er in Wahrheit ja stets allein der Phantasmagorie der Hexenjäger entstammte –. So behauptete es auch der Verfasser des *Hexenhammers* in seiner „Apologia“: „Ex pacto enim cum inferno.“[104]

Die Gestalt der Hexe oder eines feindseligen Weibes (*Lamia*), wovon Unheil ausgeht, gehört schon der Antike an und ist bereits etwa in Ovids Liebesgedichten zu finden, gleich anderen supernaturalen Wesen auch. Die Züge, woraus sich ihre Vorstellung im Christentum zusammensetzte, entstammten unterschiedlichen Quellen: zunächst der Bibel und dem Volksglauben. Glaubten die Menschen der Zeit, die Hexe gehöre in die Reihe der Schaden stiftenden „bösen“ Erscheinungen, mit denen sie sich eng verbündete, war ihnen doch die Erkenntnis verschlossen, dass sie selber mit ihrer Annahme der bösen Weiber und Hexer einen um so größeren Schaden anrichteten. Hohe Gefahr für Leib und Leben von Mitmenschen entstand dadurch, dass das ausgearbeitete Stereotyp und das Bild eines lebenden Menschen, etwa einer ungeliebten Nachbarin, miteinander verschmolzen, so dass sich diese in eine ‚Hexe‘ umwandelte, die es zu denunzieren galt.

Indes – was nicht verschwiegen werden darf –: Schaden stiften aus wahnhaften Vorstellungen heraus war keine Eigentümlichkeit nur älterer Epochen. Im 20. Jahrhundert ergriff ein anderer Kollektivwahn von höchster Gefährlichkeit in vielen Ländern große Teile der Bevölkerung: der Rassenwahn. Er führte zu Massakern unvorstellbaren Ausmaßes, als das im Verlaufe von langen Zeiten herausgebildete Stereotyp ‚der Jude‘ von einer Regierung den Millionen von Menschen aufgepresst wurde, die sich von den übrigen Teilen der Bevölkerung durch ihren jüdischen Glauben unterschieden oder dadurch, dass sie Vorfahren jüdischen Glaubens hatten. Andere mörderische Stereotype derselben Zeit waren ‚die Zigeuner‘ und ‚der Russe‘. Darüber äußerte Christa Wolf: „Ein Kapitel Angst – was alles für Ängste auf schauerlichste Art in uns aufgebaut wurden. Zum Beispiel die Angst gegenüber anderen Völkern. ‚Der Russe‘ als Angstfigur. Wie war das überhaupt möglich, wie hat man das geschafft, und auch: auf welche Weise werden solche realen Ängste abgebaut.“[105]

Hingegen kann in menschenfreundlicher Absicht auch einmal mit einer lebenden Person ein positiv ausgestattetes Stereotyp unifiziert werden, etwa wenn eine zarte junge Frau mit einer Elfe verglichen wird oder ein neckisches Kind mit einem Kobold. Als wohlgefällige Erscheinung existiert in der Alltagssprache ebenfalls die „Badenixe“. Umgekehrt, wenn in der Presse ein Mitarbeiter die Gestalt eines Übeltäters, z. B. eines mehrfachen Mörders, mit ei-

Abb. 15 SA-Mann vor dem Warenhaus Tietz, 1. April 1933, gemeinfrei.

nem Teufel vergleicht. In anderer Weise erscheint der Begriff im Titel eines Romans von Aldous Huxley: *Die Teufel von Loudon* (1952). Ähnlich schon früher in einem Text Heinrich Heines, in einer allerdings paradoxen Mitteilung: „Faust beschwört den Teufel, und im Vertrauen auf seine Unerschrockenheit wünscht er, daß der Teufel ihm in der schrecklichsten Gestalt erscheint, mit den Zügen der fürchterlichsten aller Kreaturen … und der gehorsame Teufel erscheint in Menschengestalt."[106] Die teuflischste Wesenheit der Erdenwelt wäre demnach der Mensch, also nicht der Teufel in der herkömmlichen Gestalt wie auf den Abbildungen. Pessimistische Anthropologie!

Luther erblickte in dem den Zauberern und Hexen zugeschriebenen Malefizium den verbotenen Eingriff in die Allmacht Gottes. Es sei ein Beispiel mangelnden Gottvertrauens, als „Abgötterei" eine nicht zu duldende Verletzung des 1. Gebots. Wie erwähnt, forderte er für dies Delikt die härteste Strafe. So erscheint sein prinzipieller Standpunkt unerbittlich. Das zeigte sich sehr deutlich in der „Befürwortung von

Abb. 16
Rembrandt van Rijn, Faust, Radierung, um 1652.

Todesurteilen auch bei nichtschädigender Magie bis hin zur Kriminalisierung superstitiöser Praktiken“[107].

Jedoch machte er im Einzelfall nicht immer dieselbe Härte geltend, verhielt sich nicht in jeder Untersuchung unerbittlich. Insofern betonte Haustein die „zwiespältige Haltung Luthers“[108] in dieser Frage. Wie ließe sie sich erklären? – Er übte in gewissen Fällen Milde, indem er darauf verzichtete, einem erbarmenswürdigen Individuum mit aller Strenge den vorgefertigten Stempel aufzudrücken. Dann vermied er es, das ausgearbeitete Stereotyp sowie die Person eines lebenden Menschen, einer vielleicht von Übelwollenden denunzierten Nachbarin, zum Gesamtbild der Delinquentin ‚Hexe', zusammenfließen zu lassen. Wie könnte man Luthers inkonsequente Praxis bewerten? – Das vorhandene Stereotyp bestritt er niemals prinzipiell. Doch keimte vielleicht in ihm die Einsicht auf, dass ‚das Böse' nicht durch Anwendung des Scheiterhaufens ein für alle Mal beseitigt werde. Und da es nicht für allezeit beseitigt werden konnte, musste der Gläubige es auch nicht für allezeit beseitigen wollen.

Der Teufel

Wie für die gesamte Christenheit seiner Zeit waren für Luther Christus und Gott, die in der Trinität miteinander verschmolzen wurden, und der Teufel – oder Satan (hebr. = ‚Widersacher') – gegensätzliche Gewalten, hier der Inbegriff des Guten, dort der des Bösen, doch nicht in gleichem Maße machtvoll, denn der Teufel vermochte sein Wirken nur so weit zu erstrecken, wie Gott dies zuließ, welcher ihm Wirkungsmöglichkeiten einräumte, um die Menschen wegen ihrer Verfehlungen zu bestrafen.[109]

Dass Satans Macht dennoch keine ganz geringe sein könne, behauptete Luther im *Großen Katechismus* im Teil „Von dem Sakrament des Altars“, wo er seinen Leser anredet: „Darüber hinaus wirst auch du ja den Teufel um dich haben. Ihn wirst du nicht ganz unter deine Füße treten können. Das ist auch unserem Herrn, Christus, selbst nicht gelungen. Was ist nun der Teufel? Nichts anderes, als wie ihn die Schrift nennt, ein Lügner und ein Mörder …“[110]

Wer, wenn nicht er? Er musste es wissen. Um sich herum hatte er, gleich dem Angeredeten, den Teufel auch!

Sein Ankämpfen gegen ihn ist ein bekanntes Faktum – angeblicher Wurf des Tintenfasses auf der Wartburg! –. Oder anders, in eine Vorstellung der Seelenkunde übersetzt: zu keinem Zeitpunkt vermochte er es, den Vaterhass definitiv zu erledigen und den Anteil seiner Psyche, der sich ganz aus den Konflikten in seiner Herkunftsfamilie speiste – aus dem Kern- oder Familien- oder „Ödipus-Komplex“ – für allezeit ruhig zu stellen. Eine wesentliche Erleichterung aber bestand für ihn darin, dass es ihm geglückt war, ein Gefäß für seine feindseligen Gefühle zu finden: eben gerade in der Vorstellung Satans. Erikson argumentierte daher: „Aber was hätte er ohne den Teufel angefangen, ohne die Möglichkeit, die grotesken und peinlichen Widersprüche seiner Lage dem personifizierten Bösen zuzuschreiben? Diese Kreatur war nicht von ihm erfunden, sondern durch die Überlieferung bestätigt … und deshalb ‚real' genug, um einen gewissen Grad halluzinatorischer Projektion und vor allem hier und da einen übermenschlichen Wutanfall zu gestatten.“[111] In Krisensituationen und -zeiten, so Erikson weiter, habe Luther „ein Sicherheitsventil“ zu finden gesucht, wenn „unerbittlicher innerer Druck ihm seine Frömmigkeit zunichte und das Erhabene verhaßt zu machen drohte – das heißt, wenn er wieder davorstand, Gott in höchster Aufsässigkeit und sich selbst in böser Melancholie

Abb. 17 A. Dürer, Der Engel mit dem Schlüssel zum Abgrund (aus „Die Apokalypse"), Holzschnitt, um 1497/98.

abzulehnen. Die regressiven Aspekte dieses inneren Druckes und die daraus resultierende besessene und paranoide Fixierung auf Einzelfiguren wie Papst und Teufel lassen nur wenig Zweifel darüber, daß hier die Übertragung einer Elterngestalt auf allgemeinbekannte Figuren stattgefunden hatte und in dieser Übertragung analer Trotz ein zentrales Thema war."[112] Alles in allem war die Teufelserscheinung, eine abermalige Abspaltung der Vater-Imago, für Luther eine zur Gestalt Gottes einigermaßen gegenbildliche, die in seiner Gedankenwelt nachweislich eine kaum weniger imposante Rolle einnahm als der Vatergott. In der Folge musste er einsehen, es sei eine vergebliche Hoffnung, den Teufel ein- für allemal zu besiegen („unter sich zu treten"), wenn dies doch selbst Christus nicht gelang – weshalb dieser sich, wie es das Neue Testament schildert, notgedrungen mit ihm auseinandersetzte –. Satan entpuppt sich als eine Projektion aller ‚bösen' Strebungen – dabei nicht zuletzt der feindseligen gegen den Vater –, die sich im Individuum finden.[113] Versucht es, sie ein für alle Mal zu entfernen, scheitert es. Allenfalls kann es durch Widerstand im Namen des ‚Guten' das ‚Böse' abmildern. Sinnlos ist, es aus dem menschlichen Triebhaushalt ausrotten zu wollen. Ein vorzüglicher Psychologe unter den deutschen Schriftstellern des 19. Jahrhunderts, Willibald Alexis, hat in seinem historischen Roman *Der falsche Woldemar* (1842) diese Erkenntnis einem weisen Fürsten in den Mund gelegt: „Das Böse vertilgst Du nicht … dadurch, daß Du es leugnest. Du vertilgst es durch das Gute, das Du wirkst."[114]

Der Teufel betätigte sich auffallend als Macht auf der ‚inneren Bühne' im Leben Luthers, so wie er in dessen Vorstellung auch in der Außenwelt erschien. Der Reformator selber führte ihn in seinem Schrifttum dazu als Partner im Dialog vor (*Von der Winkelmesse und Pfaffenweihe*). Als Dialogpartner – konkretisiert als Figur im Zwiegespräch – findet man ihn gleichzeitig in einem Reformationsdialog in Konfrontation mit dem Reformator Luther, dem zweiten Sprecher. Dieser äußert darin: „Ich meine, ich habs gerochen, daß du der Teufel seist, denn mir ja seltsam Gedanken fürkommen und ich dich vor einen Seelenmörder nennete." – Der Teufel antwortet – und darin spricht er zugleich aus, wie es Luther auch in der Realität außerhalb der Literatur mit dem Bösen halte –: „Du hast mich fürwahr vor [‚für'] keinen rechten Menschen angesehen." Dabei sei es sein (Satans) dringlicher Auftrag, er müsse ihm, seinem Gesprächspartner, „aller Teufel und Papisten Ungruß sagen" („Ungruß": etwa = ‚Verdammungsurteil').[115]

Luthers Weg

Der Papst

Unter den konträren Gestalten, mit denen Luther es auf seinem Wege zu tun bekam, war von den Abspaltungen der Vater-Imago eine historische für ihn als Hauptgegner von größter Bedeutung, dieselbe, die aus der Perspektive der Gläubigen als die höchstgestellte auf Erden verstanden wurde (und noch heute verstanden wird), auch sich selber so versteht: der „Stellvertreter Gottes" – der Papst (lat.: *papa*, griech.: *páppa*). Doch ist es falsch zu vermuten, dass Luther ihn unter die naturalen Personen hätte einreihen wollen, in die geschichtliche Reihe der

Abb. 18 Lukas Cranach d. Ä., Der Papstesel zu Rom, Holzschnitt, 1523, gemeinfrei.

nacheinander amtierenden ‚heiligen Väter', die der Menschenwelt entstammen. „Der Papst" war im Denken Luthers beileibe nicht dieser oder jener Sterbliche, auch kein von ihm geschätzter, der auf dem Heiligen Stuhl thronte wie z. B. Leo X., sondern das war er selber, der Heilige Stuhl, also das Amt. Dies war es, welches er für falsch, „seelmörderisch" hielt. Ja, seit 1520 war der ‚Heilige Vater' – das Amt, die Institution, nicht eine Person – für Luther der „Antichrist". Dabei blieb es fortan während seiner ganzen Lebenszeit. Wie sehr die Anhänger des Papsts, in der zeitgenössischen Diktion die „Papisten", damals mit den Anhängern Satans als verschworene Kumpanei erschienen, enthüllt der bereits zitierte Satz aus dem Dialog des Alberus, worin „Teufel und Papisten" in einem Atemzug genannt werden. Darin lässt der Verfasser den Gottseibeiuns sich – vor dem Dialogpartner, Luther, seinem Kontrahenten – als Verteidiger des Papsts aufspielen: „Erstlich gefällt mir das nit wohl an dir, dann du sündigst damit in [‚gegen'] Gott und den Bapst zu Rom, da du den heiligen frommen Vater, den Bapst, einen Endechrist nennest und führst die Menschen dahin, daß niemand mehr auf ihn und sein Wort gibt. [...] Ich glaub gänzlich, du seist der selbst."[116] Der Teufel gibt also die Anschuldigung zurück: Luther selber – der „Antichrist"!

Das sicherlich bezeichnendste Muster dafür, dass ein bei dem „gemeinen Mann" ungemein populäres – zuvor auch schon von den Hussiten benutztes – Element der antipäpstlichen Opposition in den Grundbestand der reformatorischen Propaganda einging, ist die Übernahme der Gleichsetzung von Papst und Antichrist durch Luther. So kamen Teile der Luther-Forschung zu der Ansicht, dass weniger Luthers theologische Fundamentierung der Reformation die Massen mit dieser verband, als vielmehr das reformatorische ‚Feindbild', das ja im übrigen dem Volk längst vertraut war. Preuß resümierte den Befund: „Es kann wohl ohne Übertreibung gesagt werden, daß Luthers Identifizierung von Papst und Antichrist das populärste Stück seiner Lehre gewesen ist."[117] Auch dies wird bestätigt beim Blick auf die damalige konfessionelle Literatur. So heißt es in dem *Dialog von zween guten Gesellen, mit Namen Hans Tholl und Claus Lamp* (1523), wenn beider Argumentation den Höhepunkt erreicht:

CLAUS LAMP: Ich muß jetzt fragen: Wie geht es zu, daß jetzt ein solcher Lärm ist um Luther und seine Schriften?

HANS THOLL: Ich glaube, das kommt daher, daß er den Antichrist enthüllt hat.[118]

Es gelang Luther, seine innere Problematik projizierend zu bearbeiten, indem er den brisantesten Anteil seiner Psyche nach außen warf, den Vaterhass (1.) auf die ihm von der Tradition gegebene Personifikation des ‚Bösen', auf den ‚Bösen', den Teufel, übertragend. Analog (2.) ihn auf den Papst verschiebend, womit er seine Hassbeziehung zu einem Spaltprodukt der Vater-Imago in die seinerzeitig vorhandene, vorrangig kirchliche Problematik inokulierte und die in der Massenpsyche brodelnde Menge antihierarchischer Aggressionen auf die der Christenheit in der Realität gegebene Institution, den Heiligen Vater, lenkte. War aus seinem Seelenleben der Vaterhass zwar kaum ausgetilgt, aber in Maßen gemildert, durfte dafür der Zorn auf den Teufel um so höher aufflammen. Ein Zorn, den er selber nicht zu missbilligen brauchte und worin er mit der Ethik seiner christlichen Zeitgenossen konform ging. In der geschichtlichen Welt außerhalb seiner Psyche durfte er die Flamme des Hasses, die in großen Teilen der Bevölkerung brannte, sogar mit größter Offenheit schüren, wie es seine Schriften erweisen. Seinen Hass auf den Heiligen Vater brauchte er als Autor nicht zu verhehlen, indem derselbe ebenso offen auch in einem bedeutenden Ausschnitt der Massenpsyche gegeben war. Was ihn selber betrifft, so konnte er sich damit helfen, dass er die Feindseligkeit gegen den Vater zu einem beträchtlichen Teil auf eine Personifikation des ‚Bösen' verschob, den ‚Leibhaftigen' ohne wirklichen Leib. Damit war Hans Luder im Wesentlichen aus dem Spiel. Auf der Bühne des Weltgeschehens dagegen agierte ein anderer: der geistliche ‚Vater'. Der aufgehäufte Hass, wie er dem Satan galt, durfte ungeniert ebenso gegen ihn, den Heiligen Stuhl, gerichtet werden, unter der Bedingung nämlich, dass dieser selber in eins fiel mit dem Satan, dem Antichrist. In ihm trafen beide Gegnerschaften zusammen, die persönliche Luthers gegen den Teufel, hinter welchem schattenhaft stets das väterliche Hassobjekt verblieb, und die zeitgeschichtlich-politische, die den Kampf des Reformators auf dem Welttheater gegen die römische Kirche munitionierte, die zugleich auch eine säkulare Macht war.

Christus

Ist Satan der „Antichrist", so wird damit sein Wesen charakterisiert als das eines (und sogar des) Hauptfeinds Christi. Umgekehrt erscheint Christus dann als der eigentliche Gegenspieler Satans. Und ist dieser der Inbegriff alles Bösen, so Jesus Christus der Inbegriff alles Guten. Mag er in der Geschichte der Menschengattung eine historische Person gewesen sein oder eine mythologische – beide Ansichten sind bis heute in der Forschung zugegen – in der Zeit nach seinem Auftreten, dem wirklichen oder mutmaßlichen, beanspruchte jedenfalls die Christenheit, die ihren Namen von ihm ableitete, sein Erbe weiterzutragen und für die Verbreitung des Guten in seinem Sinne zu sorgen. So setzte Luther es voraus, so war es allgemeine Lehre, die gepredigt wurde, wenngleich bekanntlich nicht überall und nicht jederzeit im Christentum in die Tat umgesetzt. Gleich der Mehrzahl der Gläubigen war auch Luther vom historischen Jesus und seinem einstmaligen Erdenleben überzeugt. So lautete für ihn die geschichtliche Wahrheit.

Doch als die wesentliche Wahrheit galt ihm nicht diese. Es gab eine andere. Jesus musste nicht einzig in der Vergangenheit gewirkt haben, sondern beständige Gegenwart sein, in ihr stetige Wirksamkeit entfaltend. Wo zu finden? In ihm selber, im Menschen – als ein inneres Begebnis, als die Passion, die sich in auserwählten Menschen vollzog, auch in ihm, Martin Luther.

Den wundersamen Ablauf des inneren Ereignisses verzeichnete er in seinem Gemeindelied: „Nun freut euch, lieben Christen g'mein“[119]. Für die Gemeinde steht in der Auftakt-Strophe das Pronomen „wir“ (mit „uns“): *„Und laßt uns fröhlich springen, / Daß wir getrost und all in ein / Mit Lust und Liebe singen“*. Statt des Pronomens der 1. Person Plural benutzt er von der 2. Strophe an die 1. Person Singular („ich“): *„Dem Teufel ich gefangen lag, / Im Tod war ich verloren“*, wobei die Gefangenschaft in den Klauen des Teufels auch bedeutete: ‚in der Hölle zurückgehalten werden‘; und die Verlorenheit im Tode: nicht nur das biologische Ende des Daseins, sondern auch den Verlust der ewigen Seligkeit. *„Meine guten Werke, die galten nicht“*: sie ‚zählten nicht, taugten nichts‘, als dass er durch sie der Seligkeit teilhaftig geworden wäre. *„Es war mit ihn* [‚ihnen‘] *verdorben“*: ‚sie retteten mich nicht aus dem Abgrund‘. *„Zur Höllen mußt ich sinken“*: ‚es war mir bestimmt, zur Hölle verdammt zu werden‘. Die 4. Strophe zeigt aber jetzt, wie Gott im Himmel sich des Betrübten gütig annahm: *„Er wandt zu mir das Vaterherz“*, und in der Folge wählte er zur Rettung des ‚Ichs‘ *„sein Bestes“*. Was war das? Was opferte er? – In der 5. Strophe ruft Gott voller Erbarmen mit Luther seinen Sohn auf, sich zu dem Leidenden zu begeben und ihm *„das Heil“* zu überbringen. In der 6. Strophe geschieht vollkommen Überraschendes: um das Rettungswerk zu vollbringen, übernimmt Jesus das Äußere des Verlorenen: *„Er ging in meiner armen G'stalt, / Den Teufel wollt er fangen.“* Die Gestalt zu übernehmen, ist eine Art der – und sei es temporären – Identifikation. Der Vorsatz, den Bösen zu arretieren, ist der Beginn einer vielversprechenden Offensive! Jetzt ist es er, der arretiert wird. – In den vier letzten Strophen (7–10) erstattet nunmehr Jesus selber Bericht über sein Eingreifen. Er weiß, *„der Feind“* (Satan) werde ihm, dem Retter, aus Rache Grauenvolles antun, sein Blut vergießen, ihm schließlich *„mein* [Jesu] *Leben rauben“*. Doch glückte ihm Martins Rettung. Wonach der Heiland befiehlt: *„Halt dich an mich, / Es soll dir jetzt gelingen. / Ich geb mich selber ganz für dich, / Da will ich für dich ringen; / Denn ich bin dein und du bist mein, / Und wo ich bleib, da sollst du sein, / Uns soll der Feind nicht scheiden.“* Ausdrucksstarke Worte: Die untrennbar enge Verbindung beider, Jesu und des zu Rettenden bezeugend. Anrührende Worte, weil der Autor eine der berühmtesten Formeln einführt, die in der Mentalitätsgeschichte Deutschlands seit alters zu haben waren: die Verlöbnisformel. Hochzeitsleute

Abb. 19 U. Graf, Christus am Kreuz zwischen den Schächern, Holzschnitt, 1507.

beschwören damit ihre feierliche Verbindung, und mehr noch: ihre allerengste Einung (lat.: *unio*), die liebend verwirklichte Einheit aus zweien. Zuerst: Jesus übernimmt die Initiative in der *„armen G'stalt"* des zu Rettenden. Dann: Er verbindet sich mit diesem wie der Bräutigam mit der Braut; das ist der zweite Hinweis auf die Einung beider. Der Dichter deutet die Gleichheit des der Hölle Entrissenen mit dem Retter an, eine Gleichheit im Lehren und Tun. Der Gerettete wird nicht verabsäumen auszuführen, was Jesus anordnet: *„Was ich getan hab und gelehrt, / Das sollst du tun und lehren."* Der Gerechtfertigte setzt künftig also in der Nachfolge des Heilands dessen Tätigkeit fort und lässt die Lehre des Retters nicht untergehen, sondern gibt sie den Menschen weiter. Auch darin hat man eine Formel für reformatorische Tätigkeit!

Das Lied gibt erstens die Geschichte der seelischen Verlorenheit des jungen Martin und seiner Erlösung: Aufenthalt in der „Hölle" – der psychische Zustand der vollkommenen Verzweiflung – Gottes Erbarmung und Eingreifen – das Rettungsmittel: die Passion Jesu als Weg der Wiederaufrichtung eines „Verlorenen" – erreichtes Einssein mit Jesu – Übernahme von dessen Existenz in Wort und Tat.

Das ist zweitens die Geschichte der Verlorenheit der christlichen Kirche zum Zeitpunkt von Luthers Auftreten: deren vollkommene Unterwerfung unter den Antichrist – der historische Zustand der aussichtslosen Versumpfung („Hölle") – Gottes Erbarmung und Eingreifen – das Rettungsmittel: die Christenheit übernimmt nun in Wahrheit Christi Rolle, beschreitet den Weg ihrer eigenen Rechtfertigung durch den Sturz des Antichrists – gewinnt die Gleichförmigkeit mit der von Jesu gestifteten Gemeinde zurück – setzt die Ziele des Messias in Wort und Tat um.

Das „Schuldbewusstsein des Sohnes" und „der Sohnestrotz"

Luthers Biographie zeigt anfangs einen Sohn, Martin, der in einen unerhört verzweiflungsvollen Konflikt geriet. Er täuschte sich in der Erwartung, dass dieser sich nach seinem Eintritt ins Erfurter Kloster beilegen lassen würde, so dass er, ein Mönch, künftig in gehorsamer Hingabe an Gott seine seelische Ausgeglichenheit fände. Vielmehr geschah es, dass die Problematik mit noch größerer Schärfe, wenngleich in geänderter Gestalt, sich erneuerte als Ringen um die Zuneigung des „erhöhten Vaters", des Schöpfergottes. In der Erleuchtung, dass die Zuneigung, die „Gnade" Gottvaters, die ohnehin nicht zu erkaufen war, ihm selbst durch die ernstlichsten Bemühungen nicht abgerungen zu werden vermochte, sondern dem Gläubigen ausschließlich als Geschenk zuteil werden konnte, durfte er sich schließlich ‚gerechtfertigt' fühlen. Als Bürgen dafür stellte ihm das Evangelium, in welches er beharrlich tiefer eindrang, den Gottessohn vor Augen: den Erlöser. Die Aufgabe, die nun vor dem Geretteten lag, bestand darin, sich nach verwirklichter Gleichförmigkeit mit Jesus getreulich dessen Lehre zu verkünden und sie im Tun zu beherzigen.

Insgesamt ein Vorgang, der sich erst einmal in der Psyche eines thüringischen Mönchs abspielte und der, wäre dieser in der Klosterzelle verblieben, ohne an die Öffentlichkeit zu treten, von keiner religions-, gar welthistorischen Bedeutung sein musste. Das änderte sich 1517 mit den 95 Ablassthesen. Obwohl er den Transfer sicherlich nicht bewusst ins Werk setzte, erwuchs aus einem individuellen Ereignis ein soziales, kam es dazu, dass einem namenlosen Klosterinsassen glückte: was ihm, einem Einzelnen, widerfahren war, zu sozialisieren. In einem ganz anderen Zusammenhang, im Text eines groß angelegten Romans, augenscheinlich ohne jeglichen Zusammenhang mit der Reformationsgeschichte, lässt der Autor, Willibald Alexis, einen jungen Stürmer und Dränger, namens Bovillard, das Szenario einer solchen Revolte beschreiben, die er eher missfällig bewertet: „Was in der eignen Brust des Schwärmers lebt, überträgt er auf die Millionen Kreaturen, in denen nichts lebt als der Gedanke, wie sie morgen satt werden.“[120]

Das Geschehen, welches sich nun aus der Übertragung der lutherischen Konfliktstruktur auf die „Millionen Kreaturen“, des Reformators Anhängerschaft, entwickelte, heißt in den Lehrbüchern der Geschichte: „die Reformation“. Ein wesentlicher Teil der Zeitgenossen erlebte sie als „Reinigung“ des Evangeliums, der Religion und der Kirche, mit einem zusammenfassenden Begriff auch als „Befreiung“. Der Ausgangspunkt war der vorreformatorische Zustand. Ihn interpretierte Luther oftmals im Bilde der „Gefangenschaft“, so im Lied: „Dem Teufel ich gefangen lag“ (und vgl. seine Beschreibung der *babylonischen Gefangenschaft der Kirche*, 1520). Aus Sicht des Reformators und seiner Mitstreiter war ihr Vorhaben die radikale Entmachtung des ‚Heiligen Stuhls‘, die dem „erhöhten Vater“, dem Schöpfergott zugute kommen sollte. Sie beabsichtigten die Wiedergewinnung der ernstlichen Zentrierung des Lebens der Christenheit auf eine überirdisch gedachte Vater-Imago. Freud schrieb zum Schluss seiner Untersuchung „Die infantile Wiederkehr des Totemismus“ in Anknüpfung an das Stichwort „Ödipus-Komplex“, dass in diesem „die Anfänge von Religion, Sittlichkeit, Gesellschaft und Kunst zusammentreffen, in voller Übereinstimmung mit der Feststellung der Psychoanalyse, daß dieser Komplex den Kern aller Neurosen bildet, so weit sie bis jetzt unserem Verständnis nachgegeben haben. Es erscheint mir als eine große Überraschung, daß auch die Probleme des Völkerseelenlebens eine Auflösung von einem einzigen konkreten Punkt her, wie es das Verhältnis zum Vater ist, gestatten sollten.“[121] Das „Verhältnis zum Vater“ bildet „dieselbe dynamische Quelle“ für die seelischen Schwierigkeiten des Individuums wie für die gesellschaftlichen der großen sozialen Gebilde, und vergleichbar stellt die Psychoanalyse „eine innige Beziehung her zwischen all diesen psychischen Leistungen des einzelnen und der Gemeinschaften […] Die Kenntnis der neurotischen Erkrankungen einzelner Menschen hat für das Verständnis der großen sozialen Institutionen gute Dienste geleistet, denn die Neurosen selbst enthüllen sich als Versuche, die Probleme der Wunschkompensation individuell zu lösen, welche durch die Institutionen sozial gelöst werden sollten.“[122]

In der frühneuzeitlichen Geschichte Europas bildete unter den Problemen des „Völkerseelenlebens“ das Aufkommen der Reformation keines der geringsten. Insofern es sich auf einen hauptsächlichen Urheber zurückführen lässt, ist man berechtigt, die Frage nach dessen „Größe“ zu stellen. Dabei erweist es sich als zweckmäßig, moderne psychologische Entdeckungen als Basis zu wählen. Zunächst Freuds Aussage, „durch die Zurückführung des religiösen Gefühls“ lasse sich als dessen „tiefste Wurzel“ „das Vaterverhältnis“ nachweisen[123]. Zugrunde zu legen sei „die Annahme einer Massenpsyche […], in welcher sich die seelischen Vorgänge vollziehen wie im Seelenleben eines einzelnen." Ohne eine solche Annahme, „einer Kontinuität im Gefühlsleben der Menschen, welche gestattet, sich über die Unterbrechungen der seelischen Akte durch das Vergehen der Individuen [d. h. ihren Tod – W. B.] hinwegzusetzen, kann die Völkerpsychologie überhaupt nicht bestehen."[124] Der vorreformatorische Zustand der Kirche erschien aus Sicht der Reformatoren als fehlerhafte Einrichtung des „Vaterverhältnisses" im Völkerseelenleben infolge der unrechtmäßigen Aneignung einer Machtstellung durch den Heiligen Vater zu Rom; die Parallele im individuellen Seelenleben wäre das

Abb. 20 H. Schäufelein, Das Jüngste Gericht, Holzschnitt, 1507.

falsch gestaltete „Verhältnis zu den Eltern", welches dann verantwortlich zu machen sei für den „*Kernkomplex* der Neurose"[125]. Freud stützte sich auf die Einsicht: dass ein „höchst ernsthaftes Stück der menschlichen Geistestätigkeit, jenes, das die großen Institutionen der Religion, des Rechts, der Ethik und all der Formen der Staatlichkeit geschaffen hat, im Grunde darauf abzielt, dem einzelnen die Bewältigung seines Ödipus-Komplexes zu ermöglichen und seine Libido aus ihren infantilen Bindungen in die endgültig erwünschten sozialen überzuleiten."[126] Nur dass dies Ziel dann verfehlt wird, wenn eine der „großen Institutionen" bei der Lösung ihrer Aufgabe versagt, so – in der Perspektive der Reformatoren – die römische Kirche, die ihre Gläubigen gerade nicht „aus ihren infantilen Bindungen" befreit hätte, sondern von der diese noch erheblich verstärkt worden wären.

In der Forschung ist Luthers Glaubenslehre, die dem Schöpfergott oder Gottvater, ihm allein, sämtliche Rechte zuzuerkennen vorschreibt, auch als „Theozentrismus" bezeichnet worden. Dessen Parole lautete, in salopp-moderner Umsetzung: ‚Alle Macht dem Gotte', oder in Umkehrung: nicht einmal einen Zipfel der Macht für die von Menschenhand geschaffenen geistlichen Einrichtungen wie den ‚heiligen Stuhl'. Da nach christlicher Anschauung aber Gott und der Erlöser in eins fielen, war mit dem Theozentrismus auch die neuerliche Fixierung auf den Gottessohn gegeben, Jesus Christus, den Luther energisch in den Mittelpunkt seiner reformatorischen Theologie rückte (so im oben zitierten Lied). Das in der Reformation korrigierte Verhältnis zum Vatergott hatte ebenfalls Folgen für das Verhältnis des Einzelnen zum Gottessohn, und dies wiederum wirkte sich in der Psyche Luthers auf das Verhältnis aus, welches er zu sich selber hatte – auf sein Selbstbild.

Um beides zu erläutern, ist noch einmal auf die Ambivalenz Bezug zu nehmen, daneben auch auf die psychologischen – z. T. gleichzeitig theologischen – Begriffe des Gewissens sowie des Schuldgefühls oder -bewusstseins. Zunächst das letztgenannte.

„Schuldbewußtsein", definiert Freud, ist die „Wahrnehmung der inneren Verurteilung solcher Akte, durch die wir bestimmte Wunschregungen vollzogen haben". Bei ‚Wilden' ferner Zonen existiere ein „Tabu", „ein Gewissensgebot". Dessen „Verletzung … läßt ein entsetzliches Schuldgefühl entstehen", Herkunft: unbekannt. Erwächst jedoch das Gewissen „auf dem Boden einer Gefühlsambivalenz aus ganz bestimmten menschlichen Relationen, an denen diese Ambivalenz haftet", muss Berücksichtigung finden, „daß das eine Glied des Gegensatzes unbewußt sei"[127]. Beispiel: Ein Sohn steht zwiespältig zu seinem Vater, liebt und hasst ihn in gleichem Maße, empfindet neben der Zuneigung Feindseligkeit bis zu dem Wunsch, ihn zu töten. In seinem Bewusstsein bleibt nur die Zuneigung bestehen, während der Hass und der daraus abgeleitete Tötungswunsch ins Unbewusste verdrängt werden. Jetzt meldet sich jenes entsetzliche Schuldgefühl. Nicht immer bloß im Einzelnen. Es konnte ein weit verbreitetes unerklärliches Schuldbewusstsein in einem Teil der Menschengattung entstehen, z. B. vor dem Auftreten Jesu: „es hatte als ein dumpfes Unbehagen, als eine Unheilsahnung, deren Grund niemand anzugeben wußte, alle Mittelmeervölker ergriffen"[128]. Solch Unbehagen kann auf ein nicht mehr gewusstes Tötungsdelikt zurücklenken. Hier operiert Freud mit einer in der Völkerpsychologie entwickelten Hypothese, wonach die in der Urhorde vereinigten Menschen in der Frühzeit den Hordenvater erschlagen hätten. So gibt es die Forschungsmeinung, die im 18. Jahrhundert bereits Goethe geäußert hatte: Auch Moses sei von seinen eigenen Mitstreitern ums Leben gebracht worden. Doch Freud relativierte, es habe keine reale Mordtat geschehen sein müssen. Die Neurose ist als Krankheitsbild u. a. dadurch charakterisiert, „daß sie die psychische Realität über die faktische setzt, auf Gedanken ebenso ernsthaft reagiert wie die Normalen nur auf Wirklichkeiten. […] Demnach könnten die bloßen Impulse von Feindseligkeit gegen den Vater, die Existenz der Wunschphantasie, ihn zu töten und zu verzehren, hingereicht haben …“[129] Aber gleich, ob Tat, ob Impulse, es entsteht in der Folge eine unüberwindliche „Vatersehnsucht“, aus welcher ein „Vaterersatz“ hervorgeht, eine kollektive Schöpfung der Brüder, die sich tatsächlich oder in ihrer Phantasie als Mordgesellen etabliert hatten: erst kommt der Totem (als Tier), dann als dessen spätere Form der Gott, „in welcher der Vater seine menschliche Gestalt“ wiedergewinnt[130]. Zwischen dem Totem und dem Gott „taucht der Heros auf, häufig als Vorstufe der Vergottung“[131]. Einer aus der Hierarchie der Götter „wird häufig zum Oberherrn über Götter und Menschen erhöht. Zögernd geschieht dann der weitere Schritt, nur einem Gott zu zollen, und endlich erfolgt die Entscheidung, einem einzigen Gott alle Macht einzuräumen und keine anderen Götter neben ihm zu dulden. Erst damit war die Herrlichkeit des Urhordenvaters wiederhergestellt …“[132]

So sei am Beginn unserer Zeitrechnung, als jenes „Unbehagen“ um sich griff, in ei-

Abb. 21 H. Goltzius, Der Apostel Paulus und sein Martytrium, Kupferstich, 16./17. Jh.

nem jüdischen Manne namens Paulus zuerst die Erkenntnis durchgebrochen: „Wir sind so unglücklich, weil wir Gottvater getötet haben." Dies „Stück Wahrheit" überbrachte er „in der wahnhaften Einkleidung der frohen Botschaft: Wir sind von aller Schuld erlöst, seitdem einer von uns sein Leben geopfert hat, um uns zu entsühnen." Freud kommentierte: „In dieser Formulierung war die Tötung Gottes natürlich nicht erwähnt, aber ein Verbrechen, das durch einen Opfertod gesühnt werden mußte, konnte nur ein Mord gewesen sein. Und die Vermittlung zwischen dem Wahn und der historischen Wahrheit stellte die Versicherung her, daß das Opfer Gottes Sohn gewesen sei."[133] Die Tötung blieb in der Verborgenheit. „Das unnennbare Verbrechen wurde ersetzt durch die Annahme einer eigentlich schattenhaften Erbsünde. Erbsünde und Opfertod wurden die Grundpfeiler der neuen, durch Paulus begründeten Religion."[134]

Doch Freud sah noch einmal wieder den auffälligen Zwiespalt am Werke: „Die Ambivalenz, die das Vaterverhältnis beherrscht, zeigte sich aber deutlich im Endergebnis der religiösen Neuerung. Angeblich zur Versöhnung des Vatergottes bestimmt, ging sie in dessen Entthronung und Beseitigung aus. Das Judentum war eine Vaterreligion gewesen, das Christentum wurde eine Sohnesreligion. Der alte Gottvater trat hinter Christus zurück, Christus, der Sohn kam an seine Stelle, ganz so, wie es in jener Urzeit jeder Sohn ersehnt hatte. Paulus, der Fortsetzer des Judentums, wurde auch sein Zerstörer. Seinen Erfolg dankte er gewiß in erster Linie der Tatsache, daß er durch die Erlösungsidee das Schuldbewußtsein der Menschheit beschwor, aber daneben auch dem Umstand, daß er die Auserwähltheit seines Volkes und ihr sichtbares Anzeichen, die Beschneidung, aufgab, so daß die neue Religion eine universelle, alle Menschen umfassende werden konnte."[135] So ergab sich dem Forscher das Fazit: „Nehmen wir es nun als Tatsache hin, daß auch in der weiteren Entwicklung der Religionen die beiden treibenden Faktoren, das Schuldbewußtsein des Sohnes und der Sohnestrotz niemals erlöschen."[136]

Im Verhältnis des jungen Mannes Martin zum Vater lassen sich immer erneute Versuche registrieren, es für beide Seiten erträglich zu gestalten. Den „Sohnestrotz" konnte er aber keinesfalls für allezeit unterdrücken. Er feierte schon einmal einen wichtigen Triumph in Luthers Erhebung zum Pater, der in seiner Geistlichkeit, womit sich die Nähe zu Gott andeutete, es nicht vermied, sich seinem natürlichen Vater überlegen zu fühlen. Der „Sohnestrotz" offenbarte sich vor allem aber bald auch in der enger gewordenen Bindung an einen Gottessohn, der mit der Entthronung des Schöpfergotts eine Revolution gegen seinen Vater gemacht hatte, und diese Einung – Hans Luders Sohn mit dem Gottessohn – sollte unauflöslich bleiben, ohne die Möglichkeit der Scheidung.

Ihm war er durch den Ausspruch Jesu im Lied gleichgesetzt, war er gleich – sowohl in der Lehre als auch in der praktisch-reformatorischen Tätigkeit.

Sprachzauber

Wie in jedem Menschen gab es im Seelenleben Luthers gewisse Rückstände aus seinen jugendlichen Kämpfen, Rückstände im Ganzen, die gewiss zu seiner Größe beitrugen. So ist in seinem Schrifttum spürbar, dass bei ihm, wie bei schöpferischen Menschen überhaupt, am meisten die Münze galt, die in Freuds Sprache – ohne dass er die Bezeichnung vorwurfsvoll meinte – die „neurotische Währung" heißt. Nicht anders gehe es zu „in einer besonderen Welt", der Welt der Neurotiker: „nur das intensiv Gedachte, mit Affekt Vorgestellte ist bei ihnen wirksam"[137]. Wirksam „bei ihnen": im Sinne von auf sie selber. Aber auch in einem zweiten Sinne: durch sie auf ihr Publikum, das hörende wie das lesende. Luthers „neurotische Währung" ist bis heute gespeichert in seiner Literatur, gesteigert z. B. in seiner Polemik gegen die aufständischen Bauern oder in einem schon eher am Ende seines Lebens verfassten Text, in der Abrechnung mit einem Fürsten, unter dem Titel: *Wider Hans Worst* (1541). Von seinen trostlosen Schriften gegen die Juden und die Türken zu schweigen.

Gewiss ist, dass er sich als eine Art von Zauberer betätigte – aber wie hätte er sich gewehrt, ausgerechnet dies zu sein! – als ein Redner und Autor, der Jahrzehnte lang gehörigen Zauber verbreitete, ein rhetorisch wie schriftstellerisch wortgewaltiger Theologe als Schwarzkünstler. Denn die Rede, das Wort sind eine Ausdrucksform des Zaubers. Mit Freud gesagt: „Psychische Behandlung will vielmehr besagen: Behandlung von der Seele aus", und „von der Seele aus" geschieht Behandlung nicht anders als vermittels des Worts. Der Patient des Psychoanalytikers müsse vermuten, er solle genötigt werden, „an Zauberei zu glauben", womit er nicht so Unrecht habe: „die Worte unserer täglichen Reden sind nichts anderes als abgeblaßter Zauber". Wie sei aber der Zauber des Wortes zu verstehen? – „Worte sind ja die wichtigsten Vermittler für den Einfluß, den ein Mensch auf den anderen ausüben will; Worte sind gute Mittel, um seelische Veränderungen bei dem hervorzurufen, an den sie gerichtet werden"[138]. Und noch einmal eingeprägt, das Wort „war doch ursprünglich ein Zauber, ein magischer Akt, und es hat noch viel von seiner alten Kraft bewahrt."[139]

„Was in der eignen Brust des Schwärmers lebt …" (Alexis); genauer: was vor einem Halbjahrtausend in der Brust eines energischen Kämpfers gelebt hat …, wie sonst könnte es nach so langer Zeit eine Leserschaft noch bewegen?

Und die Formulierung „hat noch viel von seiner alten Kraft bewahrt" mag denn nicht zuletzt auch für die schriftstellerische Hinterlassenschaft des großen Autors Luther gültig sein.

Abb. 22 L. Cranach d. Ä., Martin Luther, Temperamalerei auf Holz, 1528, Bild: Kunstsammlungen der Veste Coburg.

[1] Diese Wendung entnehme ich einer während der Entstehung dieses Versuchs – Frühjahr 2016 – erschienenen Besprechung von Kurt Jauslin. Der Rezensent befasst sich darin mit einem im Vorjahr veröffentlichten Buch von Stephan Baumgartner über „Weltbezwinger". So der Titel, mit dem Untertitel: Der ‚große Mann' im Drama 1820–1850. (Bielefeld 2015). Gemeint sind solche Bühnenwerke, worin der „historische Herrscher … als charismatischer Held" auftritt, wie etwa Napoleon. (Die zitierte Passage in: Forum Vormärz Forschung: Jahrbuch 2015 / 21. Jahrgang, S. 269).

[2] Mehring, Franz: Gesammelte Schriften, Bd. 5. Berlin 1964, S. 250 f.

[3] Freud, Sigmund. Gesammelte Werke. Chronologisch geordnet, Bd. 8. Hrsg. von Freud, Anna u. a. London u. a. 18 Bde. 1940–1968, S. 53.

[4] Nach Archimedes (um 285–212 v. Chr.), dem Entdecker des Hebelgesetzes: der feste Standpunkt außerhalb der Erde, von dem aus man diese in Bewegung setzen könnte.

[5] Gracian, Balthasar: Hand-Orakel und Kunst der Weltklugheit. Aus dessen Werken gezogen von D. Vincencio Juan de Lastanosa […] übersetzt von Arthur Schopenhauer [1862]. Stuttgart 1953, S. 100. – Die Seltenheit betonte im 18. Jahrhundert auch Gottfried August Bürger in seinem Gedicht „Der große Mann", worin er eine Liste von dessen Eigenschaften aufnahm und resümierte: „Der ist ein Mann, und der ist groß! / Doch ringt sich aus der Menschheit Schoß / Jahrhundertlang kaum einer los." (Bürgers sämtliche Werke in vier Teilen. Hrsg.: Wolfgang von Wurzbach. Leipzig o.J., S. 75.).

[6] Alexis, Willibald: Ruhe ist die erste Bürgerpflicht. (EA 1852) 2. Auflage Berlin 1954, S. 741; übrigens ist der Titel des Buchs als Sarkasmus zu verstehen: der Autor wollte heilsam zur Unruhe anstiften.

[7] Freud: Werke (wie Anm. 3), Bd. 7, S. 160.

[8] Luther, Martin: Werke. Kritische Gesamtausgabe. Tischreden 3, 329 f., Nr. 3464 c. 127 Bde. Weimar 1883–2009.

[9] Zwei grundlegende Begriffe: Als „Verdrängung" bezeichnete Freud den seelischen Vorgang, dass ein Trieb dem Bewusstsein einer Person entzogen wird, um ins Unbewusste einzutauchen, wonach dem Bestreben, ihn neuerlich ins Bewusstsein zu heben, der „Widerstand" antwortet.

[10] Freud: Werke (wie Anm. 3), Bd. 8, S. 22 f.

[11] Unverkennbar eine exemplarische Bestätigung des Satzes, dass „die Ontogenie" „eine Wiederholung der Phylogenie" sei (Freud: Werke [wie Anm. 3], Bd. 8, S. 413), oder: in der Geschichte einer Seele spielte sich in Kurzem die lange Geschichte der christlichen Kirche, wie sie sich seit dem Auftreten des Messias herausgebildet hatte, noch einmal ab.

[12] Freud, Sigmund/Zweig, Arnold: Briefwechsel. Hrsg. von Freud, Ernst L. Frankfurt a. M. 1984, S. 137.

[13] Worüber Haustein indes urteilt, die „Ausbeute an Kindheitserinnerungen" wäre „geradezu dürftig" (Haustein, Jörg: Martin Luthers Stellung zum Zauber- und Hexenwesen. [Münchener Kirchenhistorische Studien, Bd. 2.] Stuttgart u. a. 1990, S. 131).

[14] Die Tischreden wie andere Äußerungen Luthers bieten für eine moderne Leserschaft die Schwierigkeit, dass sie – falls nicht überhaupt in Latein abgefasst – erheblich vom Sprachstand der Gegenwart entfernt sind (sprachgeschichtlicher Fachterminus für den Zeitraum von etwa 1350–1650 : ‚frühneuhochdeutsch'). Im Einzelfall einer lateinischen Schrift („De servo arbitrio", von der „Unfreiheit des Willens") ziehe ich Alands Verdeutschung heran. Sonstige – frühneuhochdeutsche (gelegentlich lateinische) – Texte übertrage ich ins heutige Deutsch. Auf das Faktum der Übertragung verweist dann das Kürzel „Vgl." vor der Fundstelle in der Weimarer Ausgabe.

[15] Vgl. Luther: Werke (wie Anm. 8), Tischreden 3, 415 f., Nr. 3566 a/b.

[16] Vgl. ebd., Tischreden 2, 134, Nr. 1559.

[17] Vgl. ebd., Tischreden 3, 416, Nr. 3566 a; dazu auch: 4,129.

[18] Ebd.

[19] Vgl. ebd., Tischreden 5, 254, Nr. 5571.

[20] Erikson, Erik H: Der junge Mann Luther. Eine psychoanalytische und historische Studie. Reinbek 1970, S. 72.

[21] Ebd., S. 74.

[22] Ebd., S. 70.

[23] Vgl. Luther: Werke (wie Anm. 3), Schriften 30, 1,136.

[24] Vgl. ebd., Schriften 30, 1,147 f.

[25] Freud. Werke (wie Anm. 3), Bd. 9, S. 76.

[26] Ebd., S. 177.

[27] Ebd., S. 82.

[28] Scheel, Otto: Martin Luther. Vom Katholizismus zur Reformation, 1. Bd. Tübingen 1916, S. 235.

[29] Erikson: Mann Luther (wie Anm. 20), S. 102.

[30] Auch Erikson erwog, ob es sich bei der hl. Anna vielleicht um „eine mütterliche Vermittlerin" handelte (Ebd., S. 99).

[31] Ebd., S. 180.

[32] So in den Predigten über Mt. 18–24 [1539]; vgl. Luther: Werke (wie Anm. 8), Schriften 47, 232–627; hier: 589 f.

[33] Erikson: Mann Luther (wie Anm. 20), S. 82.

[34] Ebd., S. 172.

[35] Ebd., S. 180 f.

[36] Ebd., S. 253.

[37] Vgl. Luther: Werke (wie Anm. 8), Schriften 47, 589 f.

[38] Katechismus: ein Lehrwerk, in jeder Hinsicht ein unverächtliches; Luther wusste, dass es „der ganzen Heiligen Schrift kurzer Auszug und Abschrift ist". Vgl. ebd., Schriften 30, 1,128.

[39] Vgl. ebd., 1,157 f.

[40] Vgl. ebd., 1,148.
[41] Vgl. ebd., 1,153; das Wort „Heiligkeit" an dieser Stelle ist in Anführungszeichen gesetzt zu denken.
[42] Vgl. ebd., 1,162 f.
[43] Aus: „Die kleine Antwort auf Herzog Georgs letztes Buch"; 1533. Vgl. ebd., Schriften 38, 148 f. – Dazu Luthers Aussage in „Wider Hans Wort" (1541): Wer die „Lügenpredigt" (gemeint: der römischen Kirche) „von eurer teuflischen Neuerei" verinnerliche, „fällt von seiner Taufe und seinem Bräutigam [Jesus] ab, wie mir mit andern geschehen" (vgl. ebd., Schriften 51, 502).
[44] Aus der Predigt „Von der heiligen Taufe"; 1534. Vgl. ebd., Schriften 37, 661.
[45] Vgl. ebd., Tischreden 1,50 f., Nr. 122; 1531.
[46] Aus: „Kleine Antwort auf Herzog Georgs letztes Buch"; 1533. Vgl. ebd., Schriften 38,147 f.
[47] Ebd.
[48] Vgl. ebd., Tischreden 1,146, Nr. 352; 1532.
[49] Erikson: Mann Luther (wie Anm. 20), S. 72.
[50] Vgl. Luther: Werke (wie Anm. 8), Schriften 10, 1, 1,62.
[51] Erikson: Mann Luther (wie Anm. 20), S. 87.
[52] Vgl. Luther: Werke (wie Anm. 8), Schriften 30, 1,188.
[53] Erikson: Mann Luther (wie Anm. 20), S. 229; Luther-Zitat: Luther: Werke (wie Anm. 8) Schriften 4,234. (Der lat. Genitiv mit „ae" bei L. = „e".) – Die von Erikson herangezogene Luther-Passage erweist sich als voller Ausdrücke, die von der Befruchtung und Geburt der Christen aus dem Muttergrund (der Schrift) sprechen, der als Uterus gilt: „Ex matrice aurore tibi ros [‚Wasser, Wasser des Lebens'] infantie tue." (Luther verwies darauf, daß im Hohelied „Aurora" für ‚Ecclesia' gebraucht werde.) „Ex utero, scilicet scripture, genui te …" Auch die Bibel demnach ist Uterus (etwa = ‚Mutterleib'). Luther nennt sie dort auch eine „*matrix*" (einen ‚Muttergrund'), „plena semine verbi dei", nämlich, angefüllt vom Samen des Gottesworts'.
[54] Erikson: Mann Luther (wie Anm. 20), S. 78.
[55] Ebd., S. 182 f.; „Übertragung": spezifischer Begriff der Psychoanalyse, Bedeutung: eine Person ‚überträgt' unbewusst Züge eines ehemaligen Verhältnisses zur Mutter oder zu dem Vater auf eine spätere Bezugsperson, regulär den Therapeuten, und sucht jenes ähnlich wiederherzustellen.
[56] Erikson: Mann Luther (wie Anm. 20), 183.
[57] Ebd., S. 39.
[58] Vgl. Luther: Werke (wie Anm. 8), Schriften 30, 1,152. – Nämlich Luther spricht sogar von der „Majestät" der Eltern, mit einer Titulierung, die späterhin nur noch Fürstlichkeiten zustand (Ausdruck „maiestet": Luther: Werke (wie Anm. 8), Schriften 30, 1,147).
[59] Vgl. ebd., 1,152.
[60] Gegen Webers These wendete sich unlängst Volkmar Sigusch: „Eine zentrale Paradoxie ist, dass wir annehmen, in einem Zeitalter der aufgeklärten, kritischen, zauber-, mysterien- und götterlosen Vernunft und der überlegten, kalkulierten Rationalität zu leben, tatsächlich uns aber in einer Welt der undurchschaubaren, unkritischen, mystifikatorisch-fetischistischen Unvernunft und der ungesteuerten, unkalkulierbaren Irrationalität bewegen." (Sexualitäten. Eine kritische Theorie in 99 Fragmenten. Frankfurt a. M. 2013, S. 498).
[61] Nietzsche, Friedrich: Werke in drei Bänden. Hrsg. v. Karl Schlechta. München 1956, Bd. 3, S. 320.
[62] Vgl. Luther: Werke (wie Anm. 8), Schriften 30, 1,187.
[63] Während der Arbeit an diesem Aufsatz stieß ich zufällig in einem älteren Nachschlagewerk auf einen Artikel über „Geister", dessen Autor in gedrängter Form die wichtigsten Merkmale zusammenstellt: „Geister, übernatürliche, nicht göttliche Wesen, auch G(eister) von Verstorbenen. … Es gibt keine scharfe Grenze zwischen übernatürl(ichen) G(eistern) oder Seelen der Toten … Die Grenzziehung zwischen Göttern und G(eistern) ist schwierig: im allgemeinen hat der Gott eine schärfere individuelle Prägung und eine deutlicher fixierte Gestalt." (dtv–Lexikon. Ein Konversationslexikon in 20 Bänden. Bd. 7. München 1967, S. 157.) – Die Grenzen zwischen den Geistern von Verstorbenen und den Göttern sind deshalb schwierig zu ziehen, weil zwischen ihnen allen eine unverkennbare Gemeinsamkeit besteht: ihr Ursprung. Das ist: sie werden sämtlich gebildet auf dem Wege der Projektion.
[64] Vgl. Luther: Werke (wie Anm. 8), Schriften 30, 1,134, – wozu denn noch die Hexer und Hexen gehörten, die als Teufelsbündner und Teufelsbündnerinnen verschrien waren.
[65] Erikson: Mann Luther (wie Anm. 20), S. 180.
[66] Freud. Werke (wie Anm. 3), Bd. 9, S. 177 f.
[67] Aland, Kurt: Luther Deutsch. Die Werke Martin Luthers in neuer Auswahl für die Gegenwart, Bd. 3: Der neue Glaube. 3. Auflage Stuttgart u. a. 1961, S. 247 f.
[68] Ebd., S. 287 f.
[69] Vgl. Luther: Werke (wie Anm. 8), Schriften 30, 1,133.
[70] Vgl. ebd.
[71] Vgl. ebd., 1,135.
[72] Ebd.; „Kreaturen" sind ‚Schöpfungen', darunter sogar solche von menschlichem Ursprung.
[73] Vgl. ebd., 1,664.
[74] Vgl. ebd., 1,643.
[75] Hegel, Georg Wilhelm Friedrich: Werke 12. Vorlesungen über die Philosophie der Geschichte. Frankfurt a. M. 1970, S. 496.
[76] Cavendish, Richard/Ling, Trevor O. (Hrsg.): Mythologie. Eine illustrierte Weltgeschichte des mythischen Denkens. Frechen o. J., S. 8 u. 12.

77 Thietmar von Merseburg (975–1018): Chronik. Neu übertragen und erläutert von Werner Trillmich. 6. Auflage Darmstadt 1985, S. 187.

78 Freud: Werke (wie Anm. 3), Bd. 9, S. 96.

79 Ebd., S. 93 f.

80 Ebd., S. 96 f.

81 Ebd., S. 97.

82 Ebd., S. 98; d. h.: ‚auf einen irrigen Kausalitätsschluß bauen, bei dem die reale Ursache durch eine imaginierte ersetzt wird'.

83 Ebd., S. 112.

84 Ebd., S. 108.

85 Ebd.

86 Ebd., S. 112.

87 Ebd., S. 113.

88 Ebd., S. 112.

89 Ebd., S. 108.

90 Vgl. dazu die Reihe, die Fenichel zur Formulierung dieses Sachverhalts aufstellte: „eigene Allmacht – Verlust derselben an den anderen – Wiederhabenwollen – Introjektion des anderen". In: Über Trophäe und Triumph. Eine klinische Studie, in: Fenichel, Otto: Aufsätze. Hrsg. von Klaus Laermann. 2 Bde. Frankfurt a. M. u. a. 1985, S. 2,159–182; hier: S. 172.

91 Schrift „Die Elementargeister" (vollständige deutsche Fassung zuerst 1837), in: Heine, Heinrich. Werke und Briefe. Hrsg. von Hans Kaufmann, Bd.5. 10 Bde. Berlin 1961/64, S. 309–374. – Nach ihm gab u. a. Gustav Freytag eine Übersicht über die Geisterwelt, wie sie zur Zeit Luthers den Menschen präsent war; so in seinem Kapitel: „Der deutsche Teufel im sechzehnten Jahrhundert", worin er besonders auf den Teufels- und ‚Hexen'-Glauben verwies (Freytag, Bd. 2, S. 487–518).

92 Ebd., S. 312. Dazu vgl.: Dinzelbacher, Peter: Der Liber de nymphis, sylphis, pygmaeis et salamandris [von Paracelsus], in: Classen, Albrecht (Hrsg.): Paracelsus im Kontext der Wissenschaften seiner Zeit. Kultur- und mentalitätsgeschichtliche Annäherungen. (Theophrastus Paracelsus Studien, 2). Berlin u. a. 2010, S. 21–46.

93 Heine: Werke (wie Anm. 91), Bd. 5, S. , 313.

94 Ebd., S. 323–326. Nixen, durch die Menschen und Menschenleben gefährdet werden, noch häufig im Trivialroman bis ins 20. Jahrhundert. Sie erscheinen gern in Gestalt verführerischer, aber böser Frauenfiguren. (Vgl. Beutin, Wolfgang: Mechanismen der Trivialliteratur. Zur Wirkungsweise massenhaft verbreiteter Unterhaltungslektüre. Frankfurt a. M. 2015, S. 50 u. ö.).

95 Heine: Werke (wie Anm. 91), Bd. 7, S. 5–53.

96 Ebd., Bd. 5, S. 705.

97 In seiner Schrift „Die Götter im Exil", in ebd., Bd. 7, S. 55 –81; hier: S. 57.

98 Nämlich in der Auslegung des Verses 17 (18) des 2. Buchs Mose: „Die Zauberinnen sollst du nicht leben lassen." Er predigte darüber im Frühjahr 1526 (Luther: Werke [wie Anm. 8], Schriften 16, 551 f.; vgl. Haustein: Luthers Stellung [wie Anm. 13], S. 121 u. 124 f.). Haustein nennt diesen Text Luthers „eine regelrechte Hexenpredigt" (Ebd., S. 124).

99 Ebd., S. 11.

100 In: Mirbt, Carl: Quellen zur Geschichte des Papsttums und des Römischen Katholizismus. 4. Auflage Tübingen 1924, S. 244 f.

101 Döbler, Hansferdinand: Walpurgisnacht und Satanskuß. Die Geschichte der Hexenverfolgung. o. O. 2001 [Gütersloh], S. 89.

102 Ebd., S. 88.

103 Haustein: Luthers Stellung (wie Anm. 13), S. 171.

104 Malleus Maleficarum, Erstausgabe von 1487, hrsg. v. André Schnyder, Göppingen 1991, S. 2. – Vgl. die neueste kommentierte Übersetzung von Jerouschek, Günter/ Behringer, Wolfgang: [Heinrich Kramer (Institoris)] : Der Hexenhammer. Malleus maleficarum.
3. revidierte Auflage. München 2003. – Balthasar Bekker, der verdienstvolle, mutige Autor des Werks: „De betoverde Wereld" (‚Die verzauberte Welt'), das stark zur Auflösung des Hexenwahns beitrug, sah zu seiner Zeit voraus: „So muss dann alsbald mit des Teuffels Nichtigkeit der gantze Zauber-Krahm zu Nichte gehen." (Zit. Bei Roskoff, Gustav: Geschichte des Teufels. ND Nördlingen 1987, 2,457.) Von Bekker rührt auch der Satz: „Der Bund der Zauberer und der Zauberinnen mit dem Teufel ist nur ein Gedichte" [= ‚Fiktion']. (Zit. bei Döbler: Walpurgisnacht [wie Anm. 101], S. 274). – Wie Ernest Jones hervorhebt, sind die der Hexe zur Last gelegten Übeltaten überwiegend Symbole der Kastration (vgl. Beutin, Wolfgang: Sexualität und Obszönität. Eine literaturpsychologische Studie über epische Dichtungen des Mittelalters und der Renaissance. Würzburg 1990, S. 272), so dass die Kastrationsfurcht der patriarchalisch verfassten Gesellschaft der Epoche – wie in aller Gynäkophobie (Furcht vor Frauen) und im Antifeminismus – eine Komponente auch des Hexenwahns bildete.

105 Wolf, Christa: Moskauer Tagebücher. Wer wir sind und wer wir waren. Reisetagebücher, Texte, Briefe, Dokumente 1957–1989. Hrsg. v. Gerhard Wolf. Berlin 2014, S. 196 f. (Die Worte der Autorin zitierte in einer Besprechung der Rezensent Lew Kopelew.)

106 Heine: Werke (wie Anm. 91), 5,666.

107 Haustein: Luthers Stellung (wie Anm. 13), S. 172 f.

108 Ebd., S. 182.

109 Döbler bemerkte zu Luthers Vorstellung vom Teufel: „Freilich faßte er ihn als Werkzeug göttlichen Zornes über die Sünde, als Mittel überirdischer Strafjustiz auf, und der Teufel kann nur in dem Maße wirken, als Gott ihm dazu den Spielraum läßt." (Döbler: Walpurgisnacht [wie Anm. 101], S. 218)

[110] Vgl. Luther: Werke (wie Anm. 8), Schriften 30, 1,232.
[111] Erikson: Mann Luther (wie Anm. 20), S. 256.
[112] Ebd., S. 272 f. Begriffe der Psychologie: „regressiv" meint den Rückfall des Subjekts in eine zuvor bereits überwundene seelische Entwicklungsphase, sogar bis zur Infantilität; „anal": die Zugehörigkeit zur zweiten Entwicklungsstufe der Libido; „paranoid" (zu Paranoia): an einer Form chronischer Psychose erkrankend.
[113] Dass bereits im 16. Jahrhundert der Teufel vielfach als Projektion aufgefaßt worden sei (freilich ohne den Begriff!), entnahm Gustav Freytag den zahlreichen Traktaten der Epoche; er resümierte: „... aber in fast allen erscheint der Teufel schon als ein Synonym für verkehrte Neigungen der Menschennatur selbst." (Freytag, Gustav: Bilder aus der deutschen Vergangenheit. 3 Bde. Leipzig o.J. [Hierin: Aus dem Jahrhundert der Reformation, Bd. 2, S. 205–518], S. 515)
[114] Ausgabe: Berlin o. J. (Verlag von Otto Janke), S. 250.
[115] Der Text, der vermutlich von Luthers Parteigänger Erasmus Alberus (um 1500–1553) stammt, ist betitelt: „Ain schöner Dialogus von Martino Luther und der geschickten Botschaft aus der Hölle [...]" (1523), in: Bentzinger, Rudolf (Hrsg.): Die Wahrheit muss ans Licht. Dialoge aus der Reformationszeit. Frankfurt a. M. 1983, S. 316–342; hier: S. 332.
[116] Ebd., S. 321.
[117] Preuß, Hans: Die Vorstellungen vom Antichrist im späteren Mittelalter, bei Luther und in der konfessionellen Polemik. Ein Beitrag zur Theologie Luthers und zur Geschichte der christlichen Frömmigkeit. Leipzig 1906, S. 183.
[118] Lenk, Werner (Bearbeitung, Einleitung): Die Reformation im zeitgenössischen Dialog. 12 Texte aus den Jahren 1520 bis 1525. Berlin 1968, S. 149.
[119] Luther: Werke (wie Anm. 8), Schriften 35, Nr. 5.
[120] Alexis: Ruhe (wie Anm. 6), S. 648. Bovillard deutet die Kluft an, die sich zwischen der Inspiration des Schwärmers und der Motivation seiner Anhängerschaft auftun wird. Luther-Parallele?
[121] Freud: Werke (wie Anm. 3), Bd. 9, S. 188.
[122] Ebd., Bd. 8, S. 415 f.
[123] Ebd., Bd. 13, S. 423. Die Bemerkung, dass der Glaube als Lebenspraxis beständig den „Vater" zum Zielpunkt habe (d. h. Gott), findet sich nicht zuletzt in geistlicher Dichtung. Ein Beispiel ist das „Abendlied" von Johann Gottfried Seume (1763–1810). Darin das Verspaar: „Ein jeder Schritt, ein jeder Blick / Führt, Vater, uns zu Dir zurück." In: Seume, Johann Gottfried (o. J.): Prosaische und poetische Werke. 5 Theile. Berlin (Gustav Hempel), 5,239.
[124] Freud: Werke (wie Anm. 3), Bd. 9, S. 189 f.
[125] Ebd., S. 24. „*Kernkomplex*" schon im Original kursiv.
[126] Ebd., Bd. 13, S. 426. Freud verwies darauf: „Die sozialen Triebe sind aber selbst durch Zusammentreten von egoistischen und erotischen Komponenten zu besonderen Einheiten entstanden." (ebd., Bd. 9, S. 91).
[127] Ebd., S. 85.
[128] Ebd., Bd. 16, S. 244.
[129] Ebd., Bd. 9, S. 192.
[130] Ebd., S. 178.
[131] Ebd., Bd. 16, S. 242.
[132] Ebd.
[133] Ebd., S. 244.
[134] Ebd., S. 244 f.
[135] Ebd., S. 194. Freud fand zudem jedoch Züge der kulturellen „Regression" (des Rückschreitens) im Christentum gegenüber dem Judentum heraus: „Die christliche Religion hielt die Höhe der Vergeistigung nicht ein, zu der sich das Judentum aufgeschwungen hatte. Sie war nicht mehr streng monotheistisch, übernahm von den umgebenden Völkern zahlreiche symbolische Riten, stellte die große Muttergottheit wieder her und fand Platz zur Unterbringung vieler Göttergestalten des Polytheismus in durchsichtiger Verhüllung, obzwar in untergeordneten Stellungen. Vor allem verschloß sie sich nicht wie die Atonreligion und die ihr nachfolgende mosaische dem Eindringen abergläubischer, magischer und mystischer Elemente, die für die geistige Entwicklung der nächsten zwei Jahrtausende eine schwere Hemmung bedeuten sollten."
[136] Ebd., Bd. 9, S. 183.
[137] Ebd., S. 107.
[138] Ebd., Bd. 5, S. 289 u. 301 f.
[139] Ebd., Bd. 14, S. 214.

PROF. DR. ALISON ROWLANDS, UNIVERSITÄT ESSEX, ENGLAND

EINE LUTHERISCHE REICHSSTADT OHNE HEXENWAHN – ROTHENBURG OB DER TAUBER VON 1550 BIS 1750*

In seiner 1631 (zunächst anonym) veröffentlichten Dämonologie, *Cautio Criminalis*, oder *Rechtliches Bedenken wegen der Hexenprozeße*, schrieb der Jesuit Friedrich Spee, „daβ sich in Deutschland mehr Hexen finden als woanders, und daβ es besonders in Deutschland allerorts von Scheiterhaufen raucht".[1] Diese Behauptung wird durch die moderne Hexenforschung bestätigt. Mit 25.000 der insgesamt ca. 50.000 Hinrichtungen von Hexen in Europa hatte Deutschland mit deutlichem Abstand die meisten Exekutionen, obwohl etliche andere Länder (z. B. Liechtenstein, die Schweiz, Belgien/Luxemburg und Dänemark) eine höhere Hinrichtungsquote pro Einwohnerzahl als Deutschland hatten.[2] Manche deutsche Territorien erlebten besonders intensive Hexenverfolgungen auf einer regionalen Ebene: zu nennen sind hier Mecklenburg, Pommern, Schleswig-Holstein, Ellwangen, Mergentheim, die Grafschaften Nassau und Büdingen, die Kurfürstentümer Köln, Mainz und Trier, sowie die Hochstifte Bamberg und Würzburg.[3] Die Hexenprozesse in den katholischen Hochstiften Würzburg und Bamberg waren zudem Beispiele „exzessiver" Hexenverfolgungen, die in der ersten Hälfte des 17. Jahrhunderts nicht unweit von Rothenburg ob der Tauber in Franken stattfanden.[4] Diese Verfolgungen waren von extremer Folter, hastigen und im Grunde genommen „illegal" geführten Prozessen und zahlreichen Hinrichtungen innerhalb kurzer Zeit (ca. 600 in Bamberg und ca. 900 in Würzburg zwischen 1626 und 1630) geprägt und verkörperten „den düsteren Traum der unbedingten Hexenverfolgung, in welcher ohne Rücksicht auf politische, gesellschaftliche oder humanitäre Hindernisse allein der Logik der Verfolgungen gefolgt wurde".[5]

In Rothenburg und seiner Landwehr sah das Bild ganz anders aus; dort gab es weder umfangreiche Hexenjagden noch Massenverbrennungen, sondern eine eher „zurückhaltende" Form der Hexenverfolgung. Zwischen ca. 1550 und ca. 1750 gab es lediglich 28 Fälle, die Anklagen oder Bekenntnisse der Hexerei enthielten und die vom Rothenburger Stadtrat gerichtlich untersucht wurden. Insgesamt waren 65 Personen als mutmaßliche Hexen in diese Fälle verwickelt. „Lediglich" drei dieser 65 Personen verurteilte der Stadtrat zum Tode; von den übrigen 62 Personen wurden 13 auf ewig verbannt (d. h. aus dem Rothenburger Territorium ausgewiesen) und 21 ohne Strafe aus der Haft entlassen. Ein 14-jähriger Junge, Hans Christoph Emmert aus Habelsee, wurde 1676 zur weiteren gerichtlichen Untersuchung der Obrigkeit in Uffenheim übergeben. Die restlichen Personen wurden noch nicht einmal verhaftet, sondern lediglich vom Stadtrat außerhalb des Gefängnisses verhört. In manchen Fällen waren es sogar die Kläger selbst und nicht die beschuldigten angeblichen Hexen, die mit einer gerichtlichen Strafe oder Verwarnung wegen Verleumdung rechnen mussten. So wurden sechs solcher Ankläger für ihre diffamierenden Beschuldigungen aus der Stadt Rothenburg und der Rothenburger Landwehr auf ewig verbannt. Im Jahre 1561 musste Hans Lautenbach aus Wettringen vor seiner Verbannung zusätzlich einige Stunden am Pranger am Marktplatz stehen.[6]

In diesem Aufsatz werde ich die Gründe für dieses gemäßigte Muster der Hexenverfolgung in Rothenburg erklären und einige Fälle Rothenburger Hexenprozesse kurz darstellen. Zum Schluss gehe ich auch auf die Frage des Einflusses des Luthertums auf die Hexenprozesse in Rothenburg ein.

Kontext

Mit ca. 5.000–7.000 Einwohnern war Rothenburg ob der Tauber eine der mittelgroßen Reichsstädte des Heiligen Römischen Reiches. Zu Rothenburg gehörte auch ein ca. 400 Quadratkilometer großes Hinterland (die Landwehr) mit weiteren ca. 10.000–11.000 Untertanen in 118 Dörfern. Die Herrschaft über die Stadt wurde von den 16 Männern des Stadrats ausgeübt, die fast ausschließlich aus städtischen Patrizierfamilien stammten. Der Stadtrat besaß auch die Blut- und Halsgerichtsbarkeit (d. h. das Recht, über Delikte zu urteilen, die mit Todes- oder Körperstrafe bestraft wurden) und war damit auch für Hexenprozesse zuständig. In schwierigen Rechtsfragen konnten die Ratsmänner die im städtischen Dienst stehenden Rechtsgelehrten um ihre Expertise bitten. Dies geschah ab 1582 bei Hexenprozessen ziemlich regelmäßig. Der Stadtrat suchte nur sehr selten und erst recht spät (in den Jahren 1671 und 1673) Rat in Hexenprozessen von juristischen Fakultäten externer lutherischer Universitäten.[7] Die Ratsherren baten aber gelegentlich ab 1627 die städtischen Kleriker und ab 1652 die städtischen Ärzte um Stellungnahmen zu Hexenpozessen. Das endgültige Urteil blieb aber immer den Ratsherren vorbehalten.

Wie viele andere deutsche Reichsstädte wurde Rothenburg im 16. Jahrhundert lutherisch; die zwischen 1544 und 1559 erfolgte Reformation wurde entscheidend von Rothenburgs engsten politischen Freunden und Verbündeten, der Reichsstadt Nürnberg und dem Herzogtum Württemberg, beeinflußt. Die Prioritäten des Stadtrats bestanden immer in der Abwehr feindlicher benachbarter Herrschaften, der Behauptung von Rothenburgs Unabhängigkeit als Reichsstadt, und der Verteidigung seiner eigenen Macht über Stadt und Hinterland. Deswegen war die Rothenburger Reformation von einer strengen weltlichen Kontrolle über die Geistlichkeit geprägt.

Gerichtliche Vorsicht

Der Hauptgrund für die zurückhaltende Form der Hexenverfolgung im frühneuzeitlichen Rothenburg lag in der vorsichtigen Art und Weise, mit der Generationen von Ratsherren Hexereianklagen gerichtlich behandelten. So hielten sie sich in Hexenprozessen an das von der *Carolina* (*Peinliche Halsgerichtsordnung Kaiser Karls V.* von 1532) vorgeschriebene ordentliche Gerichtsverfahren und behandelten Hexerei nicht als ein *crimen exceptum*, d. h. als ein Verbrechen, das so abscheulich war, dass man die übliche ordentliche Gerichtspraxis außer Kraft setzen konnte. Dieser Standpunkt, der konsequent durch die Gutachten der städtischen Juristen unterstützt wurde, hatte insbesondere Konsequenzen bezüglich der Anwendung der Folter in Hexenfällen. Denn in Gegenden, in denen Hexerei als ein *crimen exceptum* betrachtet wurde, schritten die Gerichtsherren normalerweise schnell und schon aufgrund schwacher Indizien zu schwerer und mehrmals wiederholter Folter der Angeklagten. Unter solchen Umständen legten die Gefolterten rasch die erwünschten Geständnisse über Bündnisse mit dem Teufel und über Schadenszauberei ab und denunzierten weitere Personen als Hexen, die sie angeblich als Teufelsverehrer(-innen) bei den Hexentänzen gesehen hätten. Auf diese Weise konnten sich großangelegte Hexenverfolgungen entfalten, die Prozessketten auslösten, wie es zum Beispiel in den oben erwähnten schweren Verfolgungen im Hochstift Würzburg und Hochstift Bamberg geschehen ist. In Rothenburg wurde die Folter nur bei 12 wegen Hexerei angeklagten bzw. sich selbst bezichtigenden Personen angewandt und zwar in einer verhältnismäßig milden Form, dem Anlegen von Daumenschrauben. Es war durchaus möglich – natürlich nur mit enormer Tapferkeit und Standhaftigkeit – diesem Grad der Folter zu widerstehen, zumal die Angeklagten

Abb. 1 H. Meichsner, Stadtansicht Rotenbvrg vf der Thavber, Kupferstich, 1615.

in Rothenburg wussten, dass sie dann eine gute Chance auf Freilassung hatten und daraus Kraft schöpfen konnten. So beharrten beispielsweise im Jahre 1652 zwei als Hexen angeklagte Frauen, Margaretha Horn aus Bettenfeld und Catharina Leimbach aus Wettringen, trotz Folter mit Daumenschrauben auf ihrer Unschuld; beide wurden aus der Haft entlassen.[8]

Geriet in der Frühen Neuzeit eine Person in Rothenburg in den Verdacht der Hexerei, besaß diese die rechtliche Möglichkeit, eine Verleumdungsklage gegen den oder die Ankläger anzustrengen. So verteidigten sich zum Beispiel das Ehepaar Barbara und Paulus Brosam aus Wettringen (1561), Gertraud Durmann, Anna Schneider und Anna Weh aus Oberstetten (1582) und Katharina Kupfer, Anna Stahl, Elisabeth Kraft, Katharina Lientschner und Appolonia Holenbuch aus Steinach (1602) alle erfolgreich gerichtlich gegen Gerüchte der Zauberei bzw. Hexerei.[9] In solchen Fällen sieht man die große Bedeutung der traditionellen Vorschriften bei Verleumdung für die Einwohner des Rothenburger Territoriums.[10] Dabei hatte der Schutz der Ehre eines Individiums (und dadurch auch die Ehre seiner Familie), die so wichtig für die gesellschaftliche Stellung war, Priorität. Jeglicher Versuch einer anderen Partei, den Ruf durch böswillige oder verleumderische Worte zu beschädigen, sollte so unterbunden werden. Der Rat verfuhr nach dem Prinzip, „dass ein ehrlicher Mann nit reden [soll], was er nit beweisen kann“[11], also dass niemand öffentlich über eine bestimmte Person in Bezug auf eine Straftat reden soll, wenn er nicht bereit war, Beweise vor Gericht vorzulegen, um die Anschuldigungen zu belegen. Die Härte, mit der der Stadtrat Verleumdungen der Hexerei in manchen Fällen bestrafte (in sechs Fällen sogar mit Verbannungen) war einer der Hauptgründe für die niedrige Bereitschaft der Bewohner der Stadt und der Landwehr, Gerüchte und Anklage der Hexerei öffentlich zu machen oder vor Gericht zu bringen. Im starken Kontrast zu manchen anderen Regionen Deutschlands (wie zum Beispiel das Maas-Mosel-Rhein Gebiet), wo ein sehr starker Druck für gerichtliche Hexenverfolgungen „von unten“ kam, behalfen sich die Bürger und Bauern Rothenburgs meist mit außergerichtlichen Methoden der Zauberei- bzw. Hexereibekämpfung. Diese bestanden hauptsächlich in der Benutzung magischer Praktiken sowie in Schutz- und Heilritualen, die während der Frühen Neuzeit noch weit verbreitet und insbesondere von Segenssprechern, (guten) Zauberern und anderen quasi-professionellen Praktikern der „weißen“ Magie angeboten wurden.[12]

Abb. 2 Eiserne Daumenschraube, 17. Jh.

Skeptische Haltung

Ein wichtiger Bestandteil des frühneuzeitlichen Hexenglaubens, der für eine große Hexenverfolgung normalerweise notwendig war, war der Glaube an die Realität des Hexensabbats bzw. Hexentanzes und an den magischen Flug der Hexen und Hexenmeister dorthin. Dieser Glaube stärkte die allgemeine Furcht vor Hexerei als eine bedrohliche, teuflische Verschwörung und führte auch dazu, dass Gerichte nicht nur sehr stark an Hexereigeständnissen interessiert waren, sondern auch an „Besagungen" (d. h.: Denunziationen anderer Leute, die angeblich auch beim Hexentanz anwesend waren). Mit der exzessiven Folterung der Angeklagten kombiniert wurde der Glaube an den Hexentanz deswegen zum „Hauptmotor" der meisten großen Hexenverfolgungen im frühneuzeitlichen Europa. In Rothenburg fehlte aber dieser „Motor", weil die Ratsherren das Gegenteil glaubten, nämlich dass Hexentänze und -flüge nicht real stattfanden, sondern das Resultat von teuflischen Verblendungen waren. Sie beriefen sich dabei auf den *Canon Episcopi* des 10. Jahrhunderts. Dabei handelte es sich um eine Sammlung kirchenrechtlicher Vorschriften gegen Zauberei und Aberglauben, in denen der magische Flug ausdrücklich als eine teuflische Verblendung und Wahnvorstellung verurteilt wurde. Die Betonung der betrügerischen Macht des Teufels in Bezug auf den *Canon Episcopi* wurde den Ratsherren insbesondere über die Gutachten städtischer Rechtsgelehrter in Hexenprozessen ab 1582 vermittelt. Der städtische Jurist Friedrich Prenninger, der einflussreiche Gutachten in drei Hexenprozessen aus den Jahren 1587, 1602 und 1605 schrieb, argumentierte zum Beispiel, dass es für ihn aufgrund des *Canon Episcopi*, der Bibel, und der menschlichen Vernunft klar war, dass Hexenflug und Hexentanz nicht wirklich stattfinden konnten.[13] Diese Denkweise trug wesentlich dazu bei, dass gerichtliche Schritte gegen angebliche Hexentanzteilnehmer(-innen) kaum unternommen worden sind. Vermeintliche Sabbatteilnehmer wurden meistens durch Kinder besagt, die sich selbst der Hexerei bezichtigt hatten und die ihre Geschichten von Entführung und Flug zum Hexentanz im Vergleich zu den Erwachsenen des Territoriums ungewöhnlich „frei" erzählten, vielfach ohne über die möglichen gerichtlichen Konsequenzen nachzudenken. Im Jahre 1627 zum Beispiel behauptete die 13-jährige Margaretha Hörber aus Gebsattel 19 Frauen und 3 Männer beim Hexentanz gesehen zu haben; ihre Geschichte wurde als teuflische Verblendung bewertet und keine der 22 Personen geriet in Prozessgefahr.[14]

Die Betonung der Macht des Teufels, Menschen zu verblenden, trug auch zur Vorsicht der Ratsherren in Gerichtsverfahren bei, eine Position, die man entweder etwas negativ als Unsicherheit, oder etwas positiver als religiöse Demut bezeichnen kann. Weil der betrügerische Einfluss des Teufels so groß und das Verbrechen der Hexerei eine verborgene und deswegen sehr schwierig zu beweisende Sache war, kamen die Ratsherren allmählich zur Schlussfolgerung, dass es besser sei, Hexenfälle dem Urteil Gottes und nicht der fehlbaren menschlichen Gerechtigkeit zu überlassen. Die Ratsherren mussten sich letztendlich selbst beim Jüngsten Gericht vor Gott verantworten und wollten nicht als ungerechte Richter und Mörder potentiell Unschuldiger dastehen. Am prägnantesten formulierte der städtische Rechtsgelehrte Georg Christoph Walther diese Position, als er im September 1652 die bevorstehende Freilassung der zwei verdächtigten „Hexen", Margaretha Horn und Catharina Leimbach, aus der Haft folgendermaßen begründete: „dass ein jeder, der kein verantwortung oder gewissen über blut zurichten hat, gar leichtlich das cantasturi singen kann, aber wie ers verantwortt[et], da lässt man ihn auch dafür sorgen … Menschen tödten ist ein grosse Sach … so soll oder kann der Iudex [Richter] nicht mehr oder weiter … handlen … als die Rechten ihm an hand geben". Richter könnten nur bestrafen, was Gott ihnen offenbart habe und nicht, was Gott verborgen halte. Walther fügte hinzu, „da lass der mensch sein fürwiz und begehre nicht in Gottes Ratstuben zu steigen". Es sei besser, „man lasse 100 schuldig lauffen dann dass man einen Unschuldigen verdamme", weil Gottes Zorn auf das weltliche Gericht herabfallen würde, welches mit ungebührlicher Hast gegen verdächtigte Hexen handle.[15]

Politische und pragmatische Prioritäten

Die geringe Bereitschaft der Ratsherren, Hexenverfolgung in ihrem Territorium voranzutreiben, lag auch an politischem Kalkül. Das Festhalten an dem von der *Carolina* vorgeschriebenen ordentlichen Gerichtsverfahren in Hexenprozessen bezeugte die Treue der lutherischen Reichsstadt zum katholischen Kaiser und verringerte damit die Wahrscheinlichkeit von Eingriffen in die Politik der Stadt anlässlich regelwidrig geführter Gerichtsverfahren. Außerdem war die Beachtung und das Festhalten an der *Carolina* ein Ausdruck der traditionellen Herrschaftsmacht Rothenburgs, die sich seit dem späten Mittelalter durch die Ausübung der hohen Gerichtsbarkeit entwickelt hat.[16] Die Ratsherren führten tatsächlich gelegentlich Auseinandersetzungen mit anderen Herrschaften durch Hexenprozesse und zeigten so ihre gerichtlich-politische Macht. Im Jahre 1627 zum Beispiel verhafteten sie die 13-jährige, sich selbst der Hexerei bezichtigende Margaretha Hörber aus Gebsat-

Abb. 3 J. F. Schmidt, Marktplatz Rothenburg mit Rathaus, Kupferstich, 1762.

tel und ließen sie Monate lang verhören, um zu vermeiden, dass das Mädchen durch den komburgischen Amtmann des Dorfes nach Würzburg und in die Gerichtsbarkeit des Bischofs von Würzburg gebracht wurde. Manchmal handelten die Ratsherren aber auch aus Eigeninteresse, um ihre eigenen Frauen und Familien zu beschützen. So verbannte der Rat zum Beispiel im Jahre 1629 die Dienstmagd Barbara Rost wegen Verleumdung, nachdem diese Zaubereigerüchte gegen Anna Maria Bezold, die Frau des Bürgermeisters Georg Bezold, und andere „ehrbare" Leute des städtischen Patriziats in der Stadt in Umlauf gebracht hatte. Im Jahre 1692 wurde das Gerichtsverfahren gegen Barbara Ehness schnell mit deren Hinrichtung beendet, nachdem die Namen von ehrbaren Frauen in den Prozess verwickelt wurden.[17]

Die Ratsherren wollten zudem das friedliche Zusammenleben ihrer Bürger und Untertanen nicht durch Hexenprozesse gefährden. Der sozialen und ökonomischen Stabilität der Stadt und ihrer Landwehr galt ihr oberstes Interesse. Hier muss insbesondere berücksichtigt werden, wie bedeutend die Landwehr, von der die meisten Hexenprozesse der Gegend bis ins späte 17. Jahrhundert ausgingen, für die Stadt Rothenburg war. Mit ihren bewaffneten Bauern bildete die Landwehr eine lebenswichtige Verteidigungszone für die Stadt; zudem war sie sichtbarer Ausdruck der territorialen Herrschaft des Stadtrats. Die Landwehr war auch für das wirtschaftliche Wohlergehen der Stadt entscheidend. Ihre Einwohner versorgten die Bürger mit Nahrungsmitteln und Rohmaterialien, zahlten Steuern und Grundzinsen an den Rat und die städtischen Patrizier und waren Abnehmer für die Produkte der städtischen Handwerker. Hexenprozesse, deren Resultate Hinrichtungen, Flucht vor Verfolgung oder Verwicklung der Menschen in langwierige Streitigkeiten waren, machten für die frühneuzeitlichen Patrizier Rothenburgs wirtschaftlich wie sozial wenig Sinn. Es war viel vernünftiger, Hexenverfolgungen und beunruhigende öffentliche Reden über Hexerei zu unterdrücken, ehe sich unter der Bevölkerung das verbreitete, was der städtische Jurist Conradt Thalhaimer 1582 als „feindschafft und allerlei Unraths" beschrieb.[18] Die Hinrichtung vieler Hexen hätte auch die Angst und dadurch auch die soziale Unsicherheit verstärken anstatt verringern können, zumal die furchterregenden Verbrechen der Hexen öffentlich bei der Hinrichtung vorgelesen wurden. Die Ratsherren und Juristen in Rothenburg scheinen durch die Geschehnisse in anderen Territorien um die potentielle Gefahr von Hexenprozessen gewusst und daraus gelernt zu haben, ohne selbst eine große Hexenverfolgung erleben zu müssen. Im späten 16. Jahrhundert berichteten die Rechtsgelehrten den Ratsherren zum Beispiel von einer großen Hexenverfolgung in der Stadt Wiesensteig, bei der 63 Frauen im Jahre 1562 hingerichtet worden seien. Damit wollten die Juristen den Rat davor warnen, was geschehen könnte, wenn Gerichtsherren Hexereianklagen auf einem „gefährlichen baufälligen Grund" behandelten.[19]

Trotz der verhältnismäßigen Zurückhaltung des Stadtrats, darf man nicht vergessen, dass die Hexenverfolgung in Rothenburg (wenn auch nur selten) zu Hinrichtungen führte. Zudem wurde das Leben von vielen der als Hexen verdächtigten Menschen durch das erschütternde Erlebnis der Verhaftung, Folter, und/oder Verbannung erheblich und wohl auch stark negativ geprägt, selbst wenn sie den Prozess überlebten. So mussten zum Beispiel der Bürger und Wagnermeister Michael Würth und seine Frau Barbara nicht nur ihr Haus und ihre Habe, sondern sogar ihre Kinder in Rothenburg zurücklassen, als sie im Jahre 1663 wegen Mordes durch Schadenszauber an ihrem Nachbarn, Hufschmied Georg Leupolt, aus der Stadt verbannt wurden.[20] Margaretha Horn und ihr Mann Hans waren jahrelang gezwungen, gegen die Anfeindungen ihrer Nachbarn in Bettenfeld anzukämpfen, nachdem Margaretha im Jahre 1652 am Ende ihres Hexenprozesses aus dem städtischen Gefängnis unbestraft entlassen wurde. Trotz Folter hatte Margaretha in der Haft fast zwei Monate lang ihre Unschuld beteuert. Ihr Mann musste den Stadtrat aber im Jahre 1659 um eine schriftliche Ehrerklärung bitten, um ihre Dorfnachbarn von einer zweiten Hexereianklage abzubringen.[21]

Abb. 4
Die Stadt Rothenburg und ihr Umland mit den Hinrichtungsorten, Kartengrundlage: Plan der Stadt und des Umlands, vermutlich 17. Jh.

Die drei Hinrichtungen in Rothenburg fanden alle im 17. Jahrhundert statt in den Jahren 1629, 1673 und 1692; alle Hingerichteten waren Frauen, die auf dem sogenannten Rabenstein außerhalb der Stadtmauer in der Nähe des Galgentores geköpft und anschließend verbrannt wurden. Zwei von ihnen waren jedoch wegen anderer Verbrechen festgenommen worden, auf die in der Frühen Neuzeit ohnehin die Todesstrafe stand; man kann sie also nicht als „reine" Hexenhinrichtungen kategorisieren. Im Dezember 1628 wurde die 28-jährige Magdalena, Ehefrau von Hans Dürr aus Standorf, verhaftet. Sie wurde verdächtigt, ihr Anfang Oktober geborenes Baby getötet zu haben. In der Haft hatte Magdalena, die von ihrem Ehemann körperlich missbraucht worden war und einen ziemlich verwirrten Eindruck machte, diese Tat gestanden und erklärt, sie sei zur Sünde des Kindsmords durch den Teufel verführt worden. Durch die weitere Befragung der Ratsherren und unter dem psychischen Druck der Haft erfand sie dann eine ganze Geschichte der Hexerei (mit Verführung durch ihre eigene Mutter, Flug zum Hexentanz, Teufelsbuhlshaft usw.). Sie versuchte vergeblich, das Geständnis der Hexerei zu widerrufen und wurde am 12. Januar 1629 hingerichtet.[22]

Ähnlich verlief der Fall der 47-jährigen Rothenburger Witwe, Barbara Ehness, im Jahre 1692. Ehness wurde zunächst wegen des Verdachts des versuchten Giftmords an der Familie, die bei ihr zur Miete wohnte, verhaftet und verhört. Nach ihrer Festnahme gestand sie die versuchte Vergiftung (durch Arsen in einer Milchsuppe) schnell. Anschließend bekannte sie, eine Hexe zu sein und erzählte von Leuten, die sie angeblich bei Hexentänzen in der Stadt gesehen hätte. Später widerrief sie zwar diese Geschichte und behauptete, der Rothenburger Kirchen-Superintendent Sebastian Kirchmeier, der zu ihr als Beichtvater ins Gefängnis gekommen war, hätte sie durch Drohungen und Suggestivfragen zu diesen Aussagen gezwungen. Die Ratsherren hielten diese Einmischung des Superintendenten in das Gerichtsverfahren für gefährlich und sahen dadurch ihre weltliche Macht bedroht. Der Prozess wurde daraufhin schnell mit der Hinrichtung von Ehness beendet.[23]

Die einzige Person, die sehr wahrscheinlich keine „realen" Verbrechen begangen hat, war Anna Margaretha Rohn, die Tochter des Rothenburger Bürgers und Pflasterers Philip Rohn, die im Jahre 1673 im Alter von 22 Jahren hingerichtet wurde. Anna Margaretha war wahrscheinlich körperlich krank und vielleicht auch geistig verwirrt. Seit ihrem 13. Lebensjahr litt sie unter (vermutlich epileptischen) Anfällen, die aber immer als das Ergebnis teuflischer Anfechtungen und ihrer Verführung zur Hexerei interpretiert wurden. Ihr Zustand verbesserte sich bis 1667 nicht, obwohl sich ihr Beichtvater, der Diakon der Jakobuskirche Georg Simon Renger, eifrigst um ihr Seelenheil bemühte. Fünf Jahre später wurde sie ins städtische Spital eingewiesen, um ihr eine noch intensivere geistliche Betreuung zukommen zu lassen. Im Spital verstrickte sie sich jedoch immer tiefer in ihre Rolle als Opfer teuflischer Mächte. Ihre immer bizarrer werdenden Geständnisse – sie behauptete, dass Steck- und Nähnadel sowie Garn nach einem Aderlass aus ihrem Arm gekommen seien und, dass sie verschiedene imaginäre Fälle des Kindsmords begangen habe – zwangen den Stadtrat schließlich im Jahre 1673 dazu, eine gerichtliche Untersuchung des Falles einzuleiten. In der Haft im Büttelhaus schien es der Anna Margaretha bewusst geworden zu sein, wie gefährlich ihre Lage war; sie versuchte jetzt, etliche Elemente ihrer Geschichte zu leugnen und den Ratsherren zu demonstrieren, wie sie selbst die Illusion mit den Stecknadeln vorgetäuscht hatte. In den Augen der Ratsherren und Rechtsgelehrten war es aber zu spät für solche Widerrufe und der traurige und langwierige Fall endete am 8. August 1673 mit ihrer Hinrichtung.[24]

Nicht nur die Gefahr, wegen Hexerei hingerichtet zu werden, war für Frauen größer als für Männer in Rothenburg. Auf allen Stufen des Verfahrens, von der Zulassung einer öffentlichen Anklage, zur Verhaftung, Folter und Bestrafung, ging man gegen Frauen öfter und rigoroser vor als gegen Männer. So ist zum Beispiel kein einziger Mann wegen des Verdachts der Hexerei bzw. Zauberei in Rothenburg gefoltert und nur vier Männer (zwei davon mit ihren ebenso verdächtigten Ehefrauen) sind deswegen des Territoriums verwiesen worden.[25] Diese geschlechts-

Abb. 5
C. F. Hoermann von und zu Guttenberg (nach D. Teniers), Départ pour le Sabat, Radierung, um 1750.

bedingt unterschiedliche Gerichtspraxis ist zum Teil auf die stärkere soziale und rechtliche Stellung und die bessere Ausbildung der Männer zurückzuführen, welche ihnen mehr Macht im Prozessverfahren gab. Die Ratsherren entschieden sich zum Beispiel dagegen, den Bürger und Schreiner Hans Georg Hofmann im Jahre 1605 über dessen angeblichen Teufelsbund unter der Folter zu befragen, weil sie befürchteten, Hofmann würde sich darüber beim Reichskammergericht beschweren.[26] Wie den städtischen Juristen, Klerikern und Ärzten, schien den Ratsherren aber auch die Idee (weiblicher) Hexen plausibler als jene von (männlichen) Hexenmeistern. In dieser Hinsicht stimmten sie zum Teil mit ihren Untertanen überein, die sich eher Frauen als Männer in Verbindung mit Schadenszauber und Teufelsbündnis vorstellen konnten. Diese Ideen gingen natürlich auf alte, vorreformatorische Vorstellungen des Bösen als weiblich zurück, wurden aber in der Frühen Neuzeit in protestantischen Territorien durch Luthers Bibelexegese verstärkt. So übersetzte Luther die entscheidende biblische Textstelle, Exodus Kapitel 22, Vers 18, vom Hebräischen ins Deutsche als „Zauberinnen“ („Zauberinnen sollst du nicht leben lassen“), während in der lateinischen Bibelübersetzung der katholischen Kirche der Satz „Maleficos non patieris vivere“ („Zauberer sollst du nicht leben lassen“) stand.[27] Das Wort „Zauberer“ war geschlechtsambivalenter und konnte sowohl männliche als auch weibliche Zauberer einbeziehen.

Kinderhexenprozesse

Ein besonderes Merkmal der Rothenburger Hexenverfolgung war der Anteil der in die Prozesse involvierten Kinder: 12 der insgesamt 65 Personen, die in die Hexenprozesse gerieten, waren Minderjährige unter 18 Jahren. Der erste Kinderhexenprozess fand im Jahre 1587 statt; der letzte im Jahre 1709. Die meisten Prozesse fanden im 17. Jahrhundert statt, in den Jahren 1627, 1629, 1639, 1652, 1668, 1676, 1689, und 1692. In der Mehrzahl dieser Fälle handelte es sich um Kinder, die behaupteten, sie seien zur Hexensekte verführt und zu Hexentänzen mitgenommen worden. Als Hauptverführerinnen beschuldigten sie immer erwachsene Frauen, die gelegentlich von ein oder zwei anderen Personen unterstützt worden seien; die 8-jährige Barbara Schürz aus Wettringen, zum Beispiel, beschuldigte ihre Nachbarin, die 53-jährige Catharina Leimbach, als ihre Hauptverführerin, behauptete aber auch, dass Catharina dabei Hilfe von ihrer 23-jährigen Dienstmagd (Barbara Bratsch) und der eigenen 12-jährigen Tochter (Magdalena) hatte. Auch Catharinas Mann, der 63-jährige Dorfschmied Mathes Leimbach, sei beim Hexentanz gewesen.[28] In anderen Fällen behaupteten die Kinder, die Verführerinnen seien ihre Hausfrauen, Patentanten, Tanten oder Pflegemütter und in drei Fällen sogar die eigene Mutter gewesen. Hier sehen wir die unheilvolle Kombination zweier frühneuzeitlicher Ideen über Hexen: auf der einen Seite die Vorstellung der Hexerei als eine lehrbare und lernbare Kunst, die von den älteren, mächtigeren Hexen den jüngeren Haushaltsmitgliedern (Kinder, Patenkinder, Mägde) beigebracht wurde; auf der anderen Seite die vom dämonologischen Denken beeinflusste Idee der Hexe als eine Person, die ihr nahestehende Kinder zum Teufel verführt, anstatt sie als gute Christen aufzuziehen. Die vorrangige Rolle von Frauen bei der Erziehung und Anleitung von Kindern ist auch ein Grund dafür, dass Frauen eher als Männer in Rothenburg als Hexen angeklagt wurden.

Die Ratsherren taten sich schwer, mit den von Kindern erzählten Hexengeschichten juristisch umzugehen. Im Gegensatz zu den Erwachsenen in Rothenburg und der Landwehr, die meist nur sehr vorsichtig und kaum offen über das Hexenthema redeten, erzählten Kinder solche Geschichten ausführlich, öffentlich und ohne an die rechtlichen Konsequenzen ihrer Aussagen zu denken. Sie wiederholten und entwickelten ihre Geschichten scheinbar auch „freiwillig" in der Haft. Die Ratsherren, Rechtsgelehrten und (ab 1627) die Kleriker mussten sich also entscheiden, ob die Kinder doch die Wahrheit sagten und wie überhaupt gerichtlich gegen sie vorzugehen sei. Wie schwierig solche Fragen zu beantworten waren, zeigt der erste Kinderhexenprozess aus dem Jahre 1587 gegen den 6-jährigen Hans Gackstatt aus Hilgartshausen. Hans beschuldigte seine eigene Mutter Magdalena, sie und ein schwarzer Mann (der Teufel) hätten ihn mit zum Hexentanz genommen, wo er andere Frauen und Mädchen des Dorfes gesehen habe. Die Behauptungen des Jungen hatten Entsetzen und Unruhe in der Nachbarschaft ausgelöst, so dass eine gerichtliche Klärung durch die Obrigkeit geboten war. Die Ratsherren, zum ersten Mal mit einem solchen Fall konfrontiert, waren jedoch nicht sicher, wie sie vorgehen sollten. Zudem wechselte der kleine Hans ständig zwischen zwei Aussagen: einerseits sei er wirklich zum Hexentanz geflogen und andererseits habe ihm ein anderer Junge die ganze Geschichte beigebracht. In ihrer Unsicherheit ließen die Ratsherren den Jungen und seine Mutter sogar foltern, bis sie den Fall auf Rat des städtischen Juristen Friedrich Prenninger, abrupt beendeten. Prenninger meinte, man könne von Hans Gackstatt keine eindeutige Aussage erhalten; Mutter und Sohn wurden danach aus der Haft entlassen.[29]

Abb. 6 V. R. Hedwig, Rothenburger Burgtor-Hexe, Frottage, 2015.

Die Ratsherren und Rechtsgelehrten scheinen aus diesem Ereignis gelernt zu haben. Beim nächsten Fall einer mutmaßlichen „Kinderhexe" im Jahre 1627 gingen sie viel vorsichtiger vor. Der Fall der 13-jährigen Margaretha Hörber aus Gebsattel spielte eine bedeutende Rolle in der Geschichte der Rothenburger Hexenprozesse, denn zum ersten Mal suchten die Ratsherren theologischen Rat. Sie baten den Kirchen-Superintendent Georg Zyrlein um eine Stellungnahme in diesem Fall. Zyrlein befragte Margaretha dreimal im Gefängnis und schrieb ein ausführliches Gutachten zu ihrem Fall.[30] Darin machte Zyrlein einen wesentlichen Unterschied zwischen zwei Kategorien von Hexen. Zum einen gäbe es „die Zauberer, Schwarzkünstler, Zauberinnen, [und] Giftköchin", die mutwillig einen Bund mit dem Teufel geschlossen hätten und mit Gift und anderen illegalen Künsten Schadenszauber ausübten; solche Leute hätten den Tod verdient. Zum anderen waren da die „Hexen und Truten", die vom Teufel durch Gewalt, Betrug, Furcht oder Einbildung so beeinflusst worden seien, dass sie „vermeinen wa[h]r sein, das doch nicht ist"; diese würden keinen Schadenszauber praktizieren.[31] Zyrlein kategorisierte Margaretha Hörber als eine solche harmlose Trute, die als ein unverständiges Kind von bösen erwachsenen Frauen (von ihrer Mutter und der Dorfhebamme von Gebsattel) gegen ihren Willen zur Hexerei überredet worden sei. Zur Zeit des Prozesses waren beide Frauen bereits verstorben, eine Tatsache, die die praktische Auflösung des Falls und die Darstellung Margarethas als ein harmloses, Mitleid verdienendes Kind wesentlich vereinfachte. Zyrlein war der Meinung, dass Margaretha nicht bestraft, sondern durch religiöse Unterweisung bekehrt werden müsse. Sie wurde daher nach ihrer Entlassung für zwei Monate ins Spital zum Katechismusunterricht geschickt.[32] Diese neue Strategie im Umgang mit Hexenkindern in Rothenburg, in deren Mittelpunkt die Erziehung statt der Bestrafung stand, fand auch in den späteren, ähnlich gelagerten Fällen Anwendung. Zyrleins Gutachten prägte damit nachhaltig die Behandlung von sogenannten „Hexenkindern" für den Rest des 17. Jahrhunderts.

Im letzten Kinderhexenprozess Rothenburgs im Jahre 1709 beschuldigte der 12-jährige Hans Caspar Kürrlein seine Tante, die Witwe Anna Schumacher, ihn zur Hexerei verführt zu haben. In der Haft gestand Hans Caspar jedoch sehr schnell, dass Annas Sohn und dessen Frau ihm die Geschichte suggeriert hatten. Die Ratsherren bestraften daraufhin das Ehepaar wegen Verleumdung und beendeten damit den letzten Hexenprozess Rothenburgs.[33] Danach hatten die Ratsherren offenbar keinen Grund mehr, Gerüchte und Geschichten der Hexerei bzw. Zauberei gerichtlich zu verfolgen.

Lutherische Einflüsse

Ist das Muster der Hexenverfolgung in Rothenburg von lutherischen Ideen und Denkweisen beeinflusst? Diese Frage ist schwierig zu beantworten (und vielleicht auch falsch gestellt!), zumal die religiöse Einstellung der Obrigkeit immer nur ein Faktor in einem komplizierten und ineinander eingeflochtenem Bündel der Faktoren war, welches die Intensität der Hexenverfolgung in einer Region erklärten. Im Fall von Rothenburg kann man m.E. mit Sicherheit sagen, dass die Ratsherren sich eher Frauen als Männer als Hexen vorstellen konnten, da sie durch ihre lutherische Erziehung und der expliziten Verknüpfung von Frauen und Zauberei in Luthers Bibelübersetzung geprägt waren. Eine gewisse Skepsis in Bezug auf den Glauben an das nächtliche Treffen von mit dem Teufel verbündeten Hexen war ein weiteres Merkmal der Lutheraner, während die katholischen Dämonologen eher an die Realität und konkrete Gefahr solcher Hexenzusammenkünfte glaubten. Die Rothenburger Skepsis gegenüber der Realität des Hexensabbats kam besonders in den Rechtsgutachten der städtischen Juristen ab 1582 zum Ausdruck und wurde in die Gerichtspraxis umgesetzt. Die Vorbehalte und die Berufung auf den *Canon Episcopi* wurden stark von der lutherischen Universität Tübingen beeinflusst, an der führende Theologen wie Johannes Brenz und Jacob Heerbrand im 16. Jahrhundert in diesem Sinne gepredigt und unterrichtet hatten. Brenz und Heerbrand betonten immer wieder die Machtlosigkeit der Hexen gegenüber der Allmacht Gottes. Im 16. Jahrhundert war Tübingen die von Studenten aus Rothenburg meistbesuchte Universität; sechs von acht städtischen Juristen, die die Ratsherren zwischen 1582 und 1652 in Hexenprozessen berieten, hatten in Tübingen studiert und Gutachten im Sinne der *Canon Episcopi* Tradition geschrieben.[34]

Für die Juristen und Ratsherren war aber vor allem die oben beschriebene gerichtliche Vorsicht der wichtigste Faktor in der Zurückhaltung in Hexenprozessen. Die rechtlichen, politischen und pragmatischen Erwägungen der Obrigkeit wurden also durch die lutherische Vorstellung vom Hexensabbat gestärkt aber nicht „verursacht". Zwar stimmten sie sicherlich mit der biblischen Ermahnung „Zauberinnen sollst du nicht leben lassen" überein, aber in der Praxis sahen sie sich mit enormen Schwierigkeiten konfrontiert, bestimmte Personen definitiv als Hexen zu identifizieren und wollten auf dieser unsicheren Basis keine Menschen zum Tode verurteilen.

Wie das 1627 von Kirchen-Superintendent Georg Zyrlein erstellte Gutachten zeigt, war es auch möglich, die Bezeichnung „Zauberinnen" genauer zu definieren. Zyrlein berief sich bei der Begründung, Kinderhexen seien als harmlose Truten zu behandeln, welche Erlösung vom Teufel durch christliche Erziehung fänden, auf Luther selbst und andere einflussreiche lutherische Dämonologen (wie den Rostocker Jurist Johann Georg Goedelmann und den Tübinger Theologen Theodor Thumm). Die Ratsherren folgten Zyrleins Gutachten, weil sie es für vernünftig hielten und damit übereinstimmten. Ein späterer Kirchen-Superintendent Rothenburgs, Sebastian Kirchmeier, mischte sich mit einem unglücklicheren Ergebnis in einen Hexenprozess ein. Er ging im Jahre 1692 als Beichtvater zu Barbara Ehness, die wegen Giftmord verhaftet worden war. Im Gefängnis hatte er Ehness durch Fragen, Drohungen und Vorsagen so sehr eingeschüchtert, dass sie plötzlich auch Hexerei gestand. In seinem Eifer, einen großen Hexenprozess einzuleiten, fragte Kirchmeier Ehness auch, ob sie diese oder jene Personen beim Hexentanz gesehen hätte und las ihr Namen aus einer von ihm vorbereiteten Liste vor. Ehness vertraute sich jedoch bald den Ratsherren an. Diese reagierten empört auf den Eingriff Kirchmeiers. Sie sahen ihr rechtliches Supremat gefährdet und wiesen ihn in seine Schranken.[35] Dieser Fall zeigt deutlich, dass der Einfluss einzelner lutherischer Kleriker auf Hexenprozesse in Rothenburg beschränkt und nur im Rahmen des vom Stadtrat erlaubten Diskurses stattfinden konnte.

* Für Anregungen und sprachliche Politur meines Textes möchte ich mich herzlich bei Herrn Dr. Herbert Eiden bedanken.

1 von Spee, Friedrich: Cautio Criminalis oder Rechtliches Bedenken wegen der Hexenprozesse. Hrsg. Ritter, Joachim-Friedrich, 6. Auflage München 2000, S. 2.
2 Behringer, Wolfgang: Witches and Witch-Hunts. A Global History. Cambridge 2004, S. 150. In Deutschland gab es eine Hexenhinrichtung pro 640 Personen; in Liechtenstein war das Verhältnis 1:10, in der Schweiz 1:250, in Belgien/Luxemburg 1:520 und in Dänemark 1:570.
3 Behringer (wie Anm. 2), S. 130.
4 Behringer, Wolfgang: Hexenverfolgung in Bayern. Volksmagie, Glaubenseifer und Staatsräson in der Frühen Neuzeit, München 1987, S. 236–241.
5 Behringer (wie Anm. 4), S. 239.
6 Rowlands, Alison: Witchcraft Narratives in Germany: Rothenburg, 1561–1652. Manchester 2003.
7 So wurden 1671 im Prozess gegen Appolonia Glaitter aus Windisch-Bockenfeld Gutachten von der Universität Tübingen und 1673 im Prozess gegen Anna Margaretha Rohn aus Rothenburg von der Universität Altdorf eingeholt; siehe Stadtarchiv Rothenburg (folgend „StAR“) StAR A908 unfol., 19. 8. 1671 (Glaitter), StAR A909 fols. 311r–313v, 357r–361v (Rohn).
8 Margaretha, die 60-jährige Ehefrau von Hans Horn, wurde von ihrem Nachbarn Leonhardt Gackstatt beschuldigt Flöhe herbeizaubern zu können, vgl. Rowlands, Alison: Eine Reichsstadt ohne Hexenwahn. Hexenprozesse, Gerichtspraxis und Herrschaft im 16. und 17. Jahrhundert in Rothenburg ob der Tauber. Rothenburg 2013, Kap. IV. Catharina, 53-jährige Ehefrau des Dorfschmiedes Matthes Leimbach, wurde ebenfalls durch Nachbarn, das Ehepaar Hans und Eva Schürz beschuldigt, deren 8-jährige Tochter Barbara zur Hexerei verführt zu haben, vgl. Rowlands (wie Anm. 6), S. 150–60.
9 Rowlands (wie Anm. 6), S. 15–22 (Wettringen); Rowlands (wie Anm. 8), Kap. I (Oberstetten); Rowlands (wie Anm. 8), S. 46–9 (Steinach).
10 Rowlands (wie Anm. 6), Kap. 1.
11 StAR A739 fols. 471r–472r, insb. 472r.
12 Rowlands (wie Anm. 6), S. 68–7.
13 StAR A877 fol. 577v; für eine detailierte Diskussion dieser einflussreichen Gutachten, siehe Rowlands (wie Anm. 8), Kap. II.
14 Rowlands (wie Anm. 6), S. 105–24.
15 Rechtsgutachten von Georg Christoph Walther, 23. 9. 1652, Staatsarchiv Nürnberg (folgend „StAN“) Rst. Rothenburg Akten 2087 fols. 95r–97v, insb. 97r–97v.
16 Rowlands (wie Anm. 6), S. 60–4.
17 Rowlands (wie Anm. 6), S. 27–8 (Rost); Rowlands, Alison: Father Confessors and Clerical Intervention in Witch-Trials in Seventeenth-Century Lutheran Germany: The Case of Rothenburg, 1692, English Historical Review, forthcoming, 2016 (Ehness).
18 StAR A875 fol. 214v.
19 StAR A875 fols. 221r–223v, insb. fol. 223r.
20 Rowlands (wie Anm. 6), S. 164–8.
21 StAR A491 fols. 45r–57r; A898 fols. 535r–535v.
22 Rowlands (wie Anm. 6), S. 136–143. Die Ratsherren schienen von Magdalenas Geschichte überrascht gewesen zu sein und versuchten, etliche Elemente davon zu widerlegen. Magdalena wurde einmal während ihres fünften Verhörs mit Daumenschrauben gefoltert.
23 Siehe Rowlands (wie Anm. 17).
24 Rowlands, Alison: Hexenprozesse gegen Kinder in Rothenburg ob der Tauber, 1587–1709, in: Behringer, Wolfgang/Opitz-Belakhal, Claudia (Hrsg.): Kinderhexen-Kinderbanden-Hexenkinder. Bielefeld 2016, S. 257–66, insb. S. 262–3. Anna Margaretha ist achtmal verhört und einmal mit Daumenschrauben (während des dritten Verhörs) gefoltert worden.
25 Rowlands (wie Anm. 6), Anhang (tabellarische Auflistung aller Hexenprozesse zwischen 1549 und 1709). Ein Kind, der Junge Hans Gackstatt aus Hilgartshausen, ist im Jahre 1587 im ersten Kinderhexenprozess Rothenburgs gefoltert worden; siehe auch Rowlands (wie Anm. 8), S. 39–45.
26 Rowlands (wie Anm. 6), S. 164.
27 Schulte, Rolf: Hexenmeister. Die Verfolgung von Männern im Rahmen der Hexenverfolgung von 1530–1730 im Alten Reich. 2. ergänzte Auflage Frankfurt a. M. 2001, S. 170–74.
28 Rowlands (wie Anm. 6), S. 150–60.
29 Rowlands (wie Anm. 6), Kap. 3.
30 StAR A886 fols. 283r–286v.
31 StAR A886 fols. 283r–283v.
32 Margaretha war eine getaufte Katholikin; als lutherische Obrigkeit war es für den Stadtrat symbolisch wichtig, diese verlorene Seele vom Teufel und vom Katholizismus zurückzugewinnen, siehe Rowlands, Alison: Rothenburg gegen Würzburg. Durchsetzung von Herrschaftsansprüchen im Hexenprozess der Margaretha Hörber, 1627, in: Voltmer, Rita (Hrsg.), Hexenverfolgung und Gerichtspraxis. Trier 2005, S. 113–127.
33 Rowlands (wie Anm. 24).
34 Rowlands (wie Anm. 6), S. 65–7.
35 Rowlands (wie Anm. 17).

PROF. DR. ARND KOCH UND DR. VERENA J. DORN-HAAG,
UNIVERSITÄT AUGSBURG

JURISTISCHE KRITIK AN DEN HEXENVERFOLGUNGEN

„Die Kritik am Hexenglauben (ist) so alt wie der Hexenglaube selbst.“[1] Seit die flächendeckenden Hexenverfolgungen im Heiligen Römischen Reich Deutscher Nation im 16. Jahrhundert begonnen hatten, waren diese umstritten. Zu ihrem Höhepunkt und zugleich Abschluss gelangte die Kritik im Zeitalter der Spätaufklärung. Aufklärungsjuristen leugneten die Existenz der Hexerei als solche; die Abschaffung des Hexereidelikts, das die Grundlage aller bis dahin ergangenen Verurteilungen bildete, stand „auf der Tagesordnung“[2]. Entsprechend groß war die Empörung der intellektuellen europäischen Öffentlichkeit, als noch im Jahre 1782 Anna Göldi im reformierten Schweizer Kanton Glarus als letzte Hexe Europas hingerichtet wurde.[3] Zeitgenossen verdammten ihre Verurteilung als „Justizmord“, d. h. als „Ermordung eines Unschuldigen (...)“[4]. Während eine solche Fundamentalkritik in der Aufklärung auf den fruchtbaren Boden eines vernunftgeleiteten Strafrechtsdenkens fiel, mussten Kritiker in der Frühen Neuzeit, als die Leugnung des Hexereidelikts zugleich die Abkehr vom religiösen Weltbild bedeutete, mit erheblichen Widerständen rechnen. Die Existenz von Hexen wurde daher nicht grundsätzlich bestritten. Vielmehr entwickelten frühneuzeitliche Juristen scharfsinnige rechtsdogmatische Argumente, um die Hexenverfolgungen einzudämmen. Ihre Kritik bezog sich einerseits auf einzelne Elemente des Verbrechens der Hexerei, andererseits auf die verfahrensrechtliche Ausgestaltung des Hexenprozesses.

Juristische Kritik erschien erfolgversprechend, weil das Hexereidelikt und das Hexereiverfahren von der Rechtswissenschaft bis in die kleinsten Feinheiten ausdifferenziert waren und somit zahlreiche Anknüpfungspunkte für juristische Argumente boten. Demgegenüber herrscht – auch in der Geschichtswissenschaft – das verbreitete Vorurteil, wonach bei der Hexenverfolgung „in aller Regel gegen geltende Verfahrensnormen (verstoßen)“ worden sei oder gar ein „glatte(r) Rechtsbruch und Justizfrevel“[5] vorgelegen habe. Nicht allein hinsichtlich des Strafverfahrens gegen vermeintliche Hexen existieren bis heute zahlreiche Fehlvorstellungen. Bevor auf die juristischen Grundlagen und die hieran anknüpfende juristische Kritik eingegangen werden kann, gilt es daher, die gängigsten dieser Vorurteile auszuräumen.

Hexereidelikt und Hexenverfolgung

Verbreitete Fehlvorstellungen

Hexenverfolgung als Erscheinung des „dunklen Mittelalters"? – Zeitraum der Verfolgungen

Geläufig und verbreitet ist die Rede von den „mittelalterlichen Hexenprozessen"[6]. Tatsächlich aber setzten die Verfolgungen erst in der Frühen Neuzeit ein, nachdem Renaissance, Humanismus und Reformation mittelalterliches Denken abgelöst hatten. In Mitteleuropa, namentlich im Heiligen Römischen Reich, lag der Höhepunkt der Verfolgungen zwischen den Jahren 1560 und 1630;[7] noch um das Jahr 1660 kam es zu Prozesslawinen.[8] Im süddeutschen Raum fanden bis weit in das 18. Jahrhundert vermeintliche Hexen den Tod.[9] In das Visier der Verfolger gerieten zunehmend auch Kinder, so etwa in den berüchtigten Freisinger „Kinderhexenprozessen" der Jahre 1715 bis 1723. Noch im Jahre 1756, der letzten dokumentierten Hexenhinrichtung in Bayern, wurde in Landshut ein 14jähriges Mädchen exekutiert.[10] Der letzte Hexenprozess auf deutschem Boden fand schließlich 1775 in Kempten statt. Ob das Urteil gegen Anna Maria Schwägelin tatsächlich zur Vollstreckung gelangte, wird indes in jüngeren Forschungen angezweifelt.[11] Als letztes Opfer der europäischen Hexenverfolgung gilt die Dienstmagd Anna Göldi, die – wie bereits eingangs erwähnt – im Jahre 1782 im schweizerischen Glarus hingerichtet wurde.[12]

Abb. 1 R. Earlom (nach D. Teniers), Die Hexe, Mezzotinto, 1786.

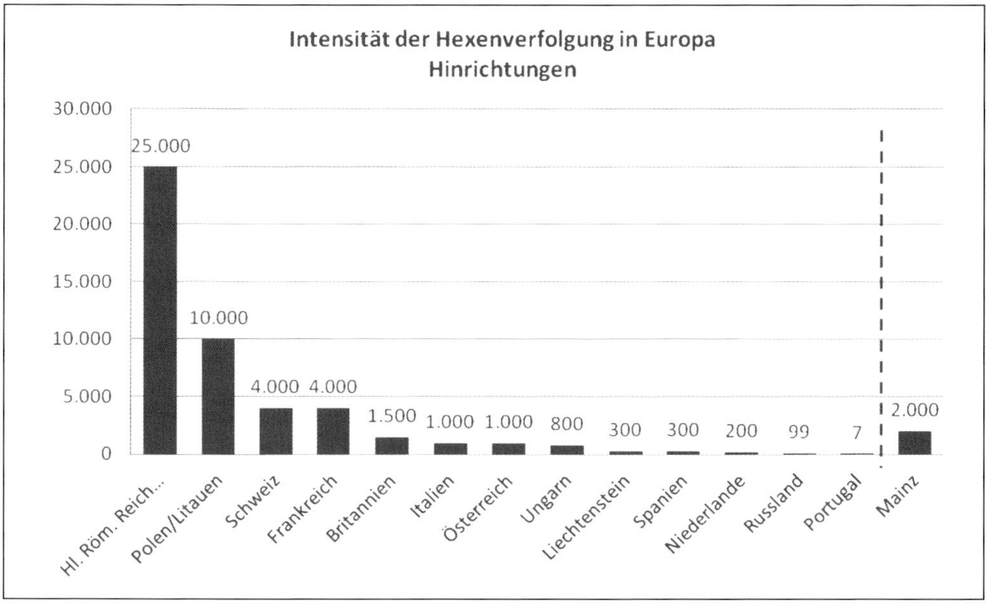

Abb. 2 Intensität der Hexenverfolgung in Europa.

„Neun Millionen Hexen"? – Opferzahlen

Wie viele Menschen aber fielen den europäischen Hexenverfolgungen zum Opfer? In populärwissenschaftlichen Abhandlungen ist mitunter von neun Millionen oder mehr Toten zu lesen. Der „Neun-Millionen-Mythos" (Behringer) geht zurück auf einen Aufsatz des Quedlinburger Stadtsyndikus Gottfried Christian Voigt (1740–1791), der im Jahre 1783 ausgehend von einigen älteren Prozessen seiner Heimatstadt zu abenteuerlichen Hochrechnungen für ganz Europa gelangte.[13] Im 20. Jahrhundert rezipierten neopagane, esoterische und feministische Kreise diese Zahl. In den 1970er Jahren meinten Autorinnen gar, von 13 Millionen hingerichteten Hexen und einem sog. „Gynozid" sprechen zu müssen.[14] Bedenkt man, dass im Heiligen Römischen Reich der Frühen Neuzeit ca. 16 Millionen Menschen lebten, so wird die Unhaltbarkeit derartiger Zahlenspekulationen greifbar.[15] In der Geschichtswissenschaft setzten sich weitaus zurückhaltendere Schätzungen durch. So gelangt die aktuelle Forschung zu einer Opferhöchstzahl von ca. 50.000 bis 60.000 Menschen[16], wobei sich hinsichtlich der Verfolgungsintensität signifikante regionale Unterschiede ausmachen lassen.[17]

Das Zentrum der Hexenverfolgung lag in Mitteleuropa, insbesondere im Heiligen Römischen Reich, wo die Opferzahl nach neueren Schätzungen 25.000 betrug.[18] Weitere Schwerpunkte der Prozesse lagen in Polen, der Schweiz und Frankreich. Entgegen einem verbreiteten Klischee zeichneten sich katholische Staaten wie Spanien, Portugal oder die Territorien des heutigen Italien durch eine relativ geringe Verfolgungsintensität aus. So hatte das überschaubare Kurfürstentum Mainz (2.000 Hinrichtungen) weitaus mehr Tote zu beklagen als die genannten Flächenstaaten (rund 1.300 Opfer) zusammen. Schon der Blick auf die regionale Verteilung der Opferzahlen widerlegt eine weitere Fehlvorstellung, wonach Hexenverfolgungen vor allem von der katholischen Kirche betrieben wurden.

Verantwortung der Papstkirche

Im sog. „Kulturkampf" des 19. Jahrhunderts machte das protestantische Lager die katholische Kirche, die „Papisten", für den Hexenwahn verantwortlich.[19] Diese noch heute verbreitete Fehlvorstellung steht in der Tradition zu Christian Thomasius, der in seiner Abhandlung *De Crimine Magiae* (1701) unter anderem ausgeführt hatte, dass die „Päbstliche Clerisey das Laster der Zauberey deswegen erfunden (habe), damit sie die ihnen gehäßige Gottesfürchtigen Leute unter dem Schein der Gerechtigkeit und eines göttlichen Eyfers aus dem Wege räumen möchten"[20]. Solch einseitige und geradezu verschwörungstheoretisch anmutende Schuldzuschreibungen sind inzwischen widerlegt. Bezogen auf die Verfolgungsintensität lässt sich kein signifikanter Unterschied zwischen katholischen und protestantischen Territorien ausmachen. Zwar weisen etwa die katholischen Kurfürstentümer Mainz und Köln oder auch manche süddeutschen Fürstbistümer erschreckend hohe Opferzahlen auf, doch gilt dies ebenso für das lutherische Mecklenburg oder calvinistisch geprägte Territorien der Schweiz.[21]

Rolle der „Inquisition"

Dass Hexenprozesse maßgeblich von „der Kirche" und ihren „Inquisitionsgerichten" betrieben wurden, zählt zu den zählebigsten Fehlvorstellungen. Tatsächlich fanden die Prozesse nahezu ausschließlich vor weltlichen Gerichten und unter Anwendung weltlichen Rechts statt.[22] Übergeordnete kirchliche Inquisitionsbehörden existierten überhaupt nur in wenigen Staaten, nicht etwa in Frankreich oder im Heiligen Römischen Reich. Das primäre Betätigungsfeld kirchlicher Inquisitoren bestand zudem in der Verfolgung häretischer und ketzerischer Umtriebe. Bezogen auf die Verfolgung von Hexerei wirkte die berühmt-berüchtigte „spanische Inquisition" ebenso mäßigend wie die Inquisitionsbehörden des Kirchenstaates.[23] So war es in Spanien die kirchliche Inquisitionsbehörde, die der Hexenverfolgung zu einem vergleichsweise frühen Zeitpunkt, im Jahre 1614, ein Ende bereitete.[24]

Opfergruppen

Das wohl bekannteste, bis heute fortwirkende Klischee betrifft die Behauptung, wonach ausschließlich Frauen Opfer der Verfolgung wurden. Ganz falsch ist diese Vorstellung freilich nicht, betrug doch der Frauenanteil unter den Opfern immerhin 70–80 %. Jüngere Forschungen vermochten indes zu zeigen, dass jeder vierte Angeklagte in den Hexenprozessen Mitteleuropas ein Mann war, im Heiligen Römischen Reich Deutscher Nation fanden rund 7.000 Verfahren gegen „Hexenmeister" statt.[25] Während in manchen europäischen Territorien eine deutlich überdurchschnittliche Verfolgungsaktivität gegenüber männlichen Delinquenten zu verzeichnen war, überwog in Teilen Österreichs, in Island, Estland oder Finnland der Anteil der hingerichteten Männer sogar denjenigen der Frauen.[26]

„Vernichtung der weisen Frauen"? – Ursachen der Hexenverfolgung

Ohnehin ist vor allzu simplen Opferzuschreibungen zu warnen.[27] Dies betrifft insbesondere die populäre These, wonach die Hexenverfolgung der „Vernichtung der weisen Frauen" gedient habe. Anknüpfend an Arbeiten der amerikanischen Feministinnen Ehrenreich und English[28] spekulierten die Bremer Soziologen Gunnar Heinsohn und Otto Steiger in den 1980er Jahren darüber, dass die Hexenprozesse von einer unheiligen Allianz aus Kirche, Staat und Ärzteschaft initiiert

Abb. 3 J. van de Velde, Hexensabbat, Radierung, 1626.

und betrieben worden seien. Man habe die Vernichtung der „weisen Frauen", der Volksheilerinnen und Hebammen, „ausdrücklich in bevölkerungspolitischer Absicht zur Unterbindung der Geburtenkontrolle (…) ins Werk gesetzt.[29]" Das Buch erfuhr zahlreiche Auflagen, seine Thesen werden bis heute in Illustrierten und Historienromanen verbreitet. Bei diesen Opferzuschreibungen handelt es sich jedoch um längst widerlegte Verschwörungstheorien.[30]

Zur „Modernität" des Hexenprozesses

Beim frühneuzeitlichen Hexenprozess handelte es sich keineswegs um Lynchjustiz oder gar um pogromartige Ausschreitungen. Vielmehr liefen die Verfolgungen in aller Regel nach einem streng justizförmigen Verfahren ab. Es ist sogar – anachronistisch gesprochen – ein gewisses „rechtsstaatliches" Niveau des frühneuzeitlichen Prozederes erkennbar.[31] Rechtsfragen, auch Detailprobleme der Hexereiverfahren, wurden in zahllosen Kommentaren, Handbüchern und Dissertationen diskutiert. Wie heute buhlten einflussreiche und weniger einflussreiche Gelehrte um die Meinungsführerschaft. Das frühneuzeitliche Strafprozessrecht kannte richterliches Ermessen, Beweisverwertungsverbote, „herrschende Meinungen", „Mindermeinungen", Gutachten und anwaltliche Verteidigungsschriften.[32] Geradezu „beängstigend modern muten zudem sein hoher Formalisierungsgrad und die akribische Aktenführung an"[33].

Zusammenfassung

Schon dieser kurze, einleitende Überblick verdeutlicht, dass es im Hinblick auf die Hexenverfolgungen verfehlt ist, von einem „glatte(n) Rechtsbruch und Justizfrevel“[34] zu sprechen. Es handelte sich bei den Hexenverfolgungen um vor weltlichen Gerichten geführte Prozesse, die grundsätzlich prozessualen Regeln folgten. Hexenverfolgungen waren, anders als behauptet, kein Unterdrückungsinstrument der katholischen Kirche, sondern Folge zeitgenössischer, gesellschaftlicher und wirtschaftlicher Entwicklungen.

Juristische Kritik an den Hexenverfolgungen

Trotz ihrer grundsätzlichen Übereinstimmung mit dem seinerzeit geltenden Recht stieg mit der Anzahl der Hexenprozesse die ihrer Kritiker. Hohe Opferzahlen und die schonungslose, wenn auch verfahrenskonforme Vorgehensweise gegen beschuldigte „Hexen“ ließen Zweifel an der Legitimität der Verfolgungen aufkommen. In ihrer Ablehnung gegenüber Massenverfolgungen waren sich die Kritiker einig. Jedoch unterschieden sich die Argumentationsmuster grundlegend voneinander. Teils galt die Kritik dem Delikt als solchem, teils der konkreten Ausgestaltung des Hexereiverfahrens. Zum besseren Verständnis der vorgebrachten Argumente werden die juristischen Grundlagen der Hexenverfolgung skizziert. Hierbei steht zunächst das Hexereidelikt im Fokus, um sodann die wichtigsten Besonderheiten des Hexereiverfahrens herauszuarbeiten.

Juristische Grundlagen

Das elaborierte Hexereidelikt

Rechtliche Grundlage der massenhaften Hexenverfolgungen war das sogenannte „elaborierte Hexereidelikt“. Diese Bezeichnung stammt aus der neueren Hexenforschung und bezeichnet fünf Verbrechenselemente, die nach zeitgenössischer Vorstellung den strafbaren Vorwurf der „Hexerei“ begründeten.[35]

- Teufelsbuhlschaft
- Teufelspakt
- Hexensabbat
- Hexenflug
- Schadenszauber

Um die Menschen in seinen Bann zu ziehen und von Gott abzubringen, lockte sie der Teufel – nach dieser Vorstellung – mit materiellen Gefälligkeiten oder sexueller Befriedigung. Das Bündnis besiegelte er durch einen Pakt (Vertrag). Von da an feierten die Hexen des Nachts mit dem Teufel auf dem sogenannten Hexensabbat orgienhafte Feste. Um unentdeckt und schnell zum geheimen Versammlungsplatz zu gelangen, gab der Teufel seinen Gespielinnen die Fähigkeit zu fliegen. Auf dem Sabbat erteilte er den Hexen schließlich Aufträge, ihre Mitmenschen zu schädigen, wozu er ihnen übernatürliche Kräfte verlieh.[36]

Seinen Ursprung und seine Ausdifferenzierung erfuhr der elaborierte Hexereibegriff in der frühneuzeitlichen Rechtswissenschaft und in der Lehre von der Dämonologie, einer Teildisziplin der Theologie. Maßgebliche dämonologische Werke stammen insbesondere von dem Trierer Weihbischof Peter Binsfeld (1545–1598) und dem Jesuiten Martin Delrio (1551–1608).[37] Die Strafbarkeit der Hexerei hatte sich zunächst auf den Schadenszauber konzentriert.[38] Noch die *Constitutio Criminalis Carolina* von 1532 (kurz CCC oder *Caro-*

Abb. 4 H. Thoma, Walpurgisnacht (Hexentanz), aquarellierte Bleistiftzeichnung, 1870.

lina), das wohl „bedeutendste Gesetzeswerk des Heiligen Römischen Reiches“[39], stellte primär auf die Herbeiführung eines schädigenden Erfolges ab:

„Item so jemandt den leuten durch zauberey schaden oder nachtheyl zufügt, soll man straffen vom leben zum todt, vnnd man soll solche straff mit dem fewer thun. Wo aber jemandt zauberey gebraucht, vnnd damit niemant schaden gethan hett, soll sunst gestrafft werden, nach gelegenheit der sach, darinnen die vrtheyler radts gebrauchen sollen, wie vom radt suchen hernach geschriben steht“ (Art. 109 CCC).[40]

Allein auf den Schadenszauber stand hiernach die Todesstrafe durch das Schwert. Verursachte die Hexerei keine unmittelbaren Schäden, sollte lediglich „sunst gestrafft werden“, also mit einer außerordentlichen Strafe in Gestalt des Staupenschlags (einer Form der Prügelstrafe), Gefängnis, Ausweisung oder Buße.[41]

Mitte des 16. Jahrhunderts setzte sich indes die Vorstellung durch, dass der Unrechtskern des Hexereiverbrechens im Abfall von Gott (Apostasie) und dem Bündnis mit dem Teufel (Idolaterie) liege.[42] Nach damaliger Vorstellung handelte es sich um eines der gravierendsten Verbrechen, dessen sich ein Mensch schuldig machen konnte. Das neue elaborierte Hexereikonzept vom Teufelspakt stieg binnen weniger Jahrzehnte zur herrschenden Meinung (communis opinio) unter den Rechtsgelehrten auf und ging schließlich in die Territorialgesetzgebung ein.[43] Die erweiterte tatbestandliche Ausformung fand ihren Ausdruck im einschlägigen Artikel der *Kursächsischen Konstitutionen*, einem wegweisenden Territorialgesetz aus dem Jahre 1572:

„So iemands, in Vergessung seines Christlichen Glaubens, mit dem Teuffel Verbündniß aufrichtet, umgehet, oder zu schaffen hat, dieselbige Person, ob sie gleich mit Zauberey niemands Schaden zufüget, mit dem Feuer vom Leben zum tod gerichtet und gestraffet werden soll. Do aber, ausserhalb solcher Verbündnissen, iemands mit Zauberey Schaden thut, derselbige sey groß oder geringe: So soll der Zauberer, Mann oder Weibes-Person mit dem Schwerdt gestraffet werden (...)“[44].

Auf das „Verbündniß mit dem Teuffel“ stand hiernach – im Gegensatz zur *Carolina* – der Feuertod, selbst wenn, wie es hieß, die Person „mit Zauberey niemands Schaden zufüget“. Bloßer Schadenszauber wurde mit der nach zeitgenössischem Verständnis weitaus milderen Schwertstrafe geahndet; milder vor allem deshalb, weil sie im Gegensatz zum Feuertod ein christliches Begräbnis ermöglichte.[45] Die Wirkungsmacht des modifizierten Hexereikonzepts erhellt, dass noch der im Jahre 1751 erlassene *Codex Juris Bavarici Criminalis* ähnlich formulierte und das „Offentlich oder heimlich Bündniß, oder fleischliche Vermischung mit dem Teuffel (...) mit dem Feuer und lebendiger Verbrennung (...)“ sanktionierte.[46]

Weshalb aber erblickte die zeitgenössische Jurisprudenz den Unrechtskern nicht in der Verursachung von Schäden, sondern im

Abb. 5 W. X. A. Kreittmayr, Codex Juris Bavarici Criminalis, München, 1751.

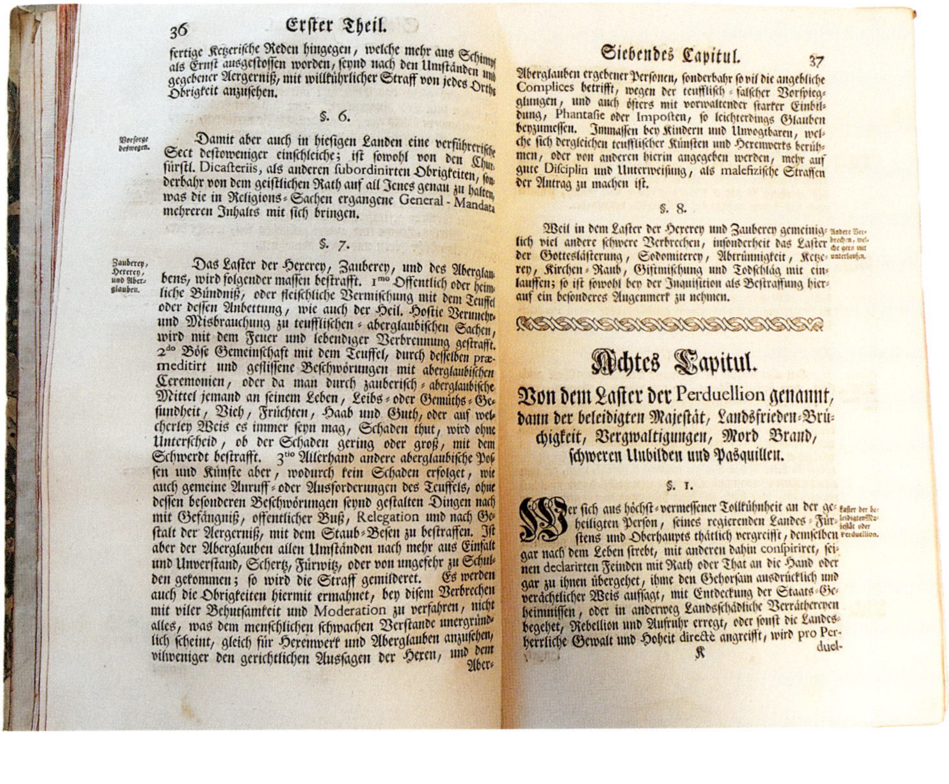
36 Erster Theil.

fertige Ketzerische Reden hingegen, welche mehr aus Schimpf als Ernst ausgestossen worden, seynd nach den Umständen und gegebener Aergerniß, mit willkührlicher Straff von jedes Orths Obrigkeit anzusehen.

§. 6.

Vorsorge deswegen.

Damit aber auch in hiesigen Landen eine verführerische Sect destoweniger einschleiche; ist sowohl von den Churfürstl. Dicasteriis, als anderen subordinirten Obrigkeiten, sonderbahr von dem geistlichen Rath auf all Jenes genau zu halten, was die in Religions-Sachen ergangene General-Mandata mehreren Inhalts mit sich bringen.

§. 7.

Zauberey, Hexerey, und Aberglauben.

Das Laster der Hexerey, Zauberey, und des Aberglaubens, wird folgender massen bestrafft. 1mo Offentlich oder heimliche Bündniß, oder fleischliche Vermischung mit dem Teuffel oder dessen Anbettung, wie auch der Heil. Hostie Verunehr- und Misbrauchung zu teufflischen-aberglaubischen Sachen, wird mit dem Feuer und lebendiger Verbrennung gestrafft. 2do Böse Gemeinschaft mit dem Teuffel, durch desselben præmeditirt und geflissene Beschwörungen mit aberglaubischen Ceremonien, oder da man durch zauberisch-aberglaubische Mittel jemand an seinem Leben, Leibs- oder Gemüths-Gesundheit, Vieh, Früchten, Haab und Guth, oder auf welcherley Weis es immer seyn mag, Schaden thut, wird ohne Unterscheid, ob der Schaden gering oder groß, mit dem Schwerdt bestrafft. 3[tio] Allerhand andere aberglaubische Possen und Künste aber, wodurch kein Schaden erfolget, wie auch gemeine Anruff- oder Ausforderungen des Teuffels, ohne dessen besonderen Beschwörungen seynd gestalten Dingen nach mit Gefängniß, offentlicher Buß, Relegation und nach Gestalt der Aergerniß, mit dem Staub-Besen zu bestraffen. Ist aber der Aberglauben allen Umständen nach mehr aus Einfalt und Unverstand, Schertz, Fürwitz, oder von ungefehr zu Schulden gekommen; so wird die Straff gemilderet. Es werden auch die Obrigkeiten hiermit ermahnet, bey disem Verbrechen mit viler Behutsamkeit und Moderation zu verfahren, nicht alles, was dem menschlichen schwachen Verstande unergründlich scheint, gleich für Hexenwerk und Aberglauben anzusehen, vilweniger den gerichtlichen Aussagen der Hexen, und dem Aber-

Siebendes Capitul. 37

Aberglauben ergebener Personen, sonderbahr so vil die angebliche Complices betrifft, wegen der teufflisch-falscher Vorspiegglungen, und auch öfters mit vorwaltender starker Einbildung, Phantasie oder Imposten, so leichterdings Glauben beyzumessen. Immassen bey Kindern und Unvogtbaren, welche sich dergleichen teufflischer Künsten und Hexenwerks berühmen, oder von anderen hierin angegeben werden, mehr auf gute Disciplin und Unterweisung, als malefizische Straffen der Antrag zu machen ist.

§. 8.

Weil in dem Laster der Hexerey und Zauberey gemeiniglich viel andere schwere Verbrechen, insonderheit das Laster der Gotteslästerung, Sodomiterey, Abtrünnigkeit, Ketzerey, Kirchen-Raub, Giftmischung und Todschläg mit einlauffen; so ist sowohl bey der Inquisition als Bestraffung hierauf ein besonderes Augenmerk zu nehmen.

Andere Verbrechen, welche gern mit unterlaufen.

Achtes Capitul.

Von dem Laster der Perduellion genannt, dann der beleidigten Majestät, Landsfrieden-Brüchigkeit, Vergwaltigungen, Mord Brand, schweren Unbilden und Pasquillen.

§. 1.

Wer sich aus höchst-vermessener Tollkühnheit an der geheiligten Person, seines regierenden Landes-Fürstens und Oberhaupts thätlich vergreifft, demselben gar nach dem Leben strebt, mit anderen dahin conspiriret, seinen declarirten Feinden mit Rath oder That an die Hand oder gar zu ihnen übergehet, ihme den Gehorsam ausdrücklich und verächtlicher Weis auffagt, mit Entdeckung der Staats-Geheimnissen, oder in anderweg Landsschädliche Verrähtereyen begehet, Rebellion und Aufruhr erregt, oder sonst die Landesherrliche Gewalt und Hoheit directè angreifft, wird pro Perduel-

Laster der beleidigten Majestät oder Perduellion.

K

Bündnis mit dem Teufel? Und wie steht dieses Hexereiverständnis in Zusammenhang mit den massenhaften Verfolgungen? Die Antwort auf diese Fragen liegt im Strafverständnis der Frühen Neuzeit sowie im frühneuzeitlichen Hexereiverfahren.

Theokratisches Strafverständnis

Die kompromisslose Verfolgung vermeintlicher Hexen erschließt sich erst vor dem Hintergrund des theokratischen Strafverständnisses. Als dessen wegweisender Verfechter figurierte in Deutschland der berühmte Jurist und Vorsitzende des Leipziger Schöppenstuhls Benedict Carpzov (1595–1666). Der Unrechtskern der Tat lag hiernach nicht in der Verletzung von Rechten des Einzelnen. Vielmehr war unter zeitgenössischen Juristen nahezu unumstritten, dass das Unrecht primär in der Beleidigung Gottes bestand. Es oblag der weltlichen Strafverfolgung, in Stellvertretung Gottes auf Erden die durch das Verbrechen gestörte göttliche Ordnung wieder ins Gleichgewicht zu bringen. Zugleich intendierte die irdische Verfolgung die Abwendung der Rache Gottes, die der Gesellschaft bei ungesühnt bleibenden Verbrechen drohte.[47] Vor diesem Hintergrund musste das Hexereidelikt das schwerste Verbrechen darstellen. Welche gravierendere Beleidigung des Schöpfers war denkbar, als der Abfall von Gott und ein Bündnis mit dem Teufel?

Erst das zweckrationale Denken der strafrechtlichen Aufklärung vermochte gegen Ende des 18. Jahrhunderts theokratische Strafvorstellungen zu überwinden. Die Kritik der Aufklärer findet in den eingängigen Worten Paul Johann Anselm Feuerbachs (1775–1833) ihren Ausdruck: „Daß die Gottheit injuriirt werde, ist unmöglich, daß sie wegen Injurien sich an Menschen räche, ist undenkbar, daß man sie durch Strafen ihrer Beleidiger versöhnen müsse, ist Torheit".[48]

Das Hexereiverfahren

Das frühneuzeitliche Verfahrensrecht, wie es insbesondere in der *Constitutio Criminalis Carolina* von 1532 zusammengefasst war, bildete die Grundlage der Hexenverfolgungen. Die *Carolina* zeichnete sich durch strenge Beweisregeln und die minutiöse Auflistung der Foltervoraussetzungen aus. Eine Verurteilung war im frühneuzeitlichen Strafprozess allein bei einem glaubhaften Geständnis des oder der Beschuldigten (Art. 22 CCC) oder bei einer glaubhaften Aussage von mindestens zwei unbescholtenen Augenzeugen (Art. 67 CCC) zulässig.[49] Es galt mithin der Grundsatz „vox enim unius, est vox nullius" („eine Aussage ist keine Aussage"), welcher selbst bei schwersten Delikten keine Ausnahme duldete.[50] Weil in aller Regel – insbesondere bei der todeswürdigen Hexerei – weder mit einem freiwilligen Geständnis noch mit einer Tatbeobachtung durch zwei einwandfreie Augenzeugen zu rechnen war, rückte die Frage nach den Foltervoraussetzungen in den Mittelpunkt, um dem Beschuldigten in der Folterkammer das zur Verurteilung notwendige Geständnis abzupressen. Die Folter war nach diesem Verständnis ein rechtmäßiges Mittel zur Geständniserlangung, dessen Anwendung an diverse Voraussetzungen geknüpft war.

Für die Anordnung der sog. „peinlichen Befragung" benötigte man gem. Art. 22, 30 CCC das Zeugnis von „eynem eyntzigen guten tugentlichen zeuge(n)". Daneben finden sich für eine Vielzahl von Delikten spezielle Torturindizien, die gewissermaßen das „kalte Herz"[51] der *Carolina* bildeten. Nicht weniger als 57 ihrer insgesamt 219 Artikel regelten die Voraussetzungen der Tortur. Die ausgiebige Befassung mit der Folter lässt keineswegs auf die Rückständigkeit oder gar besondere Grausamkeit des Gesetzeswerks schließen. Im Gegenteil, die detaillierte Normierung, flankiert von einem „Beweisver-

Abb. 6 Landrecht; Gerichts- Malefitz- u. a. Ordnungen in Bayern, München, 1616.

wertungsverbot“ bei unzulässig angeordneter Folter (Art. 20 CCC), bedeutete einen beachtlichen Fortschritt gegenüber der vor Erlass der *Carolina* herrschenden verfahrensrechtlichen Willkür.[52]

Speziell für das Delikt der Zauberei kannte Art. 44 CCC folgende fünf Torturindizien:

„Item so jemandt sich erbeut andere menschen zauberei zu lernen, oder jemands zu bezaubern bedrahet vnd dem bedraheten dergleichen beschicht, auch sonderlich gemeynschafft mit zaubern oder zauberin hat, oder mit solchen verdechtlichen dingen, geberden, worten vnd wiesen, vmbgeht, die zauberey auf sich tragen, vnd die selbig person des selben sonst auch berüchtigt, das gibt eyn redlich anzeygung der zauberey, vnd genugsam vrsach zu peinlicher frage.“[53]

Demnach machte es ein Torturindiz aus, wenn der Verdächtige das Lehren von Zauberei anbot, wenn er Schadenszauber androhte (sofern der Erfolg tatsächlich eintrat), wenn er Umgang mit bereits überführten Zauberern pflegte oder Zaubereiutensilien besaß bzw. typisches Zaubereiverhalten an den Tag legte. Hinzukommen musste als weitere Voraussetzung stets der schlechte Ruf des Verdächtigen, ihm musste die Tat zuzutrauen sein.

Allerdings handelte es sich bei der *Constitutio Criminalis Carolina* nicht um eine abschließende und verbindliche Kodifikation im heutigen Sinne. Bestenfalls missverständlich wäre es daher, wenn man sie – wie es bisweilen selbst in juristischen Lehrbüchern geschieht – als „Kriminalgesetzbuch für das Heilige Römische Reich“ bezeichnete.[54] Territoriale Strafgesetzgebungen blieben aufgrund der in ihrer Vorrede verankerten „salvatorischen Klausel“ ausdrücklich zugelassen, eine Abweichung von der CCC war grundsätzlich rechtmäßig.[55] Der *Carolina* nachfolgende Gesetzeswerke waren beispielsweise die zitierten *Kursächsischen Konstitutionen* aus dem Jahre 1572, für Bayern die *Malefitzproceßordnung der Fürstenthumben Obern und Nidern Bayrn* von 1616. Als weitere Rechtsquelle dienten die überkommenen Lehrsätze des gemeinen Strafrechts. Hierbei handelte es sich um die Lehren insbesondere italienischer Rechtswissenschaftler, die diese wiederum auf Grundlage römischer und kirchenrechtlicher Sätze entwickelt hatten. Vor allem die gemeinrechtliche Lehre vom *crimen exceptum* (Ausnahmeverbrechen), welche nach verbreiteter Auffassung zahlreiche Verfahrenserleichterungen in Hexereiprozessen eröffnete, war von höchster praktischer Relevanz. Da die Abweichung vom regulären Verfahren den Kern der verfahrensrechtlichen Kritik darstellte, soll auf die Lehre vom *crimen exceptum* und dessen Folgen im Rahmen der Verfahrenskritik genauer eingegangen werden.

Zusammenfassung

Kern des elaborierten Hexereibegriffs, der den Verfolgungen zugrunde lag, war der Pakt mit dem Teufel und damit zugleich der Abfall von Gott. Vor dem Hintergrund des theokratischen Strafverständnisses erschließt sich die schonungslose Verfolgung als Ausnahmeverbrechen. Sowohl das Hexereidelikt, bestehend aus Teufelspakt, Teufelsbuhlschaft, Hexensabbat, Hexenflug und Schadenszauber einerseits, als auch die Verfahrenserleichterungen im Strafprozess andererseits, boten den Kritikern reiches Argumentationspotential im Kampf gegen die ausufernde Verfolgungspraxis.

Materiell-rechtliche Kritik am Hexereidelikt

Ein Ansatzpunkt für die Kritik an den Hexenverfolgungen war die tatbestandliche Ausformung des elaborierten Hexereikonzepts.

Einer der frühesten Gegner des Hexenwahns, der diesen Weg einschlug, war Johann Weyer (1515/1516–1588) in seinem Werk *De praestigiis daemonum, et incantationibus, ac veneficiis, libri V* (1563).[56] Im Zentrum seiner Kritik stand das Wesen der Hexerei als reine Illusion. Der protestantische Arzt führte die Bekenntnisse der Angeklagten auf Täuschungen durch den Teufel zurück, dessen Existenz er nicht anzweifelte. Der Teufel mache sich Geisteskrankheit, Melancholie oder durch Drogen verursachte Visionen zunutze, um sich der vermeintlichen Hexen zu bemächtigen.[57] Weyer zufolge waren die konstitutiven Deliktsmerkmale Teufelspakt, Teufelsbuhlschaft und Hexenflug somit bloße illusorische Erscheinungen.[58] Die Hexen besaßen folglich auch keinerlei Macht zur Verübung von Schadenszauber, sie bildeten sich dessen Begehung lediglich ein.[59] Sie waren bloße Opfer des Teufels, mithin – nach heutigem Verständnis – „schuldunfähig". Um seinen Standpunkt zu untermauern, griff Weyer schließlich das Kernstück des kumulativen Hexereikonzepts, den Teufelspakt, mit juristischen Argumenten an und sprach ihm jegliche weltliche Rechtswirksamkeit ab.[60]

Ähnlich argumentierten in der Folgezeit weitere Skeptiker wie der Calvinist Herman Witekind (alias Augustin Lerchheimer, † 1603), Anton Praetorius (1560–1613) und der Katholik Cornelius Loos (1540 bzw. 1546–1597).[61] Auch sie griffen die Kernelemente des elaborierten Hexereibegriffs an. Allein Gott habe die Macht, in der Welt zu wirken. Hexenflug, Hexentanz, Schadenszauber und Teufelsbuhlschaft seien der bloße Ausdruck einer teuflisch erzeugten Phantasie.[62] Die genannten Autoren wandten sich somit übereinstimmend gegen die Verfolgung der Hexen im Sinne des elaborierten Hexereibegriffs und bereiteten damit den Weg für die Überwindung des Hexenwahns. Den Glauben an den Teufel und die mögliche Existenz von Hexen stellten sie damit aber noch nicht infrage.

Verfahrenskritik

Verfahrenskritik als „goldener Weg"?

Friedrich Spee von Langenfels (1591–1635) gilt als einer der prominentesten Kritiker des Hexereiverfahrens. Wie die meisten seiner katholischen Zeitgenossen stellte der Jesuit die dämonologischen Hexenlehren nicht per se in Frage. Diese „Taktik"[63] ist angesichts des Schicksals von Cornelius Loos allzu verständlich. Wie Weyer und andere protestantische Autoren hatte der katholische Theologe die Geständnisse der Hexen als bloße Illusion beurteilt. Zunächst blieb Loos die Verbreitung seiner Gedanken verwehrt, da die katholische Obrigkeit den Druck seines Werks *De vera et falsa magia* (1592) verbot. Schließlich inhaftierte man Loos und zwang ihn zum Widerruf seiner Thesen. Um für alle katholischen Skeptiker ein Exempel zu statuieren, kam es zu einer Veröffentlichung des Widerrufs.[64] Die Maßnahme zeigte Wirkung. Auf katholischer Seite wagte man es nicht mehr, den Hexenglauben als solchen infrage zu stellen.[65] Der Kampf gegen die Hexenverfolgung konnte erfolgversprechend nur auf dem Felde der Verfahrenskritik geführt werden. Diesen Weg wählte Friedrich Spee in seiner Streitschrift *Cautio Criminalis* (1631), obschon die Vermutung nahe liegt, dass er ebenfalls an der Existenz der Hexerei zweifelte.[66] Wie vor ihm Adam Tanner (1572–1632) und Paul Laymann (1574–1632 bzw. 1635)[67], sah Spee das Hauptübel der Hexerei in der Ausgestaltung des Prozesses begründet. Sein Ziel war es vor allem, Obrigkeiten, die den Hexenverfolgungen weitgehend unkritisch gegenüberstanden, die Gefahren der Prozesse aufzuzeigen.[68] Spees Kritik konzentrierte sich insbesondere auf die Einordnung der Hexerei als Ausnahmeverbrechen (*crimen exceptum*) und die sich hieraus ergebenden prozessualen Folgen.

Hexerei als Ausnahmeverbrechen

Hexerei galt als eines der abscheulichsten Verbrechen, das nach nahezu einhelliger Auffassung unnachsichtig zu bekämpfen war. Zahlreiche Autoren verstanden Hexerei als Ausnahmeverbrechen (*crimen exceptum*). Nach dieser juristischen Konzeption stand es Gerichten frei, von geltenden Verfahrensregeln (sog. *processus ordinarius*), namentlich von prozessualen Schutzbestimmungen, abzuweichen. Dies war insbesondere der Fall, wenn ein Delikt, wie die Hexerei, sowohl zu den besonders schweren (*crimina atrocissima*) als auch schwierig aufzudeckenden (*delicta transeuntis*) und heimlich begangenen Verbrechen (*crimina occulta*) zählte.[69] Heinrich Kramer (1430–ca.1505), der Verfasser des *Hexenhammers*, eines der zentralen Werke in der Geschichte der europäischen Hexenverfolgung[70], sprach sich dafür aus, ein „Ausnahmerecht für Ausnahmeverbrechen" zu etablieren:[71] Es solle „summarisch, einfach und ohne Umstände und ohne das Getöse der Anwälte und Richter und ohne Förmlichkeit (der Urteilsfindung)" vorgegangen werden.[72] Die gravierenden Folgen der Einordung des Hexereidelikts als *crimen exceptum* verdeutlichen die folgenden Beispiele.

Täuschungen

Im frühneuzeitlichen Prozessrecht herrschte der Grundsatz, dass ein Geständnis nicht durch Täuschungshandlungen erschlichen werden durfte. Doch galt dies auch bei einem *crimen exceptum*? Der *Hexenhammer* legte ein perfides Vorgehen nahe: Der Richter könne dem Inquisiten getrost die Erhaltung seines Lebens bei Ablegung eines Geständnisses zusichern: Das Todesurteil fälle dann eben nicht er selbst, sondern ein Kollege.[73] Nicht weniger abstoßend erscheinen die Spitzfindigkeiten, mit denen der maßgebliche Dämonologe, der Jesuit Martin Delrio, die unzulässige Lüge vom zulässigen doppeldeutigen Versprechen abzugrenzen suchte. So sei es ein scharfsinniges und rechtmäßiges Vorgehen, wenn der Richter einer leugnenden Hexe im Falle eines Ge-

Abb. 7
H. Thoma, Die Hexe, farbiger Lichtdruck, 1870.

Abb. 8 W. von Olmütz (zeitgen. Kopie nach A. Dürer), Der Traum (Versuchung), Kupferstich, um 1500.

ständnisses verspreche, ihr ein neues Haus zu errichten. Unter „Haus“ war allerdings ein solches aus Rutenbündeln und Stroh gemeint, auf dem die geständige Inquisitin verbrannt werden sollte.[74]

In der frühneuzeitlichen Rechtslehre vermochte sich derlei Rabulistik freilich nicht durchzusetzen. Richtern war es nach überwiegender Ansicht – auch in Hexereiverfahren – verboten, Inquisiten mit dem Versprechen der Straflosigkeit zur Ablegung von Geständnissen zu bewegen.[75] Missachteten sie das Verbot, so unterlag die gewonnene Aussage einem Beweisverwertungsverbot, sie durfte im Prozess keine Berücksichtigung finden, sie galt als nicht existent.[76]

Irrationale Beweismittel

Auf Ablehnung stießen ferner die vor lokalen Gerichten lange Zeit angewandten irrationalen Beweismittel. Hierzu zählten die Nadelprobe, die Tränenprobe und die Wasserprobe. Der *Constitutio Criminalis Carolina* waren die genannten Indizien fremd. Bei der Nadelprobe wurde der Körper der Delinquentin nach verborgenen Leberflecken abgesucht, die als Zeichen für den abgeschlossenen „Teufelspakt“ galten.[77] Sodann stachen Henkersknechte in die Flecken hinein. Blieb die Beschuldigte empfindungslos oder trat kein Blut aus der Wunde, so galt dies manchen Verfolgern als gewichtiges Hexereiindiz. Eine ähnliche Wirkung sprachen einige Autoren der Tränenlosigkeit zu.[78] Für den *Hexenhammer* war es „nach alter Überlieferung glaubwürdiger Leute und eigener Erfahrung das sicherste Zeichen“ für die Schuld der Angeklagten, wenn diese während der Folter nicht weinte.[79] Zu den bekanntesten irrationalen Beweismitteln der Frühen Neuzeit zählte schließlich die in der Tradition mittelalterlicher Gottesurteile stehende Wasserprobe:[80] Zur Beweisgewinnung warf man die gefesselte Beschuldigte in ein Gewässer. Ging sie nicht unter, weil sie von dem reinen Element des Wassers „abgestoßen“ wurde, galt dies als Indiz für ihre Täterschaft. Sank die Beschuldigte hingegen, so war sie entlastet und wurde aus den Fluten gezogen.

Die Juristen der Frühen Neuzeit standen Nadelproben, Tränenlosigkeit und Wasserproben skeptisch gegenüber. Erkenntnisse aus derlei Methoden ergaben danach kein Indiz, das die Anwendung der Folter rechtfertigte.[81] Jedes der genannten Phänomene könne, so der aus heutiger Sicht naheliegende Einwand, ebenso gut natürliche Ursachen haben.[82] Friedrich Spee verwies insbesondere auf die Missbrauchsgefahr der irrationalen Beweismittel, namentlich der

Nadelprobe. So berichtete er in seiner *Cautio Criminalis,* dass bei dieser Prozedur oft Instrumente verwendet würden, deren Klingen beim Zustechen zurückwichen und daher unblutige Hexenmale produzierten.[83] Schließlich mahnten zahlreiche Stimmen, es hieße Gott in Versuchung zu führen, wollten weltliche Instanzen ihm die Entscheidungsfindung aufzwingen.

Magische Mittel der Wahrheitsfindung

Besonders kritisch sah die frühneuzeitliche Rechtswissenschaft die Wahrheitsfindung mithilfe magischer Methoden. Lokale Gerichte konsultierten Wahrsager und andere magische Experten, um Delikte aller Art aufzuklären. Namentlich in Hexenprozessen sollten auf diesem Wege Verdächtige aufgespürt und ggf. der Folter überantwortet werden.[84] Die gemeine Rechtswissenschaft sprach dieser Methode der Wahrheitsfindung jeglichen Beweiswert ab. Man erkannte die Gefahr, dass hierdurch Unschuldige bezichtigt würden. Die Jurisprudenz ging sogar so weit, Wahrsager und Wahrsagerinnen, die andere eines Verbrechens bezichtigten, selbst zu bestrafen.[85] Die Dringlichkeit der Problematik erhellt Art. 21 CCC, der nicht nur die Bestrafung der Wahrsager anordnete, sondern auch solcher Richter, die magische Experten zur Aufklärung konsultierten:

„Item es soll auch auff der anzeygen, die auß zauberei oder andern künsten, warzusagen sich anmassen niemants zu gefencknuß oder peinlicher frag (Folter), angenommen, sonder die selben angemasten warsäger vnnd ankläger sollen darumb gestrafft werden."[86]

Recht auf Verteidigung

In Hexereiverfahren war aufgrund der Lehre vom *crimen exceptum* die Einschränkung von Verteidigungsrechten verbreitet. Im kursächsischen Rechtskreis hatte sich unter dem Einfluss Benedict Carpzovs ein von der *Carolina* abweichendes Verfahren etabliert. Hier war es Verteidigung und Anklage lediglich gestattet, im Beisein des Gerichts die Akten einzusehen und Notizen anzufertigen. Verteidigerhandeln, das den Prozess in die Länge ziehen konnte, wurde unterbunden.[87] Der *Hexenhammer* sah noch gravierendere Einschränkungen vor.[88] Hiernach blieb dem Beschuldigten das Recht auf freie Verteidigerwahl versagt. Stattdessen wurde ihm der Verteidiger durch das Gericht bestellt. Zudem hatte der Richter den Verteidiger unter Androhung der Exkommunikation zu ermahnen, sich nicht der Begünstigung der Ketzerei schuldig zu machen. Den „aussichtslosen Fall" eines nahezu überführten Delinquenten durfte der Advokat weder übernehmen noch weiter vertreten. Zudem verbot der *Hexenhammer* jegliches Verteidigerhandeln, das eine einfache, summarische Prozessführung durch Aufschübe erschwerte oder gar vereitelte.[89]

Die im kursächsischen Strafverfahren vorgesehenen Restriktionen sowie die rigiden Ausführungen des *Hexenhammers* verleiten zu der gängigen Fehlvorstellung, wonach der Beschuldigte im frühneuzeitlichen Verfahren generell ohne effektive Verteidigungsmöglichkeiten blieb.[90] Dieses Klischee ist von der neueren rechtshistorischen Forschung gründlich widerlegt worden.[91] Das Recht auf Verteidigung (defensio) galt der gemeinrechtlichen Doktrin als „jus naturale", das jedem Menschen zustand.[92] Der Beschuldigte hatte grundsätzlich das Recht auf Beibringung von Entlastungszeugen, auf Akteneinsicht sowie auf die Einlegung von Rechtsmitteln gegen Zwischenurteile des Richters. Herausragende Bedeutung erlangte hierbei die defensio zur Abwendung der Spezialinquisition (Ermittlungsmaßnahmen, insbesondere Befragung des Verdächtigen) sowie zur Verhinderung bzw. Abmilderung der Tortur.[93] War der Angeklagte selbst nicht zu einer angemessenen Verteidigung in der Lage, so musste ihm – ähnlich der heutigen Pflichtverteidigung – von Amts wegen ein Defensor beigeordnet werden.[94] Selbst für das Ausnahmeverbrechen, das *crimen exceptum*, duldeten diese Grundsätze – jedenfalls nach der überwiegenden Auffassung der frühneuzeitlichen Juristen – keine Durchbrechung.[95]

Abb. 9 Trockener Zug mit Gewichten, 17./18. Jh.

Folterpraxis

Andere Rechtsfragen blieben innerhalb der Rechtswissenschaft umstrittener. Dies betrifft vor allem die Ausgestaltung und Wiederholbarkeit der Folter. Die *Constitutio Criminalis Carolina* kannte zwar, wie wir gesehen haben, umfangreiche Regelungen über die indiziellen Voraussetzungen der Tortur. Sie enthielt aber keine Hinweise, auf welche Weise und wie oft gefoltert werden durfte. Vielmehr blieben Ausgestaltung und Vollzug der peinlichen Befragung gem. Art. 58 CCC „der ermessung eyns guten vernünfftigen Richters" überlassen. Der Verzicht auf einschränkende Vorgaben wirkte sich für die Verfahrenspraxis verhängnisvoll aus, nach dem viel zitierten Diktum Gustav Radbruchs (1878–1949) war „der erfinderischen Grausamkeit unbegrenzte(r) Spielraum gewährt"[96].

Bei Hexerei und anderen gravierenden Delikten (*crimina excepta*) billigten zahlreiche Autoren unter Führung Carpzovs ausnahmsweise einen dritten, besonders schweren Foltergrad.[97] Der erste Grad der Folter bestand im Zuziehen von Daumen- bzw. Beinschrauben. Blieb dieses Mittel erfolglos, sorgte der Übergang zum zweiten Foltergrad für eine Intensivierung der Leiden.[98] Zum Einsatz gelangte nunmehr die gängigste Foltermethode der Frühen Neuzeit, das sog. Aufziehen. Der Inquisit wurde mit am Rücken gefesselten Armen über eine Winde emporgezogen. Überdehnte oder reißende Muskeln und Sehnen verursachten unbeschreibliche Schmerzen. Der dritte Foltergrad sah eine nochmalige Steigerung der Qualen vor, indem man Gewichte an den Füßen des Beschuldigten befestigte oder ihn mit Fackeln, Schwefel und brennenden Spänen traktierte.

Nicht allein hinsichtlich der anzuwendenden Foltergrade, auch bezüglich der Wiederholbarkeit der Tortur rekurrierte ein Teil der Lehre auf den vermeintlichen Ausnahmecharakter des in Frage stehenden Delikts. Nach allgemeinen Verfahrensgrundsätzen hatte der Inquisit sein erpresstes Geständnis mit zeitlichem Abstand und überdies außerhalb der Folterkammer zu wiederholen. Im Falle eines Widerrufs blieb abermalige Folter nur dann zulässig, wenn neue gewichtige Indizien gegen ihn stritten. Einschränkende Wirkung vermochte dieser Lehrsatz freilich kaum zu entfalten, galt doch bereits der Geständniswiderruf ohne triftigen Grund als hinreichend.[99] Während im regulären Verfahren lediglich eine abermalige Folter erlaubt blieb, war die Anzahl der zulässigen Torturwiederholungen bei Ausnahmeverbrechen umstritten. Bei besonders schwerwiegenden Delikten, wie etwa der Hexerei, plädierten Carpzov und andere ausnahmsweise für zwei Wiederholungen, so dass der nicht geständige Inquisit insgesamt drei schwere Folterungen zu durchleiden hatte.

Vor dem Hintergrund der Prozeduren, welche die Hexerei-Beschuldigten erwarteten, erschließt sich Spees Kritik an der Folter. Er sah in ihr den „Hauptbetrug und das Kernstück des ganzen Schwindels"[100] der Hexenprozesse. Nach seiner Auffassung war die Folter äußerst unzuverlässig, nötigten doch die grausamen Praktiken auch Unschuldige zu falschen Geständnissen. Auf der Folterbank, so die Argumentation, würden Hexen erst geschaffen. Jeder, auch „Kapuziner, Jesuiten, alle Ordenspersonen" würden angesichts der unendlichen Qualen gestehen.[101]

Spee stellte daher besonders strenge Anforderungen an das Rechtsinstitut. Er sprach sich dafür aus, bei Hexereiverbrechen – ganz im Gegensatz zur Lehre vom *crimen exceptum* – sogar höhere Anforderungen an die Foltervoraussetzungen zu stellen: „Denn wenn ein Verbrechen heimlich ist, versteckt und in Finsternis gehüllt, dann ist deshalb, um es aufzuklären, ein stärkeres Licht, nicht ein schwächeres vonnöten. Ist es schwer nachweisbar, dann bedarf es stärkerer, nicht schwächerer Beweismittel"[102]. In zweideutigen Fällen wollte er den Ermessensspielraum des Richters ganz grundsätzlich zugunsten des Angeklagten genutzt wissen – modern gesprochen war im Zweifel für den Angeklagten zu entscheiden. Auch sollten ansonsten zu schwache Entlastungsindizien in Hexensachen gegen die Anwendung der Tortur sprechen.[103]

Besagung von Mittätern

Eine „der Kernfragen der Hexenprozesse" bildete die juristische Kontroverse über die Indizwirkung von Besagungen.[104] Unter einer Besagung (lat. *nominatio socii*) verstand die frühneuzeitliche Rechtslehre die Benennung von Komplizen durch einen bereits überführten und geständigen Täter. Dieses Rechtsinstitut war deshalb von elementarer Bedeutung für den Hexenprozess, da Besagungen gemäß der *Constitutio Criminalis Carolina* zu den Folterindizien zählten. Lagen die tatbestandlichen Voraussetzungen vor, so genügte die bloße Benennung eines vermeintlichen Mittäters, um diesen der Tortur zu überantworten. Zu Massenverfolgungen und Prozesslawinen kam es insbesondere dort, wo Besagungen ohne weiteres dazu führten, dass die benannten Personen gefoltert und ihrerseits zu Mittäterbenennungen gezwungen wurden. Je niedriger die rechtlichen Hürden für torturauslösende Besagungen lagen, desto höher war die Gefahr lang anhaltender Verfolgungswellen.[105]

Nach dem beschriebenen „elaborierten Hexereibegriff" umfasste der Tatbestand des Hexereidelikts den sog. Hexensabbat, das Fest mit dem Teufel. Jede überführte Hexe kannte nach diesem Verständnis notwendigerweise eine Vielzahl von Kompli-

Abb. 10 C. F. Hoermann (nach D. Teniers), Arrivé au Sabat, Radierung, um 1750.

zen. Was lag angesichts einer imaginierten diabolischen Massenveranstaltung aus Sicht der Verfolger näher, als von überführten Beschuldigten möglichst viele Teilnehmernamen zu erpressen?[106] Es sind Hexereiverfahren überliefert, in denen sich lokale Ermittler erst nach der erfolterten Angabe von über hundert vermeintlichen Mittätern zufrieden gaben.[107] Tatsächlich vertraten Verfolgungsbefürworter und namhafte Autoren des 16. Jahrhunderts die Auffassung, dass Folterungen – ja teilweise sogar die Verurteilung einer Benannten – zulässig waren, sofern nur mehrere übereinstimmende Besagungen vorlagen.[108] Die Besagungen immanente Gefahr einer lawinenartigen Ausbreitung von Hexereiprozessen erkannte bereits Friedrich Spee, der mit Blick auf dieses Rechtsinstitut schrieb:

„Wir sehen immer wieder, wie ein einmal begonnener Hexenprozeß sich über mehrere Jahre hinzieht und die Zahl der Verurteilten derart anwächst, daß ganze Dörfer ausgerottet werden, während doch nichts ausgerichtet wird, als daß sich die Protokolle mit den Namen weiterer Verdächtiger anfüllen. Wenn das so weiter fortgehen soll ist kein Ende der Hexenverfolgungen abzusehen, bis das ganze Land menschenleer geworden ist."[109]

Angesichts solcher Szenarien mehrten sich im Schrifttum die skeptischen Stimmen. Das wohl wichtigste zeitgenössische Werk zur juristischen Kritik an Besagungen, *De denunciatione sagarum*, verfasste der Reichskammergerichtsassessor Erich Mauritius (1631–1691). Der Jurist bestand – in Abkehr von der *crimen exceptum*-Lehre – auf die Einhaltung des Art. 31 CCC.[110] Nach den strengen Anforderungen der *Carolina* löste die bloße Mehrzahl von Besagungen keinesfalls die Tortur aus. Vielmehr musste gemäß Art. 31 CCC der Überführte seine Mittäter während der Folter benennen, das Vorhalten bestimmter Namen und Sachverhalte (Suggestivfragen) war verboten, der Richter hatte den Wahrheitsgehalt der Besagung genauestens zu überprüfen, es durfte keine Feindschaft unter den Beteiligten bestehen und die Besagung durfte nach Beendigung der Folter nicht widerrufen werden. Außerdem musste der Benannte, wie schon bei den Hexereiindizien des Art. 44 CCC, ohnehin in schlechtem Rufe stehen.

Andere Autoren wie Friedrich Spee und Adam Tanner gingen weiter und stellten das Rechtsinstitut der Besagung grundsätzlich in Frage.[111] Man argumentierte vor allem mit dem schlechten Leumund der „Hexen". Beanspruchte schon die Aussage eines schlecht beleumundeten Zeugen keine Geltung, so konnte erst recht der Bezichtigung durch eine überführte Hexe keine Wirkung zukommen. Die überwiegende Auffassung, die Besagungen gem. Art. 31 CCC grundsätzlich zuließ, suchte die Argumente der Kritiker mit der Behauptung zu widerlegen, der Besager werde durch die Folter, während derer die *nominatio socii* zu erfolgen hatte, von der Infamie befreit.[112]

Die *nominatio socii* nahm somit für die Verfahrenskritiker eine Schlüsselrolle in der Bekämpfung ausufernder Verfolgungen ein. Wollte man die Gefahr von Verfolgungswellen eindämmen, so galt es, das Rechtsinstitut der Besagung wesentlich zu begrenzen. Das frühneuzeitliche Schrifttum plädierte deshalb für die strenge Einhaltung des Art. 31 CCC. Zugleich erteilte man damit der Lehre vom *crimen exceptum* eine Absage.[113]

Zusammenführung der Argumentationsstränge bei Christian Thomasius und Balthasar Bekker

In der Frühen Neuzeit, unter Herrschaft eines theokratischen Strafverständnisses, fiel die Fundamentalkritik am Hexereidelikt und Hexereiverfahren auf keinen fruchtba-

Abb. 11 *P. Schenk, Christian Thomasius, Schabkunstblatt, 1705.*

ren Boden. Zu sehr war die Mehrheit der Bevölkerung von der Existenz des Hexenunwesens überzeugt. Jedoch bildete die frühneuzeitliche Kritik das Fundament für die erfolgreiche Bekämpfung der Verfolgungen in der strafrechtlichen Aufklärung. Christian Thomasius (1655–1728) und Balthasar Bekker (1634–1698) nahmen hier eine entscheidende Rolle ein, indem sie die zuvor entwickelten Argumentationsstränge zusammenführten und zuspitzten.

Thomasius' Schriften *De Crimine Magiae* (1701) und *De origine et processu processus inquisitorii contra sagas* (1712) gaben nach traditioneller – heute widerlegter – Ansicht gar einen wesentlichen Anstoß zur Einstellung der Hexenprozesse.[114] Der Hallenser Jurist wurde sogar zum „Retter Teutschlands“[115] stilisiert. Seine Kritik galt zunächst dem Wesen der Hexerei, wobei er einen entscheidenden Schritt weiterging als seine Vorkämpfer. Anders als noch Weyer leugnete Thomasius die Möglichkeit eines Teufelspakts. Der Teufel sei lediglich das Böse, Unmoralische im Menschen, er habe keinerlei Einfluss auf die Materie. Da er folglich kein körperliches Bündnis mit den Hexen eingehen könne, mangelte es bereits an der Erfüllung der Verbrechensmerkmale (*corpus delicti*).[116] Damit entzog Thomasius dem kumulativen Hexereiverständnis die Grundlage. Ähnlich hatte bereits Balthasar Bekker argumentiert. Der niederländische Theologe bekämpfte den Hexenglauben noch konsequenter. Er bezweifelte nicht nur die Realität von Hexerei. Bekker leugnete darüber hinaus die Existenz des Teufels, der ihm als „Erdichtung des Menschen“ galt[117].

Thomasius beschränkte sich nicht auf materiell-rechtliche Kritik am Hexereidelikt. Auch mit dem Verfahren, insbesondere der Folter- und Besagungspraxis, ging der Jurist ins Gericht. So seien die Torturindizien des Art. 44 CCC aus diversen Gründen „unzulänglich“. Erbiete sich jemand, anderen Menschen Zauberei zu lehren, lasse dies nicht zwingend den Schluss zu, der angebliche Zauberer sei ein Teufelsbündnis eingegangen. Vielmehr liege der Verdacht nahe, der „Zauberer“ wolle sein Gegenüber um sein Geld bringen, also einen Betrug begehen. Die Drohung, einem anderen mittels Zauber Schaden zuzufügen, erachtete der Jurist ebenfalls als unzureichendes Indiz. Zum einen sei ein wahrer Zauberer, welcher seine Identität preisgebe, „närrisch“, zum anderen sei ein der Drohung folgender Schadenseintritt kein Beweis für Hexenwerk. Dem Umgang mit Zauberern und Hexen sprach Thomasius ebenfalls die Indizwirkung ab. Die Regelung zum Umgang mit „verdächtigen Zaubersachen“ war ihm zu unbestimmt und daher nicht praktikabel. Seine Kritik gipfelte in der Forderung nach der sofortigen Einstellung aller laufenden Hexenprozesse, da das Hexereidelikt ein rein fiktives Verbrechen sei.[118]

Zwischenfazit

Selbst für das besonders schwerwiegende Hexereidelikt lehnte die Rechtslehre der Frühen Neuzeit summarische Schnellverfahren im Stile des *Hexenhammers* ab. Irrationale Beweismittel wurden ebenso verworfen wie Lügen im Verhör. Gleiches gilt für die im *Hexenhammer* befürworteten Einschränkungen der Verteidigung. Umstritten blieben die mehrfache Wiederholung der Tortur sowie die Verhängung des schwersten, des dritten Foltergrades. Hinsichtlich der Besagung setzte sich hingegen das strikte Festhalten an den Voraussetzungen der *Constitutio Criminalis Carolina* durch.

Wahrung der Beschuldigtenrechte

Angesichts der von Hexenprozessen ausgehenden Gefahren galt es, die geforderte Einhaltung des *processus ordinarius* abzusichern. Um dies zu erreichen, formulierten Kritiker des Hexereiverfahrens, allen voran Friedrich Spee, de facto die „Unschuldsvermutung" und den Grundsatz „in dubio pro reo" („im Zweifel für den Angeklagten"). Gleichzeitig betonten sie den Stellenwert des Instituts der Aktenversendung. Dieser für den frühneuzeitlichen Strafprozess charakteristische Verfahrensschritt gewährleistete, dass wissenschaftliche Meinungen keine bloße Theorie blieben, sondern direkten Eingang in die Rechtsprechung fanden.

„Unschuldsvermutung" und „in dubio pro reo" zur Absicherung von „Beschuldigtenrechten"

Prominentester Vertreter der – modern gesprochen – „Unschuldsvermutung" und des Satzes „in dubio pro reo" war Friedrich Spee.[119] Er erkannte, dass die Hexereiverfahren Unschuldige treffen mussten. Daher galt es besonders vorsichtig zu verfahren, um – gleichnishaft gesprochen – den Weizen nicht zusammen mit dem Unkraut auszureißen. Es sei billiger, zehn oder mehr Schuldige freizusprechen, als nur einen Unschuldigen zu verurteilen.[120]

Spee plädierte weiter dafür, dass Richter ihre Ermessensspielräume im Zweifel zugunsten des Angeklagten nutzen. Schon hinsichtlich der Frage, ob erste Ermittlungsmaßnahmen (Generalinquisition) eingeleitet werden sollen, hätten Richter die Verdachtsmomente zugunsten der Verdächtigen auszulegen. Auch hinsichtlich der Anwendung der Tortur besaßen Richter Ermessensspielräume, indem sie die be- und entlastenden Umstände gegeneinander abzuwägen und im Zweifel rechtsgelehrten Rat einzuholen hatten (Art. 7, 28 CCC). Schließlich verfügte der Richter über einen Ermessensspielraum bei der Wahl des Torturmaßes.[121] Vor allem hier galt es, die entlastenden Indizien in die Waagschale zu werfen, um so Unschuldige möglichst zu verschonen.

Das Institut der Aktenversendung

Verortung im frühneuzeitlichen Verfahren

Das Institut der Aktenversendung spielte eine wesentliche Rolle bei der Durchsetzung der oben dargestellten Verfahrenskritik. So war die Rechtswissenschaft der Frühen Neuzeit über das Institut der Aktenversendung in die Gerichtspraxis eingebunden.[122] An mehr als 50 Stellen erwähnte die *Constitutio Criminalis Carolina* die sogenannte Ratseinholung durch Rechtsverständige.[123] Das galt grundsätzlich auch für Hexereidelikte. Fehlte es bei angeblicher Anwendung magischer Praktiken an einem Schadenszauber, so erfolgte die Verurteilung gem. Art. 109 CCC „nach gelegenheit der sach, darinnen die vrtheyler radts gebrauchen sollen". Art. 219 CCC, der letzte Artikel der *Carolina*, ermahnte lokale Richter nochmals eindringlich, in allen Zweifelsfällen Rat bei Juristenfakultäten, Obergerichten oder Schöffenstühlen einzuholen. Jedes der drei genannten Spruchkollegien war ganz überwiegend mit professionellen und mitunter überaus renommierten Juristen besetzt.[124]

Ursprünglich eher als Hilfsmittel für die zumeist ungelehrten Laienrichter vor Ort gedacht, entwickelte sich die Aktenversendung mehr und mehr zu einem integralen Bestandteil des frühneuzeitlichen Strafverfahrens.[125] Manche Landesherren nutzen das Institut gezielt, um den Einfluss rechtsunkundiger lokaler Richter zurückzudrängen.[126] Für Hexenverfahren ohne Schadenszauber machte etwa Württemberg die Ratseinholung bereits 1567 zur Pflicht.[127] Weitergehend verankerte Kursachsen die Aktenversendung im Jahre 1572 für sämtliche Delikte, so dass die eigentliche Urteilsfindung ausschließlich Spruchkollegien vorbehalten blieb.[128] Die Sprüche der Fakultäten oder der mit Rechtsgelehrten besetzten Schöffenstühle und Obergerichte erlangten somit über das Institut der Aktenversendung zumindest de facto Bindungswirkung.[129] Kam das Institut der Aktenversendung qua Gesetz oder Gerichtsgebrauch zur Anwendung, so entschieden gelehrte Juristen über die prozessentscheidenden Schritte – und damit über das Schicksal des Angeklagten.

Das frühneuzeitliche Strafverfahren begann vor dem lokalen Gericht mit der Generalinquisition.[130] Bestand ein Anfangsverdacht, hielt der Richter Ausschau nach möglichen Tätern. In der anschließenden Spezialinquisition wurde der zuvor im Rahmen der Generalinquisition ermittelte Verdächtige dem sogenannten artikulierten Verhör unterzogen. Der Beschuldigte (*inquisitus*) hatte die ihm vorgelegten und zuvor ausformulierten Fragen präzise und vollständig zu beantworten. Die Antworten waren genauestens zu protokollieren, auch unwillkürliche Reaktionen wie Erregung, Erröten oder gar Zittern (sog. Gebärdenprotokoll).[131]

Nach diesen Verfahrensschritten erfolgte sodann die Aktenversendung. Die protokollierten Beschuldigten- und Zeugenverhöre wurden an eine Juristenfakultät, ein Obergericht oder einen Schöffenstuhl verschickt. In dem Aktenkonvolut enthalten war auch die Verteidigungsschrift des vom Beschuldigten bestellten Anwalts.

Der angerufene Spruchkörper entschied allein nach Aktenlage, ob das Belastungsmaterial ein hinreichendes Folterindiz ausmachte. Bejahte er dies, erging zugleich eine

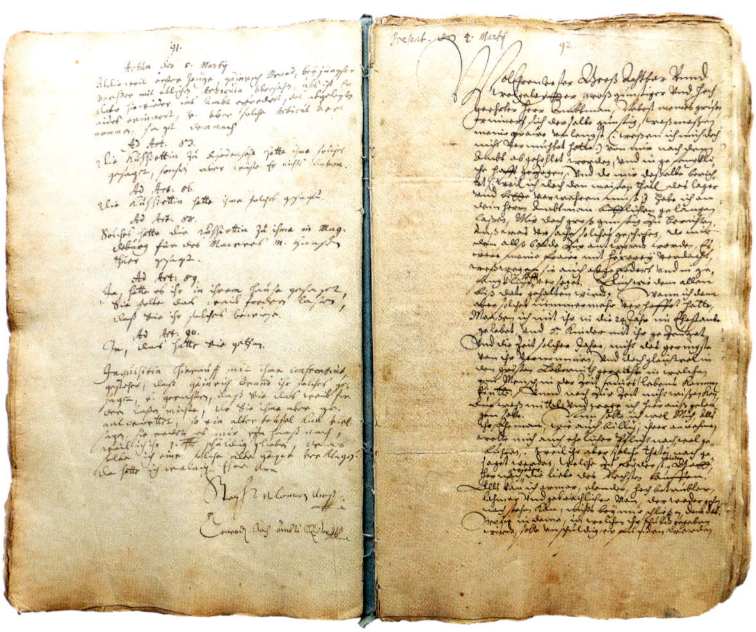

Abb. 12
Hexenprotokoll des Magdeburgischen Schöffengericht in Halle/Saale, 1659/1663.

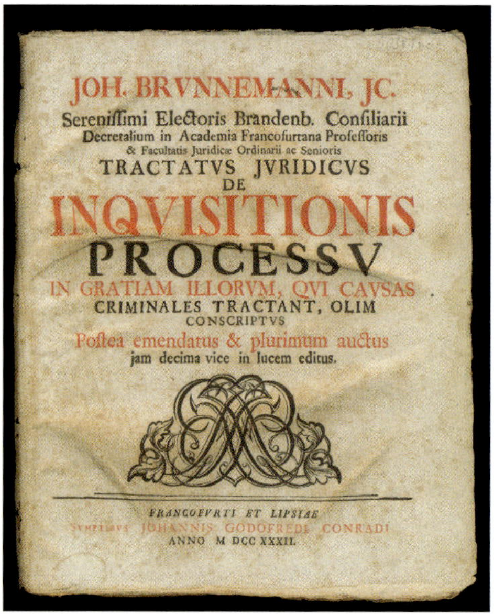
JOH. BRVNNEMANNI, JC.
Serenissimi Electoris Brandenb. Consiliarii
Decretalium in Academia Francofurtana Professoris
& Facultatis Juridicæ Ordinarii ac Senioris
TRACTATVS JVRIDICVS
DE
INQVISITIONIS
PROCESSV
IN GRATIAM ILLORVM, QVI CAVSAS
CRIMINALES TRACTANT, OLIM
CONSCRIPTVS
Postea emendatus & plurimum auctus
jam decima vice in lucem editus.

FRANCOFVRTI ET LIPSIAE
SVMTIBVS JOHANNIS GODOFREDI CONRADI
ANNO M DCC XXXII.

Abb. 13 J. Brunnemann, Tractatus juridicus de inquisitionis processus. Ed. decima, Frankfurt a. O., 1732.

Entscheidung über den zulässigen Grad der Folter (sog. Torturinterlokut). Die Fakultät, das Obergericht bzw. der Schöffenstuhl übermittelte die Entscheidung dem lokalen Gericht, das ggf. die Folter veranlasste. Art und Intensität der Folterungen sowie die erpressten und außerhalb der Folterkammer bestätigten oder widerrufenen Aussagen waren wiederum sorgfältig zu protokollieren und abermals – ggf. mit einer Verteidigungsschrift – an die Fakultät oder den Schöffenstuhl zu senden. Das Spruchkollegium erstellte nun das Consilium über das zu verhängende Urteil. Letztmals sendete es die Akten an das lokale Gericht zurück, welches die Vollstreckung übernahm.

Aktenversendung und Hexereiverfahren

Bezogen auf die Hexenprozesse wirkte sich das Institut der Aktenversendung „segensreich“ aus.[132] Nicht den lokalen Ermittlern oblag die beweisrechtliche Bewertung ihrer (eigenen) Untersuchungsergebnisse, sondern externen Rechtsgelehrten. Zeitgenössische Juristen klagten, wenngleich mit unverhohlenem Standesdünkel, über das gefährliche Unvermögen lokaler (Laien-)Richter:

„(In) peinlichen Sachen/die gröbsten fauten eben daher rühren / daß nicht allenthalben die Gerichte mit klugen und rechtschaffen gelehrten Leuthen / sondern offters mit Stümpern und Ignoranten / mit Ungelehrten und Handswercks-Leutehn besetzt werden (…) / dahero es denn auch vormahls gekommen / daß durch den Unverstand sothaner Gericht-Personen in den Peinlichen Gerichten hin und wider die absurdesten Gebräuche und Gewohnheiten eingerissen (…)“[133].

Aktenversendung schuf räumliche wie persönliche Distanz zu lokalen Verfolgungsbegehren. Dort aber, „wo übergeordnete Gerichtsbehörden oder Juristenfakultäten als Gutachter gehört werden mussten, die zur Entstehung des Hexereiverdachts vor Ort keinerlei Verbindung hatten, fanden meist nur moderate Verfolgungen statt“[134].

Die angerufenen Fakultäten, Obergerichte und Schöffenstühle drängten auf Einhaltung der üblichen Verfahrensstandards, zu summarischen Schnellverfahren und Folterexzessen kam es in aller Regel nicht.[135] Statt lokaler Rechtsbräuche gelangten die Grundsätze des gemeinen Strafrechts und der *Constitutio Criminalis Carolina* zur Anwendung. Beispielhaft sei auf die Spruchpraxis der Tübinger Juristenfakultät verwiesen. Unter Auswertung der vorhandenen Archivalien vermochte Marianne Sauter jüngst zu zeigen, dass die Tübinger Juristen die Anordnung der Folter in fast der Hälfte aller Anfragen ablehnten, in den verfolgungsintensiven Jahrzehnten gar zu 68 %. Anfragen bezüglich der Wiederholung der Tortur wurden in 72 % der Fälle abschlägig beschieden, der höchste Foltergrad gar nur in einem Fall zugelassen. Außergewöhnlich war zudem die Freispruchquote (37,5 %; zur Hochphase der Verfolgungen über 50 %). Die Tübinger Juristen hielten sich, bei wenigen Ausnahmen, strikt an die Regeln der *Constitutio Criminalis Carolina* und ließen dem Beschuldigten aufgrund ihrer prinzipiellen Ablehnung der Lehre vom *crimen exceptum* eine Chance.[136] Nicht allein für das Herzogtum Württemberg, auch für alle anderen Territorien, in denen die Aktenversendung zur Anwendung gelangte, gilt der Grundsatz, dass die Formalisierung und Verrechtlichung des Verfahrens dem Beschuldigten – Finanzkraft und entsprechende Beratung vorausgesetzt – eine neue, Erfolg versprechende Ebene der Verteidigung eröffnete – die des juristischen Arguments.[137]

Fazit

Praktisch kein Rechtswissenschaftler des 16. und 17. Jahrhunderts zweifelte – offen – an der Existenz von Hexerei, geschweige denn an der Existenz des Teufels. Vor dem Hintergrund des theokratischen Strafverständnisses wird verständlich, dass die Mehrzahl der Juristen in dem vermeintlichen Teufelspakt ein abscheuliches, ganz besonders schwerwiegendes Verbrechen erblickte, das unnachsichtiger Verfolgung bedurfte. Manche Autoren stellten jedoch schon im Zeitalter der Verfolgungswellen die einzelnen Elemente des elaborierten Hexereidelikts in Frage, indem sie Teufelspakt, Teufelsbuhlschaft, Hexenflug, Hexentanz und Schadenszauber lediglich als Produkte teuflisch erzeugter Phantasien abtaten. Freilich stießen diese Kritiker angesichts des tief verwurzelten Hexenglaubens auf breite Ablehnung.

Ein erfolgreicherer Weg zur Bekämpfung der Hexenverfolgungen war die Verfahrenskritik. Auch auf Seiten derjenigen Rechtsgelehrten, welche an die Existenz der Hexerei glaubten, bestand ein breiter Konsens dahingehend, dass Hexereiprozesse in einem ordentlichen Strafprozess unter Einhaltung geltender Verfahrensstandards und nicht als summarische Schnellverfahren durchzuführen waren. Zur Absicherung des *processus ordinarius* in Hexenprozessen trug das Institut der Aktenversendung bei. Fand es Anwendung, uferten die Verfolgungen weniger aus als in rückständigeren Territorien, die auf diesen Verfahrensschritt verzichteten. Hier blieb die Gefahr exzessiven Vorgehens durch lokale Verfolger, regelmäßig unter Berufung auf den Ausnahmecharakter des Hexereidelikts, bis in das 18. Jahrhundert hinein virulent.

Endgültig vermochte die Kritik am Hexereidelikt und Hexereiverfahren erst im Zeitalter der strafrechtlichen Aufklärung durchzuschlagen.[138] Christian Thomasius war einer der ersten Kritiker, der Anfang des 18. Jahrhunderts die in der Frühen Neuzeit angelegten Argumentationsstränge zusammenführte. Mit wachsenden Zweifeln an der Existenz von Hexerei fiel nicht mehr allein die Verfahrenskritik, sondern auch die materiell-rechtliche Kritik am Hexereidelikt auf fruchtbaren Boden. In der Spätaufklärung bestanden innerhalb der aufgeklärten Elite Europas an der Unhaltbarkeit des Hexereidelikts keine Zweifel. Die endgültige Verbannung des Hexereidelikts aus den Strafgesetzbüchern erfolgte freilich erst zu Beginn des 19. Jahrhunderts.

[1] Vgl. Holzhauer, Heinz: Die Bedeutung von Friedrich Spees Kampf gegen die Hexenprozesse für die Strafrechtsentwicklung, in: Arens, Anton (Hrsg.): Friedrich Spee im Licht der Wissenschaften, Beiträge und Untersuchungen. Mainz 1984, S. 151.

[2] Behringer, Wolfgang: Neun Millionen Hexen, Entstehung, Tradition und Kritik eines populären Mythos. Geschichte in Wissenschaft und Unterricht 1998, S. 664.

[3] Dazu Hauser, Walter: Der Justizmord an Anna Göldi, neue Recherchen zum letzten Hexenprozess in Europa. Zürich 2007; ders.: Der Hexenprozess gegen Anna Göldi in der Beurteilung der Zeitgenossen, in: Behringer, Wolfgang/Lorenz, Sönke/Bauer, Dieter R. (Hrsg.): Späte Hexenprozesse. Bielefeld 2016, S. 123–126.

[4] So Schlözers Definition, o. N.: Abermaliger Justizmord in der Schweiz, 1782, Aus dem Reichspostreuter, 4. Januar 1783, in: Schlözer, August Ludwig (Hrsg.): Stats-Anzeigen 1782, S. 273.

[5] Dillinger, Johannes: Hexen und Magie. Frankfurt a. M. 2007, S. 145 („in aller Regel"); kritisch hierzu Koch, Arnd: Die Grundlagen des deutschen Strafverfahrens. Zehn verbreitete Fehlvorstellungen und ihre notwendige Korrektur, in: Steinberg, Georg (Hrsg.): Recht und Macht. Festschrift für Hinrich Rüping. München 2008, S. 393 (399 f.).

[6] Krit. zu dieser Fehlvorstellung Koch, Arnd: Wider ein Feindstrafrecht. Juristische Kritik am Hexereiverfahren. Berlin 2012, S. 23; Midelfort, Eric: Geschichte der abendländischen Hexenverfolgung, in: Lorenz, Sönke/Schmidt, Jürgen Michael (Hrsg.): Wider alle Hexerei und Teufelswerk. Die europäische Hexenverfolgung und ihre Auswirkungen auf Südwestdeutschland. Ostfildern 2004, S. 105.

[7] Oestmann, Peter: Hexenprozesse am Reichskammergericht. Köln (u. a.) 1997, S. 37.

[8] Behringer, Wolfgang (Hrsg.): Hexen und Hexenprozesse in Deutschland. 7. Auflage 2010, S. 181.

[9] S. den Überblick bei Koch: Wider ein Feindstrafrecht (wie Anm. 6), S. 23.

[10] Beck, Rainer: Mäuselmacher oder die Imagination des Bösen. Ein Hexenprozess 1715–1723. 2. Auflage, München 2012; Behringer (Hrsg.): Hexen und Hexenprozesse (wie Anm. 8), S. 405.

[11] Von der Nichtvollstreckung des Urteils geht aus: Petz, Wolfgang: Die letzte Hexe. Das Schicksal der Anna Maria Schwägelin. Frankfurt a. M. 2007, S. 163 ff.; ebenso Behringer, Wolfgang: Hexen. Glaube, Verfolgung, Vermarktung. München 2016, S. 85; Dillinger: Hexen und Magie (wie Anm. 5), S. 151.

[12] Hauser, Walter: Der Justizmord an Anna Göldi (wie Anm. 3); ders.: Der Hexenprozess gegen Anna Göldi (wie Anm. 3), S. 123–126.

[13] Voigt, Gottfried Christian: Etwas über die Hexenprozesse in Deutschland, Berlinische Monatschrift 1784, S. 297–311; dazu Behringer: GWU 1998 (wie Anm. 2), S. 664 ff., insb. S. 666.

[14] Kritisch und mit Nachweisen Behringer: GWU 1998 (wie Anm. 2), S. 676 f.

[15] Zur Einwohnerzahl Behringer: Hexen (wie Anm. 11), S. 66.

[16] Rummel, Walter/Voltmer, Rita: Hexen und Hexenverfolgung in der frühen Neuzeit. Darmstadt 2008, S. 74; Voltmer, Rita: Hexen: Wissen was stimmt. Freiburg 2008, S. 22; anders Rüping, Hinrich/Jerouschek, Günter: Grundriss der Strafrechtsgeschichte. 6. Auflage München 2011, Rn. 147 (100.000 Todesopfer).

[17] Die Zahlen folgen der Übersicht bei Behringer: Hexen (wie Anm. 11), S. 65 f.

[18] Siehe auch Rummel/Voltmer: Hexen und Hexenverfolgung (wie Anm. 16), S. 77.

[19] Dazu Behringer, Wolfgang: Hochstift Augsburg, in: Lorenz, Sönke (Hrsg.): Hexen und Hexenverfolgung im deutschen Südwesten. Ostfildern 1994, S. 93 (107 ff.); Voltmer, Rita: Mythen, Phantasien und Paradigmen – Zu Deutungen der Hexenverfolgungen, in: Historisches Museum der Pfalz Speyer (Hrsg.): Hexen, Mythos und Wirklichkeit. Speyer 2009, S. 189 (195).

[20] Thomasius, Christian: De crimine magiae, § 50, zit. nach Lieberwirth, Rolf (Hrsg.): Christian Thomasius. Vom Laster der Zauberei. Über die Hexenprozesse. München 1986, S. 99.

[21] Übersicht bei Behringer: Hexen (wie Anm. 11), S. 61.

[22] Hierzu und zum Folgenden Voltmer: Hexen (wie Anm. 16), S. 91 ff.

[23] Dillinger, Johannes: Hexenprozesse in europäischer Perspektive, in: Historisches Museum der Pfalz Speyer (wie Anm. 19), S. 101 (107); Jerouschek, Günter/Behringer, Wolfgang (Hrsg.): Heinrich Kramer (Institoris). Der Hexenhammer. Malleus Maleficarum. Kommentierte Neuübersetzung, 9. Auflage München 2011, 9 (14 f.).

[24] Dillinger: Hexen und Magie (wie Anm. 5), S. 95.

[25] Vgl. Schulte, Rolf: Männer in Hexenprozessen - ein Überblick aus mitteleuropäischer Perspektive, in: @KIH-eSkript. Interdisziplinäre Hexenforschung online 1, Sp. 2 f, in: historicum.net, URL: http://www.historicum.net/no_cache/persistent / artikel/7100 (aufgerufen am 16. 6. 2016) m. Verw. auf den Forschungsstand.

[26] Behringer: Hexen (wie Anm. 11), S. 61 f. und S. 67; auch Rummel/Voltmer: Hexen und Hexenverfolgung (wie Anm. 16), S. 78 f.

[27] Rummel/Voltmer: Hexen und Hexenverfolgung (wie Anm. 16), S. 80.

[28] Ehrenreich, Barbara/English, Deirdre: Hexen, Hebammen und Krankenschwestern. 11. Auflage München 1984.

[29] Heinsohn, Gunnar/Steiger, Otto: Die Vernichtung der weisen Frauen. Menschenproduktion, Kinderwelten, Bevölkerungswissenschaft. 6. Auflage München 1994, S. 13.

30 Zur Kritik Dillinger: Hexen und Magie (wie Anm. 5), S. 120 f.; Jerouschek, Günter: Des Rätsels Lösung? – Zur Deutung der Hexenprozesse als staatsterroristische Bevölkerungspolitik. Kritische Justiz 1986, S. 443 ff.

31 Vgl. Paulus, Rainer: Rechtsstaatliche Übermaßverbote im gemeinrechtlichen Inquisitionsprozeß, in: Brieskorn, Norbert/Mikat, Paul/Müller, Daniela/Willoweit, Dietmar (Hrsg.): Festschrift für Winfried Trusen zum 70. Geburtstag. Paderborn 1994, S. 285–315.

32 Hierzu Koch, Arnd: Denunciatio. Zur Geschichte eines strafprozessualen Rechtsinstituts. Frankfurt a. M. 2006, S. 124 ff., 199 ff.

33 Jerouschek, Günter: Die Hexen und ihr Prozeß. Die Hexenverfolgung in der Reichsstadt Esslingen. Esslingen 1992, S. 12.

34 Dillinger: Hexen und Magie (wie Anm. 5), S. 145; Fritz, Thomas: Hexenverfolgungen in der Reichsstadt Reutlingen, in: Institut für Geschichtliche Landeskunde und Historische Hilfswissenschaften der Universität Tübingen (Hrsg.): Zum Feuer verdammt. Stuttgart 1998, S. 163 (194). Kritisch hierzu Koch: Die Grundlagen des deutschen Strafverfahrens (wie Anm. 5), S. 393 (399 f.).

35 Statt vieler Behringer, Wolfgang: Hexenverfolgung in Bayern. Volksmagie, Glaubenseifer und Staatsräson in der Frühen Neuzeit. München 1997, S. 15; Sauter, Marianne: Hexenprozess und Folter. Die strafrechtliche Spruchpraxis der Juristenfakultät Tübingen im 17. und beginnenden 18. Jahrhundert. Bielefeld 2010, S. 64.

36 Für die ältere Hexenforschung Soldan-Heppe, Heinrich: Geschichte der Hexenprozesse. Nachdruck der 3. (letzten) Auflage von 1911 in der Neubearbeitung von Max Bauer, Bd. 1. Hanau a. M. 1968, S. 271 ff.; heute vgl. statt vieler Behringer, Wolfgang: Mit dem Feuer vom Leben zum Tod. Hexengesetzgebung in Bayern. München 1988, S. 12.

37 Binsfeld, Peter, Tractatus de confessionibus maleficorum et sagarum (1589) und Delrio, Martin, Disquisitionum magicarum libri sex (1599–1600).

38 Zusammenfassend Dorn-Haag, Verena J.: Hexerei und Magie im Strafrecht. Historische und dogmatische Aspekte. Tübingen 2016, S. 47 ff.

39 So Kleinheyer, Gerd: Tradition und Reform in der Constitutio Criminalis Carolina, in: Landau, Peter/Schroeder, Friedrich-Christian (Hrsg.): Strafprozeß und Rezeption. Grundlagen, Entwicklung und Wirkung der Constitutio Criminalis Carolina. Frankfurt a. M. 1984, S. 7. Allgemein zur CCC: Ignor, Alexander: Geschichte des Strafprozesses in Deutschland 1532–1846, von der Carolina Karls V. bis zu den Reformen des Vormärz, Paderborn (u. a.) 2002, S. 41 ff.

40 Zit. nach Buschmann, Arno: Textbuch zur Strafrechtsgeschichte der Neuzeit. München 1998, S. 139.

41 Schild, Wolfgang: Hexereiprozesse nach dem Ende der Verfolgung, in: Herzog, Felix (Hrsg.): Festschrift für Winfried Hassemer. Heidelberg, München, Landsberg (u. a.) 2010, S. 221 (223 f.).

42 So Behringer: Mit dem Feuer (wie Anm. 36), S. 32; Rummel/Voltmer: Hexen und Hexenverfolgung (wie Anm. 16), S. 4, 18.

43 Zur Tatbestandsfassung der Hexerei: Rüping/Jerouschek: Grundriss der Strafrechtsgeschichte (wie Anm. 16), Rn. 146.

44 4. Teil, 2. Kapitel, zit. nach Wilde, Manfred: Die Zauberei- und Hexenprozesse in Kursachsen. Köln 2003, S. 30.

45 Vgl. zu frühneuzeitlichen Strafarten Schild, Wolfgang: Folter, Pranger, Scheiterhaufen. Rechtsprechung im Mittelalter. München 2010, insb. S. 168 ff.

46 Codex Juris Bavarici Criminalis, Siebendes Capitul, § 7; zit. nach Buschmann: Textbuch zur Strafrechtsgeschichte der Neuzeit (wie Anm. 40), S. 206 f.

47 Carpzov, Benedict: Practica Nova Imperalis Saxonica Rerum Criminalium, pars III, qu. 108, n. 10. Nachdr. der Ausg. Wittenberg, Schürer, 1635, Goldbach 1996; so auch der berühmte Dämonologe Bodin, De la démonomanie des sorciers, Vom ausgelasnen wütigen Teuffelsheer, Nachdruck der Ausgabe Straßburg 1591, übersetzt von Johann Fischart, Graz 1973, S. 234: „So ist derwegen diß der erste Nutz von Straffung der sträfflichen/ nämlich/ daß man damit GOTTES (Hervorh. des Verf.) Zorn stille/ unnd die Raach/ so uber ein ganz Volck gehen sollte/ abwendet." Dazu auch Dorn-Haag: Hexerei und Magie im Strafrecht (wie Anm. 38), S. 46 f.; Koch: Wider ein Feindstrafrecht (wie Anm. 6), S. 36 f.

48 Feuerbach, Paul Johann Anselm: Lehrbuch des gemeinen in Deutschland gültigen peinlichen Rechts. Gießen 1801, S. 265.

49 Näher mit Nachweisen aus dem zeitgenössischen Schrifttum Koch: Denunciatio (wie Anm. 32), S. 117 f.

50 Schott, Claudieter: Ein Zeug, kein Zeug. Zur Entstehung und Inhalt eines Rechtssprichworts, in: Carlen, Louis/Ebel, Friedrich (Hrsg.): Festschrift für Ferdinand Elsener zum 65. Geburtstag. Sigmaringen 1977, S. 222 ff.

51 Hier und im Folgenden Ignor: Geschichte des Strafprozesses (wie Anm. 39), S. 62.

52 Radbruch, Gustav: Zur Einführung in die Carolina, in: Neumann, Ulfried (Hrsg.): Gustav Radbruch. Gesamtausgabe, Bd. 11: Strafrechtsgeschichte. Heidelberg 2001, S. 326; ähnlich in der Bewertung Sauter: Hexenprozess und Folter (wie Anm. 35), S. 42; Zagolla, Robert: Folter und Hexenprozess, Die strafrechtliche Spruchpraxis der Juristenfakultät Rostock im 17. Jahrhundert. Bielefeld 2007, S. 237.

53 Zit. nach Buschmann: Textbuch (wie Anm. 40), S. 121.

[54] Hierzu mit Nachweisen Koch: Die Grundlagen des deutschen Strafverfahrens (wie Anm. 5), S. 393 (399).

[55] Vorrede a. E.: „(...) Doch wollen wir durch diese gnedige erinnerung Churfürsten Fürsten und Stenden, an jren alten wohlherbrachten rechtmessigen vnnd billichen gebreuchen nichts benommen haben.", zit. nach Buschmann: Textbuch (wie Anm. 40), S. 105.

[56] I.d.S. Schwerhoff, Gerd: Rationalität im Wahn. Zum gelehrten Diskurs über die Hexen in der frühen Neuzeit, in: Saeculum 37. 1986, S. 45, 76 f.

[57] Vgl. Ebd., S. 45, 75 f.

[58] Zur Illusion des Teufelspakts vgl. Weyer, Johann: De Praestigiis Daemonum (1563), S. 149 f. III. Buch Kap. 3; zur Teufelsbuhlschaft vgl. ders. S. 194 ff. III. Buch Kap. 19., insb. S. 204 Kap. 21; zum Hexenflug und Sabbat vgl. ders. S. 172 III. Buch Kap. 12, S. 204 Kap. 21.

[59] Weyer: De Praestigiis Daemonum (wie Anm. 58), S. 176 III. Buch Kap. 14.

[60] Vgl. ebd., S. 150 III. Buch Kap. 3, S. 472 VI. Buch Kap. 24.

[61] Witekind, Hermann: Christlich Bedenken von Zauberey (1585); sein Werk ist auszugsweise abgedruckt bei Behringer (Hrsg.): Hexen und Hexenprozesse (wie Anm. 8), S. 339 ff. (Dok. 201); Praetorius, Anton: Gründlicher Bericht von Zauberey und Zauberern (1598); Loos, Cornelius: De vera et falsa magia (1592).

[62] Praetorius sah einen Bund der Hexen mit dem Teufel aber nicht als völlig unmöglich an, Praetorius: Von Zauberey (wie Anm. 61), S. 149 f. Den Schadenszauber, insbesondere den Wetterzauber, lehnte er aber konsequent ab, ebd., S. 80 ff. Witekind: Christlich Bedencken (wie Anm. 61), S. 86 ff. qualifizierte den Schadenszauber ebenfalls als „ein Aberglaub/ein eitel falscher Wahn", S. 90 f.; den Hexenflug erkannte er mit Einschränkungen an, S. 116, ebenso äußerte er sich einschränkend zur Realität der Teufelsbuhlschaft, S. 128; s. a. Loos: De vera et falsa magia (wie Anm. 61), S. 67 f.

[63] Ähnlich Moeller, Katrin: Aufgeklärter Hexenglaube? Schadenszauber und dämonische Magie nach der Hexenverfolgung, in: Neugebauer-Wölk, Monika/Geffarth, Renko/Meumann, Markus (Hrsg.): Aufklärung und Esoterik, Wege in die Moderne. Berlin 2013, S. 681 (685): „(...) vorgeschobene(s) Argument (...), um das eigentliche Ziel der Überwindung der Hexenverfolgung zu erreichen".

[64] Abgedruckt bei Behringer (Hrsg.): Hexen und Hexenprozesse (wie Anm. 8), S. 361 ff.

[65] Ebd., S. 321.

[66] Diese Vermutung äußerte schon Thomasius: De crimine magiae, § 5, zit. nach Lieberwirth (Hrsg.): Christian Thomasius (wie Anm. 20), S. 43; heute Jerouschek, Günter: Friedrich von Spee als Justizkritiker. Die Cautio Criminalis im Lichte des gemeinen Strafrechts der frühen Neuzeit. ZStW 108 (1996), S. 243 (245).

[67] Tanner, Adam: Theologia scholastica (1626/1627); zu Laymann, Paul: Theologiae moralis compendium (...) (1631), s. Clark, Stuart: Glaube und Skepsis in der deutschen Hexenliteratur von Johann Weyer bis Friedrich von Spee, in: Lehmann, Hartmut/Ulbricht, Otto (Hrsg.): Vom Unfug des Hexen-Processes, Gegner der Hexenverfolgungen von Johann Weyer bis Friedrich Spee. Wiesbaden 1992, S. 15, 17 f. In die Riege der Prozesskritiker reihten sich schließlich ein: Johann Matthäus Meyfahrt (1590–1642): Christliche Erinnerung an Gewaltige Regenten (1666), vgl. Behringer (Hrsg.): Hexen und Hexenprozesse (wie Anm. 8), S. 329, 394 (Dok. 237); ebenfalls Kritik am Verfahren übte bereits Witekind, Christlich Bedencken (wie Anm. 61), S. 164 ff.

[68] Jerouschek: ZStW 108 (1996) (wie Anm. 66), S. 243 (253).

[69] So Carpzov: Practica nova (wie Anm. 47), pars I, qu. 16, n. 4, pars III, qu. 108, n. 36; dazu Koch: Denunciatio (wie Anm. 32), S. 100 ff., m. zahlr. Nachw.

[70] Jerouschek, Günter/Behringer, Wolfgang: „Das unheilvollste Buch der Weltliteratur"? Zur Entstehungs- und Wirkungsgeschichte des Malleus Maleficarum und zu den Anfängen der Hexenverfolgung, in: dies.: Der Hexenhammer (wie Anm. 23), S. 9 (11).

[71] So ebd., S. 9 (97).

[72] Zit. nach Jerouschek/Behringer (Hrsg.): Der Hexenhammer (wie Anm. 23), S. 640.

[73] Ebd., S. 676.

[74] Delrio, Martin: Disquisitionum magicarum libri sex, Lib. V, Sect. 10; hierzu mit Übersetzung Nagel, Petra: Die Bedeutung der „Disquisitionum magicarum libri sex" von Martin Delrio für das Verfahren in Hexenprozessen. Frankfurt a. M. 1995, S. 266.

[75] Brunnemann, Johann: Tractatus Juridicus de Inquisitionis Processu, Frankfurt an der Oder 1714, Membrum I, Cap. VIII, n. 52; Carpzov: Practica nova (wie Anm. 47), pars III, qu. 113, n. 50; qu. 149, n. 1 ff. Weitere Nachweise bei Koch: Denunciatio (wie Anm. 32), S. 113.

[76] Zu Verwertungsverboten im frühneuzeitlichen Strafprozess Koch: Denunciatio (wie Anm. 32), S. 124 ff.

[77] Hierzu Sauter: Hexenprozess und Folter (wie Anm. 35), S. 227 ff.; Zagolla: Folter und Hexenprozess (wie Anm. 52), S. 281 ff.

[78] Dazu Sauter: Hexenprozess und Folter (wie Anm. 35), S. 228 f.; Siefener, Michael: Hexerei im Spiegel der Rechtstheorie. Das crimen magiae in der Literatur von 1574 bis 1608. Frankfurt a. M. 1992, S. 206.

[79] Zit. nach Jerouschek/Behringer (Hrsg.): Der Hexenhammer (wie Anm. 23), S. 679.

80 Zur „Wasserprobe" umfassend und m.w.N. Heuser, Peter Arnold: Eine Auseinandersetzung über den Indizienwert der Kaltwasserprobe im Hexenprozess. Studien zur Rick-Delrio-Kontroverse 1597–1599 und zur Zurückdrängung der Kaltwasserprobe aus kurkölnischen Hexenprozessen im 17. Jahrhundert. Rheinisch-westfälische Zeitschrift für Volkskunde 45 (2000), S. 73 ff.; vgl. auch Sauter: Hexenprozess und Folter (wie Anm. 35), S. 226 f.

81 Jerouschek, Günter: Hexenhammer, in: Cordes, Albrecht/Lück, Heiner/Werkmüller, Dieter (Hrsg.): Handwörterbuch zur deutschen Rechtsgeschichte, Bd. 2, 2. Auflage, Berlin 2012, Sp. 1019 (1022); Sauter: Hexenprozesse und Folter (wie Anm. 35), S. 225 ff.

82 So die Tübinger Juristenfakultät zu Nadelprobe und Tränenlosigkeit, Lorenz, Sönke: Erich Mauritius (gestorben 1691 in Wetzlar) – ein Jurist im Zeitalter der Hexenverfolgung. Wetzlar 2001, S. 21 m.w.N.

83 Spee, Friedrich: Cautio Criminalis oder Rechtliche Bedenken wegen der Hexenprozesse (1632), hrsg. v. Johann-Friedrich Ritter. 6. Auflage München 2000, Frage 43, S. 213 ff.; abl. auch Mauritius, Erich: De denunciatione sagarum iisque quae ad eam intelligendam faciunt, Tübingen 1664, S. 64 f.; ebenso im Hinblick auf die Wasserprobe und die Tränenlosigkeit, S. 61 f.

84 Zagolla: Folter und Hexenprozess (wie Anm. 52), S. 291 ff. m.w.N.

85 So etwa die Juristenfakultät Rostock, ebd., S. 291 ff. m.w.N.

86 Zit. nach Buschmann: Textbuch (wie Anm. 40), S. 113.

87 Lünig, Johann Christian (Hrsg.): Codex Augusteus oder neuvermehrtes Corpus juris saxonici, Bd. I. Leipzig 1724, Sp. 1047 f., 1074 f., dazu Lorenz: Erich Mauritius (wie Anm. 82), S. 11 f.

88 Zit. nach Jerouschek/Behringer (Hrsg.): Der Hexenhammer (wie Anm. 23), S. 657 ff.

89 Ebd., S. 659.

90 Etwa Härter, Karl: Kontinuität und Reform der Strafjustiz zwischen Reichsverfassung und Rheinbund, in: Durchhardt, Heinz/Kunz, Andreas (Hrsg.): Reich oder Nation? Mitteleuropa 1780–1815. Mainz 1998, S. 224.

91 Vgl. aus der neueren Literatur Ignor: Geschichte des Strafprozesses (wie Anm. 39), S. 110 ff.; Zum Folgenden Koch: Denunciatio (wie Anm. 32), S. 110 ff., 395 f.

92 So Carpzov: Practica nova (wie Anm. 47), pars III, qu. 120, n. 75.

93 Falk, Ulrich: Zur Geschichte der Strafverteidigung. Zeitschrift der Savigny-Stiftung für Rechtsgeschichte, Germanistische Abteilung 117 (2000), S. 395 (423); Ignor: Geschichte des Strafprozesses (wie Anm. 39), S. 117 ff.

94 Carpzov: Practica nova (wie Anm. 47), pars III, qu. 105, n. 92; Brunnemann: De inquisitionis processu (wie Anm. 75), Membrum III, Cap. VIII, n. 21 f.

95 Carpzov: Practica nova (wie Anm. 47), pars III, qu. 115, n. 2: „imo nec diabolo auferi debeat".

96 Radbruch in: Kaufmann (Hrsg.): Gustav Radbruch. Gesamtausgabe (wie Anm. 52), S. 315 (326).

97 Carpzov: Practica nova (wie Anm. 47), pars III, qu. 125 n. 52; eingehend Falk, Ulrich: Zur Folter im deutschen Strafprozeß. Das Regelungsmodell von Benedict Carpzov (1595–1666). forum historiae iuris 2001, URL: www.rewi.hu-berlin.de/FHI/ (zuletzt aufgerufen am 16.6.2016).

98 Zu den einzelnen Graden und Methoden der Folter Baldauf, Dieter: Die Folter. Eine deutsche Rechtsgeschichte. Köln 2004, S. 167 ff.; Sauter: Hexenprozess und Folter (wie Anm. 35), S. 52 ff.; Zagolla: Folter und Hexenprozess (wie Anm. 52), S. 318 ff.

99 Hierzu und zum Folgenden Sauter: Hexenprozess und Folter (wie Anm. 35), S. 50 f.; Zagolla: Folter und Hexenprozess (wie Anm. 52), S. 424.

100 Spee: Cautio Criminalis (wie Anm. 83), Frage 28, S. 126 ff.

101 Spee: Cautio Criminalis (wie Anm. 83), Frage 20, S. 79 ff.; Tanner: Theologia scholastica, abgedruckt bei Behringer (Hrsg.): Hexen und Hexenprozesse (wie Anm. 8), S. 374 ff.

102 Spee: Cautio Criminalis (wie Anm. 83), Frage 37, S. 182.

103 Spee: Cautio Criminalis (wie Anm. 83), Fragen 50 und 18, S. 276 ff. und 68.

104 So ausdrücklich Oestmann: Hexenprozesse am Reichskammergericht (wie Anm. 7), S. 213. Ausführlich zum Rechtsinstitut der „Besagung" Koch: Denunciatio (wie Anm. 32), S. 162 ff.

105 Koch: Denunciatio (wie Anm. 32), S. 173.

106 So auch Oestmann: Hexenprozesse am Reichskammergericht (wie Anm. 7), S. 213.

107 Hierzu Behringer: Hexenverfolgung in Bayern (wie Anm. 35), S. 239.

108 S. dazu Lorenz: Erich Mauritius (wie Anm. 82), S. 24 m. zahlr. Nachw.

109 Spee: Cautio Criminalis (wie Anm. 83), Frage 8, S. 11.

110 Lorenz: Erich Mauritius (wie Anm. 82); zu der Kontroverse Koch: Denunciatio (wie Anm. 32), S. 175 ff.

111 Spee: Cautio Criminalis (wie Anm. 83), Frage 34 und 44, S. 163 ff. und 218 ff.; Tanner: Theologia scholastica, zit. bei Behringer (Hrsg.): Hexen und Hexenprozesse (wie Anm. 8), S. 376; s. a. Witekind (alias Augustin Lerchheimer): Christlich Bedencken (wie Anm. 61), S. 164 ff.

112 Vgl. hierzu mit weiteren Nachweisen Koch: Denunciatio (wie Anm. 32), S. 167.

113 Hierzu und zum Folgenden Koch: Denunciatio (wie Anm. 32), S. 178 f.; zu pauschal hingegen Schild, Wolfgang: „Von peinlicher Frag´". Die Folter als rechtliches Beweisverfahren. Schriften-

reihe des Mittelalterlichen Kriminalmuseums Nr. 4. Rothenburg o. T. 2001, S. 114 ff.

[114] Lieberwirth in: ders. (Hrsg.): Christian Thomasius (wie Anm. 20), Einleitung, S. 13; krit. hierzu Schwerhoff, Gerd: Aufgeklärter Traditionalismus – Christian Thomasius zu Hexenprozess und Folter. Zeitschrift der Savigny-Stiftung für Rechtsgeschichte, Germanistische Abteilung 1987, S. 247 (247 f., 275).

[115] Rüping, Hinrich: Die Naturrechtslehre des Christian Thomasius und ihre Fortbildung in der Thomasius-Schule. Bonn 1968, S. 153 ff.

[116] Thomasius: De crimine magiae, §§ 31–34, 48, zit. nach Lieberwirth (Hrsg.): Christian Thomasius (wie Anm. 20), S. 71 ff., S. 95.

[117] Bekker, Balthasar: Bezauberte Welt, Bd. 1, neu übersetzt von J. M. Schwager, durchgesehen von J. S. Semler. Leipzig 1781–1782. S. 4; ebd., Bd. 3. S. 709.

[118] Thomasius: De crimine magiae, §§ 51 ff., zit. nach Lieberwirth (Hrsg.): Christian Thomasius (wie Anm. 20), S. 99 ff.

[119] Insgesamt hierzu Zopfs, Jan, Unschuldsvermutung und „in dubio pro reo" in der Cautio Criminalis. Spee Jahrbuch 16 (2009), S. 79 (85 ff.).

[120] Spee: Cautio Criminalis (wie Anm. 83), Frage 13, S. 38 ff.

[121] Spee: Cautio Criminalis (wie Anm. 83), Frage 18, S. 68; dazu Jerouschek: ZStW 108 (1996) (wie Anm. 66), S. 243 (259).

[122] Oestmann, Peter: Aktenversendung, in: Cordes, Albrecht/Lück, Heiner/Werkmüller, Dieter (Hrsg.): Handwörterbuch zur deutschen Rechtsgeschichte, Bd. 1, 2. Auflage Berlin 2008, Sp. 128 ff.; Sauter: Hexenprozess und Folter (wie Anm. 35), S. 24 ff.

[123] Blankenhorn, Rudolf: Die Gerichtsverfassung der Carolina. Tübingen 1939, S. 48.

[124] Näher zu Schöffenstühlen Battenberg, Friedrich: Schöffenstuhl, in: Erler, Adalbert/Kaufmann, Ekkehard (Hrsg.): Handwörterbuch zur deutschen Rechtsgeschichte, Bd. 4., Berlin 1990, Sp. 1474–1478.

[125] Jerouschek: Die Hexen und ihr Prozeß (wie Anm. 33), S. 271; für die Juristenfakultät Gießen vgl. Kischkel, Thomas, Die Spruchtätigkeit der Gießener Juristenfakultät, Grundlagen – Verlauf – Inhalt, Hildesheim (u. a.) 2016, S. 128.

[126] Zagolla: Folter und Hexenprozess (wie Anm. 52), S. 70.

[127] Hierzu Sauter: Hexenprozess und Folter (wie Anm. 35), S. 87.

[128] Ebd., S. 27; Wilde: Die Zauberei- und Hexenprozesse in Kursachsen (wie Anm. 44), S. 65.

[129] Jerouschek: Die Hexen und ihr Prozeß (wie Anm. 33), S. 217; Zagolla: Folter und Hexenprozess (wie Anm. 52), S. 71. Sofern in dem fraglichen Territorium keine entsprechende Rechtspflicht bestand, blieb die Aktenversendung dem Ermessen des lokalen Gerichts überlassen. Eine unterlassene Versendung begründete somit nicht das Verdikt der Rechtswidrigkeit des Verfahrens.

[130] Vgl. hierzu Koch: Denunciatio (wie Anm. 32), S. 97 ff.; außerdem Härter, Karl: Strafverfahren im frühneuzeitlichen Territorialstaat: Inquisition, Entscheidungsfindung, Supplikation, in: Blauert, Andreas/Schwerhoff, Gerd (Hrsg.), Kriminalitätsgeschichte. Beiträge zur Sozial- und Kulturgeschichte der Vormoderne. Konstanz 2000, S. 459 ff.

[131] Zu den Gebärdenprotokollen Ignor: Geschichte des Strafprozesses (wie Anm. 39), S. 98.

[132] So das emphatische Fazit von Seeger, Hermann: Die strafrechtlichen consilia Tubingensia von der Gründung der Universität bis zum Jahre 1600, Tübingen 1877, S. 32; ebenso Lorenz: Erich Mauritius (wie Anm. 82), S. 8 f.; Rummel/Voltmer: Hexen und Hexenverfolgung (wie Anm. 16), S. 56 f.; Sauter: Hexenprozess und Folter (wie Anm. 35), S. 29; zurückhaltender Dillinger: Hexen und Magie (wie Anm. 5), S. 109.

[133] Wintziger, Johann Jacob: Anmerckungen über des seel. Herrn Brunnemanni Anleitung Zu vorsichtiger Anstellung des Inquisitions-Processes, in: Brunnemann, Johann, Anleitung zur vorsichtigen Anstellung des Inquisitions-Processes. Halle 1706, S. 7, gefunden bei Zagolla: Folter und Hexenprozess (wie Anm. 52), S. 183; vgl. auch Falk: Zur Folter im deutschen Strafprozeß (wie Anm. 97), Rn. 89 ff.

[134] Dillinger: Hexen und Magie (wie Anm. 5), S. 107; für Gießen s. Kischkel, Die Spruchtätigkeit (wie Anm. 125), S. 328, 330.

[135] Vgl. Oestmann: Hexenprozesse am Reichskammergericht (wie Anm. 7), S. 522; Sauter: Hexenprozess und Folter (wie Anm. 35), S. 279 f. (bzgl. Tübingen) und Zagolla: Folter und Hexenprozess (wie Anm. 52), S. 489 ff. (bzgl. Rostock).

[136] Vgl. Sauter: Hexenprozess und Folter (wie Anm. 35), S. 137, 140, 144.

[137] So für Hessen Kischkel, Die Spruchtätigkeit (wie Anm. 125), S. 326 ff.

[138] Dazu und im Folgenden Dorn-Haag: Hexerei und Magie im Strafrecht (wie Anm. 38), S. 69 ff. m. Zahlr. Nachw.

Auswahlbibliographie

I. Hexen

Beck, Rainer: Mäuselmacher oder die Imagination des Bösen. Ein Hexenprozess 1715–1723. 2. Aufl. München 2012.

Behringer, Wolfgang: Hexen. Glaube, Verfolgung, Vermarktung. 6. Aufl. München 2016.

Behringer, Wolfgang (Hrsg.): Hexen und Hexenprozesse in Deutschland. 7. Aufl. München 2010.

Behringer, Wolfgang: Hexenverfolgung in Bayern. Volksmagie, Glaubenseifer und Staatsräson in der Frühen Neuzeit. 3. Aufl. München 1997.

Behringer, Wolfgang: Mit dem Feuer vom Leben zum Tod. Hexengesetzgebung in Bayern. München 1988.

Behringer, Wolfgang/Lorenz, Sönke/Bauer, Dieter R. (Hrsg.): Späte Hexenprozesse. Der Umgang der Aufklärung mit dem Irrationalen. Bielefeld 2016.

Beier-de Haan, Rosmarie/Voltmer, Rita/Irsigler, Franz (Hrsg.): Hexenwahn. Ängste der Neuzeit. Begleitband zur Ausstellung des Deutschen Historischen Museums. Berlin 2002.

Blauert, Andreas: Frühe Hexenverfolgungen. Ketzer-, Zauberei- und Hexenprozesse des 15. Jahrhunderts. Hamburg 1989.

Blauert, Andreas (Hrsg.): Ketzer, Zauberer, Hexen. Die Anfänge der europäischen Hexenverfolgungen. Frankfurt a. M. 1990.

Clark, Stuart: Thinking with Demons: The Idea of Witchcraft in Early Modern Europe. Oxford 1997.

Cohn, Norman: Europe's Inner Demons. The Demonization of Christians in Medieval Christendom. London 1975.

Daxelmüller, Christoph: Aberglaube, Hexenzauber, Höllenängste. Eine Geschichte der Magie. München 1996.

Decker, Rainer: Hexenjagd in Deutschland. Darmstadt 2006.

Dillinger, Johannes: Hexen und Magie. Frankfurt a. M. 2007.

Dorn-Haag, Verena J.: Hexerei und Magie im Strafrecht. Historische und dogmatische Aspekte. Tübingen 2016.

Eiden, Herbert/Voltmer, Rita (Hrsg.): Hexenprozesse und Gerichtspraxis. Trier 2002.

Franz, Gunther/Irsigler, Franz (Hrsg.): Hexenglaube und Hexenprozesse im Raum Rhein-Mosel-Saar. Trier 1995.

Frenschkowski, Marco: Die Hexen. Eine kulturgeschichtliche Analyse. Wiesbaden 2012.

Fuchs, Ralf-Peter: Hexenverfolgung an Ruhr und Lippe. Die Nutzung der Justiz durch Herren und Untertanen. Münster 2002.

Füssel, Ronald: Die Hexenverfolgungen im Thüringer Raum. Hamburg 2003.

Gehm, Britta: Die Hexenverfolgung im Hochstift Bamberg und das Eingreifen des Reichshofrates zu ihrer Beendigung. 2. Aufl. Hildesheim 2013.

Gold, Julia: „von den vnholden oder hexen". Studien zu Text und Kontext eines Traktats des Ulrich Molitoris. Hildesheim 2016.

Habiger-Tuczay, Christa: Magie und Magier im Mittelalter. München 1992.

Hansen, Joseph: Zauberwahn, Inquisition und Hexenprozeß im Mittelalter und die Entstehung der großen Hexenverfolgung. München 1900.

Hirte, Markus: Die Genese des Hexereidelikts, in: Jerouschek, Günter/Rüping, Hinrich (Hrsg.): „Auss liebe der gerechtigkeit vnd umb gemeines nutz willenn". Historische Beiträge zur Strafverfolgung. Tübingen 2000. S. 59 ff.

Hirte, Markus: Die Entstehung des Hexereidelikts, in: Mergenthaler, Markus/Klein-Pfeuffer, Margarete (Hrsg.): Hexenwahn in Franken. Dettelbach 2014. S. 47 ff.

Historisches Museum der Pfalz Speyer (Hrsg.): Hexen. Mythos und Wirklichkeit. Speyer 2009.

Holzhauer, Heinz: Die Bedeutung von Friedrich Spees Kampf gegen die Hexenprozesse für die Strafrechtsentwicklung, in: Arens, Anton (Hrsg.): Friedrich Spee im Licht der Wissenschaften. Beiträge und Untersuchungen. Mainz 1984, S. 151 ff.

Jerouschek, Günter: Die Hexen und ihr Prozeß. Die Hexenverfolgung in der Reichsstadt Esslingen. Esslingen 1992.

Jerouschek, Günter: Hexereiprozesse, in: Cordes, Albrecht/Lück, Heiner/Werkmüller, Dieter (Hrsg.): Handwörterbuch zur deutschen Rechtsgeschichte, Bd. 2, 2. Aufl. Berlin 2012, Sp. 1019–1025.

Jerouschek, Günter/Behringer, Wolfgang: „Das unheilvollste Buch der Weltliteratur"? Zur Entstehungs- und Wirkungsgeschichte des Malleus Maleficarum und zu den Anfängen der Hexenverfolgung, in: Dies. (Hrsg.): Heinrich Kramer (Institoris), Der Hexenhammer. Malleus Maleficarum. Kommentierte Neuübersetzung. 8. Aufl. München 2010.

Jerouschek, Günter: Heinrich Kramer. Zur Psychologie des Hexenjägers, in: Mensching, Günter (Hrsg.): Gewalt und ihre Legitimation im Mittelalter. Würzburg 2003, S. 113 ff.

Kleinöder-Strobel, Susanne: Die Verfolgung von Zauberei und Hexerei in den fränkischen Markgrafentümern im 16. Jahrhundert. Tübingen 2002.

Koch, Arnd: Denunciatio. Zur Geschichte eines strafprozessualen Rechtsinstituts. Frankfurt a. M. 2006.

Koch, Arnd: Wider ein Feindstrafrecht. Juristische Kritik am Hexereiverfahren. Berlin 2012.

Kramer, Heinrich (Institoris): Der Hexenhammer Malleus Maleficarum. Kommentierte Neuüber-

setzung. Hrsg. von Jerouschek, Günter und Behringer, Wolfgang. 10. Aufl. München 2013.
Kramer, Heinrich (Institoris): Nürnberger Hexenhammer von 1491. Hrsg. von Jerouschek, Günter. Hildesheim 1992.
Levack, Brian P.: Hexenjagd: die Geschichte der Hexenverfolgungen in Europa. München 1995.
Lorenz, Sönke/Bauer, Dieter R. (Hrsg.): Das Ende der Hexenverfolgung. Stuttgart 1995.
Lorenz, Sönke: Erich Mauritius († 1691 in Wetzlar) – ein Jurist im Zeitalter der Hexenverfolgung. Wetzlar 2001.
Lorenz, Sönke (Hrsg.): Hexen und Hexenverfolgung im deutschen Südwesten. Karlsruhe 1994.
Lorenz, Sönke/Bauer, Dieter R. (Hrsg.): Hexenverfolgung. Beiträge zur Forschung – unter besonderer Berücksichtigung des südwestdeutschen Raumes. Würzburg 1995.
Lorenz, Sönke/Schmidt, Jürgen Michael (Hrsg.): Wider alle Hexerei und Teufelswerk. Die europäische Hexenverfolgung und ihre Auswirkungen auf Südwestdeutschland. Ostfildern 2004.
Maihold, Harald: Crimina excepta – ein „Feindstrafrecht" in der frühen Neuzeit?, in: Kansai Law Review 33 (2012), S. 55–73.
Mergenthaler, Markus/Klein-Pfeuffer, Margarete (Hrsg.): Hexenwahn in Franken. Dettelbach 2014.
Merzbacher, Friedrich: Hexen und Zauberei, in: Hinckeldey, Christoph (Hrsg.): Justiz in alter Zeit. Rothenburg ob der Tauber 1999.
Nagel, Petra: Die Bedeutung der „Disquisitionum magicarum libri sex" von Martin Delrio für das Verfahren in Hexenprozessen. Frankfurt a. M. 1995.
Neugebauer-Wölk, Monika: Wege aus dem Dschungel. Betrachtungen zur Hexenforschung, in: Geschichte und Gesellschaft 29 (2003).
Oestmann, Peter: Hexenprozesse am Reichskammergericht. Köln 1997.
Ostorero, Martine/Paravicini Bagliani, Agostino/Utz Tremp, Kathrin (Hrsg.): L`imaginaire du sabbat. Edition critique des textes les plus anciens (1430 c.–1440 c.). Lausanne 1999.
Rowlands, Alison: Eine Reichsstadt ohne Hexenwahn. Hexenprozesse, Gerichtspraxis und Herrschaft im 16. und 17. Jahrhundert in Rothenburg ob der Tauber. Rothenburg ob der Tauber 2013.
Rüping, Hinrich/Jerouschek, Günter: Grundriss der Strafrechtsgeschichte. 6. Aufl. München 2011.
Rummel, Walter/Voltmer, Rita: Hexen und Hexenverfolgung in der Frühen Neuzeit. Darmstadt 2008.
Sauter, Marianne: Hexenprozess und Folter. Die strafrechtliche Spruchpraxis der Juristenfakultät Tübingen im 17. und beginnenden 18. Jahrhundert. Bielefeld 2010.
Schiffler, Otto: Ketzer und Hexen. Norderstedt 2003.
Schild, Wolfgang: Die Dimensionen der Hexerei. Vorstellung – Begriff – Verbrechen – Phantasie; in: Lorenz, Sönke/Schmidt, Jürgen Michael (Hrsg.): Wider alle Hexerei und Teufelswerk. Die europäische Hexenverfolgung und ihre Auswirkungen auf Südwestdeutschland. Ostfildern 2004.
Schild, Wolfgang: Die Maleficia der Hexenleut'. Rothenburg ob der Tauber 1997.
Schild, Wolfgang: Folter, Pranger, Scheiterhaufen. Rechtsprechung im Mittelalter. München 2010.
Schild, Wolfgang: „Von peinlicher Frag'". Die Folter als rechtliches Beweisverfahren, Rothenburg ob der Tauber 2001.
Schmidt, Eberhard: Einführung in die Geschichte der deutschen Strafrechtspflege. 3. Aufl. Göttingen 1983.
Schmidt, Jürgen Michael: Das Hexereidelikt in den kursächsischen Konstitutionen von 1572, in: Jerouschek, Günter/Schild, Wolfgang/Gropp, Walter (Hrsg.): Benedict Carpzov. Neue Perspektiven zu einem umstrittenen sächsischen Juristen. Tübingen 2000.
Schormann, Gerhard: Der Krieg gegen die Hexen. Das Ausrottungsprogramm des Kurfürsten von Köln. Göttingen 1991.
Schormann, Gerhard: Hexenprozesse in Deutschland. Göttingen 1981.
Schroeder, Friedrich-Christian (Hrsg.): Die Peinliche Gerichtsordnung Kaiser Karls V. und des Heiligen Römischen Reichs von 1532 (Carolina). Stuttgart 2000.
Schüttauf, Marianne: Hexenprozesse in der Reichsstadt Köln 1626–1630. Bonn 2009.
Schwaiger, Georg (Hrsg.): Teufelsglaube und Hexenprozesse. 4. Aufl. München 1999.
Schwerhoff, Gerd: Aufgeklärter Traditionalismus – Christian Thomasius zu Hexenprozess und Folter, Zeitschrift der Savigny-Stiftung für Rechtsgeschichte, Germanistische Abteilung. 1987, S. 247–260.
Schwerhoff, Gerd: Rationalität im Wahn. Zum gelehrten Diskurs über die Hexen in der frühen Neuzeit, in: Saeculum 37. 1986, S. 45–82.
Segl, Peter (Hrsg.): Der Hexenhammer. Entstehung und Umfeld des Malleus maleficarium von 1487. Köln u. a.. 1988.
Siefener, Michael: Hexerei im Spiegel der Rechtstheorie. Das crimen magiae in der Literatur von 1574 bis 1608. Frankfurt a. M. 1992.
Soldan, Wilhelm Gottlieb/Heppe, Henriette: Geschichte der Hexenprozesse. 3. Aufl. von 1911 in der Neubearbeitung von Max Bauer. Bd. 1., Hanau a. M. 1968.
Spee, Friedrich: Cautio Criminalis oder rechtliches Bedenken wegen der Hexenprozesse, deutsche Ausgabe, Unveränderter Nachdruck der Übersetzung von Joachim Friedrich Ritter (1939). 6. Aufl. München 2000.
Tschacher, Werner: Der Formicarius des Johannes Nider von 1437/38. Studien zu den Anfängen der europäischen Hexenverfolgungen im Spätmittelalter. Aachen 2000.

Tschacher, Werner: Der „Malleus maleficarum" (1486) des Heinrich Kramer als Vorlage für die Hexereibestimmungen im „Laienspiegel", in: Deutsch, Andreas (Hrsg.): Ulrich Tenglers Laienspiegel. Ein Rechtsbuch zwischen Humanismus und Hexenwahn. Heidelberg 2011.

Thomasius, Christian: De Crimine Magiae, in: Lieberwirth, Rolf (Hrsg.), Christian Thomasius. Vom Laster der Zauberei. Über die Hexenprozesse. München 1986.

Utz Tremp, Kathrin: Von der Häresie zur Hexerei. „Wirkliche" und imaginäre Sekten im Spätmittelalter. Hannover 2008.

van Dülmen, Richard (Hrsg.): Hexenwelten. Magie und Imagination vom 16.–20. Jahrhundert, Frankfurt a. M. 1987.

van Dülmen, Richard: Theater des Schreckens. Gerichtspraxis und Strafrituale in der frühen Neuzeit. 4. Aufl. München 1995.

Voltmer, Rita/Gehl, Günter (Hrsg.): Alltagsleben und Magie in Hexenprozessen. Weimar 2003.

Voltmer, Rita: Hexen. Wissen was stimmt. Freiburg 2008.

Voltmer, Rita: Netzwerk, Denkkollektiv oder Dschungel?, Moderne Hexenforschung zwischen „global history" und Regionalgeschichte, Populärhistorie und Grundlagenforschung. Zeitschrift für historische Forschung 2007, S. 467–507.

Voltmer, Rita/Irsigler, Franz (Hrsg.): Incubi Succubi. Hexen und ihre Henker bis heute. Ein historisches Lesebuch zur Ausstellung im historischen Museum der Stadt Luxemburg. Luxemburg 2000.

Weber, Hartwig: „Von der verführten Kinder Zauberei". Hexenprozesse gegen Kinder im alten Württemberg. Sigmaringen 1996.

Wilbertz, Gisela/Schwerhoff, Gerd/Scheffler, Jürgen (Hrsg.): Hexenverfolgung und Regionalgeschichte. Die Grafschaft Lippe im Vergleich. Bielefeld 1994.

Wilde, Manfred: Die Zauberei- und Hexenprozesse in Kursachsen. Köln 2003.

Zagolla, Robert: Folter und Hexenprozess. Die strafrechtliche Spruchpraxis der Juristenfakultät Rostock im 17. Jahrhundert. Bielefeld 2007.

Zopfs, Jan: Unschuldsvermutung und „in dubio pro reo" in der Cautio Criminalis. Spee-Jahrbücher 16 (2009), S. 79–92.

II. Luther

Bendikowski, Tillman: Der deutsche Glaubenskrieg. Martin Luther, der Papst und die Folgen. München 2016.

Beutel, Albrecht: Luther Handbuch. 2. Aufl. Tübingen 2010.

Beutin, Wolfgang: Der radikale Doktor Martin Luther. Ein Streit- und Lesebuch. 3. Aufl. Frankfurt a. M. 2016.

Blum, Daniela: Der katholische Luther. Begegnungen – Prägungen – Rezeptionen. Paderborn 2016.

Bultmann, Christoph/Leppin, Volker/Lindner, Andreas (Hrsg.): Luther und das monastische Erbe. Tübingen 2007.

Danz, Christian (Hrsg.): Martin Luther. Darmstadt 2015.

Dieterich, Veit-Jakobus: Martin Luther. Sein Leben und seine Zeit. München 2017.

Erikson, Erik H.: Der Junge Mann Luther. Eine psychoanalytische und historische Studie. Berlin 2016.

Haustein, Jörg: Martin Luthers Stellung zum Zauber- und Hexenwesen. Stuttgart 1990.

Heckel, Martin: Martin Luthers Reformation und das Recht. Tübingen 2016.

Käßmann, Margot/Rösel, Martin (Hrsg.): Die Bibel Martin Luthers. Ein Buch und seine Geschichte. Leipzig 2016.

Kaufmann, Thomas: Geschichte der Reformation. Frankfurt a. M. 2009.

Kaufmann, Thomas: Luthers Juden. Ditzingen 2014.

Kaufmann, Thomas: Martin Luther. 4. Aufl. München 2016.

Klueting, Harm: Luther und die Neuzeit. Darmstadt 2011.

Knape, Rosemarie (Hrsg.): Martin Luther und der Bergbau im Mansfelder Land. Aufsätze. Eisleben 2000.

Köhler, Joachim: Luther! Biographie eines Befreiten. Leipzig 2016.

Krauß, Jutta (Hrsg.): Beyssig sein ist nutz und not. Flugschriften zur Lutherzeit. Regensburg 2010.

Lehnert, Christian (Hrsg.): Martin Luther. Tischreden. Berlin 2016.

Leppin, Volker: Die fremde Reformation. Luthers mystische Wurzeln, München 2016.

Leppin, Volker: Martin Luther. 3. Aufl. Darmstadt 2017.

Leppin, Volker: Martin Luther. Vom Mönch zum Feind des Papstes. 2. Aufl. Darmstadt 2015.

Lück, Heiner (Hrsg.): Martin Luther und seine Universität. Vorträge anläßlich des 450. Todestages des Refomators. Köln u. a.. 1998.

Lück, Heiner/de Wall, Heinrich (Hrsg.): Wittenberg. Ein Zentrum europäischer Rechtsgeschichte und Rechtskultur. Köln u. a. 2006.

Mecklenburg, Norbert: Der Prophet der Deutschen. Martin Luther im Spiegel der Literatur. Stuttgart 2016.

Meller, Harald: Fundsache Luther. Archäologen auf den Spuren des Reformators. Stuttgart 2008.

Nieden, Marcel (Hrsg.): Ketzer, Held und Prediger. Martin Luther im Gedächtnis der Deutschen. Darmstadt 2017.

Reinhardt, Volker: Luther der Ketzer. Rom und die Reformation, 2. Aufl. München 2016.

Roper, Lyndal: Der Mensch Martin Luther. Die Biographie. Frankfurt a. M. 2016.

Schilling, Heinz: Martin Luther. Rebell in einer Zeit des Umbruchs. 4. Aufl. München 2016.
Schilling, Heinz: 1517. Weltgeschichte eines Jahres. München 2017.
Schwarz, Reinhard: Martin Luther. Lehrer der christlichen Religion. 2. Aufl. Tübingen 2016.
Staatliche Kunstsammlungen Dresden u. a.. (Hrsg.): Luther und die Fürsten. Katalog und Aufsatzband. Dresden 2015.
Udolph, Jürgen: Martinus Luder – Eleutherius – Martin Luther. Warum änderte Martin Luther seinen Namen? Heidelberg 2016.
Winkler, Willi: Luther. Ein deutscher Rebell. 2. Aufl. Berlin 2016.
Zager, Werner (Hrsg.): Martin Luther und die Freiheit. 2. Aufl. Darmstadt 2011.

Weiterführende Literatur finden Sie zudem im Endnotenapparat der einzelnen Beiträge.